引爆团队执行力，打造高效能组织

孙 玉◎著

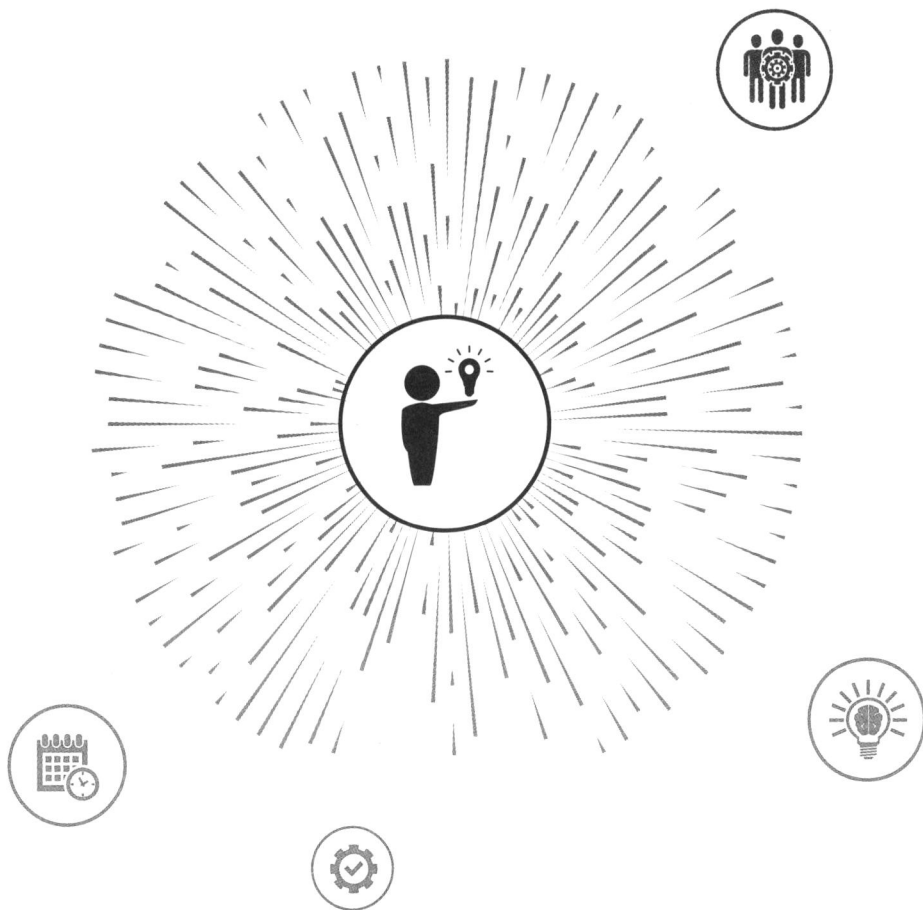

中国铁道出版社有限公司

CHINA RAILWAY PUBLISHING HOUSE CO., LTD.

图书在版编目（CIP）数据

引爆团队执行力，打造高效能组织 / 孙玉著. —北京：
中国铁道出版社有限公司，2024.2（2025.4重印）
ISBN 978-7-113-30589-5

Ⅰ.①引… Ⅱ.①孙… Ⅲ.①企业管理-组织管理学
Ⅳ.①F272.9

中国国家版本馆CIP数据核字（2023）第187083号

书　　名：引爆团队执行力，打造高效能组织
　　　　　YINBAO TUANDUI ZHIXINGLI, DAZAO GAOXIAONENG ZUZHI
作　　者：孙　玉

责任编辑：马慧君　　　　　　　　编辑部电话：（010）51873005
编辑助理：荆然子　　　　　　　　电子邮箱：jingzhizhi@126.com
封面设计：仙　境
责任校对：苗　丹
责任印制：赵星辰

出版发行：中国铁道出版社有限公司（100054，北京市西城区右安门西街 8 号）
网　　址：https://www.tdpress.com
印　　刷：天津嘉恒印务有限公司
版　　次：2024 年 2 月第 1 版　　2025 年 4 月第 3 次印刷
开　　本：710 mm×1 000 mm　1/16　印张：18.25　字数：241 千
书　　号：ISBN 978-7-113-30589-5
定　　价：78.00 元

随着互联网技术的出现，社会进步的速度远远超过了我们的预期，我们正经历前所未有的发展和变化。新模式和新业态层出不穷，人工智能对各领域不断渗透，这是一个不确定性更高的全新的数字化时代，组织管理逻辑也在不经意间发生了很多改变。

"动荡时代最大的危险不是动荡本身，而是仍然用过去的逻辑做事。"彼得·德鲁克的这句话，提醒我们发展中的组织迫切需要管理者转变管理思路，以驾驭更多的不确定性与模糊性，在瞬息万变的商业世界里，以卓越的领导力引领组织的变革。而转变组织管理的逻辑，正是本书要解决的核心问题。

管理的四大职能想必已经为大家所熟知了。计划、组织、领导、控制，管理者通过这四项职能，有成效地优化资源配置，进而完成组织的各项工作目标。然而现阶段的管理实践中，"重管理、轻领导"却是众多管理者普遍存在的问题。

明茨伯格在谈到管理的时候，曾经提出过一个观点：管理不是一个单面体，而是一个三面体。它既有科学性的一面，也有艺术性的一面，还有手艺性的一面。谈管理、学管理，需要在这三者之中寻求一种平衡。领导力正是管理艺术的体现。

管理是一项基于规则和程序的行为。在管理中，管理者必须遵循一系列的规定和程序，以达到企业的稳定运作。管理的主要目标是确保企业的效率和效益，管理者需要以事实为依据，用固定的管理规则、细节制度，来确保企业高效和有序运转。

然而，管理并不是全部。"多一点领导，少一点管理"，有时会为企业的经营加分不少。

在任何组织中，管理和领导都是不可或缺的角色，许多人认为管理等于领导，这是需要纠正的。实际上，管理并不等同于领导，两者虽在某些方面有交叉，但职责却不尽相同，有着非常明显的区别。

领导和管理的区别在于，领导是一种变革力量，更关注的是人性；而管理是一种程序化的控制工作，更加重视任务和流程。领导者通过激励和鼓励员工，打破惯性思维和行为，以达到共同的目标。他们会根据员工的能力和需求，提供满足感和成就感；他们会指导员工，提供意见和建议，使员工的能力和信心达到最高水平；他们通过创新和创造性地解决问题，推动组织向前发展。而管理者负责规划、组织、协调、指导和控制工作，他们为员工制定清晰的指导方针和流程，对员工的工作质量、安全和效率等方面进行跟踪和管理，使每个人都能够在经验和标准化的指导下完成任务，以确保组织的目标得以实现。

管理者在全面深入发展中，强调的是稳定性、程序化、规范化，这固然重要，但这往往会忽略企业的生命力。《第四次工业革命》中提到，"对于所有行业和企业而言，问题不再是'我是否会被他人颠覆'，而是'颠覆会何时到来，会以什么形式出现，对我和我所在的组织会产生怎样的影响'。"企业需要在稳定性与创新的平衡中保持增长，并需要在每种情况下都能够迅速应对。企业的发展是鲜活的、有生命力的，因此企业需要更多领导方面的影响，以引领企业发展。

领导意味着创新和创造，致力于建立新的秩序。领导者正是以带领企业开拓新的思维方式和行动方案并建立新的企业秩序为目标，激励团队创新、拓展业务领域，并寻求新的商业机会，帮助企业成为一个更具活力和富有竞争力的组织。举个例子，在产生新流程和方式时，领导者必须领导和激励团队在创新方面保持灵活和积极性。同时，在发现新市场和机会时，领导者必须鼓励团队开拓新领地，这些创意、想法的挖掘和实现离不开领导的作用。

还有一个重要的区别，领导者通常拥有更广阔的视野。他们能够看到更远、更宏观的方向。他们努力为组织创造新的机会、创新方案和战略，使组织更具竞争力，更加适应变化。而管理者通常更多关注细节、流程和数据分析。

面对时代的巨变，管理者应该像领导者一样，注重企业的新思路、新系统和新秩序。领导者是组织的驱动力，他们为组织制定激发人性、转变组织文化的策略与措施。领导者的看法和意识、新的观点和管理技能，将加强企业在创新市场上的竞争力，促进企业可持续发展。管理者是组织的管理者，他们主要关注组织的运作流程和效率，确保组织规范有序运作。理解管理和领导之间的区别，有助于我们更好地处理管理和领导之间的关系，更好地推动组织创新力的崛起。

当然，在实际工作中，管理和领导都非常必要。没有管理者，组织就没有明确的规划与目标，并且难以达到预期的业绩和效益。而没有领导者，组织就不可能拥有激励和推动员工创新、成长和发展的力量。管理者和领导者的协作，可以确保企业在稳定性和创新之间保持平衡。

对于如何在科学的管理以外，体现领导职能和领导力，作者在本书中给出了答案。这本书可能会改变你的生活方式和管理方式，即使你刚开始领悟其魅力，当你阅读这本书后，相信你都可以成为一个更优秀的管理者。

赖礼标

Zahonero 中国区总经理

"资源是会枯竭的，唯有文化才会生生不息"，这是任正非在《华为基本法》中提到的一句话。企业若想冲出重围，需要不断提升自己的竞争优势。企业文化是企业发展的软实力，一个成功的企业，需要深耕企业文化，企业文化包含企业的使命、愿景和价值观，是企业在生产经营和发展过程中自然形成的行为准则，是具有企业特色的宝贵精神财富。抽象来讲，企业文化是企业全体员工的共享假设。

企业文化是一个企业赖以生存的基石，企业的文化建设是企业发展的永恒主题，当一个企业的文化缺失时，便如同人失去了精神支柱。文化建设过程中，管理者要充分发挥自身的管理职能。

有人觉得文化是看不见、摸不着的东西，其实，文化体现在员工的言谈举止，是形成的共同的思维模式，员工在工作中的举动是文化的映射。这便给管理者提出了更高的要求，在企业文化建设中，作为企业的领导者，需要以身作则、言传身教。

美国电子数据系统公司 CEO 迪克·布朗曾说："一家公司的文化是由这家公司领导者的行为所决定的。领导者所表现或容忍的行为将决定其他人的行为。"倘若领导者的行为都与企业文化相悖，员工更会背道而驰。只有充分地理解、融入和相信企业文化，才能将文化渗透到行为习惯中，进而传递给团队成员，促进企业文化落地。

企业文化不是一句简单的宣传标语，它代表着一种价值认同。企业文化的作用，从根本上讲，是为了赋能个体。赋能，即赋予能量，在企业经营发展中，便是用企业的使命、愿景和价值观对个人产生一定的影响，更好地感知客户价值，并释放自己的能量。

这个过程从满足经济需求开始，引导员工培养职业精神和专业精神，让员工渐渐热爱工作甚至喜欢企业，接着满足其更高层次的追求，最后让他们体验到工作的回报，并从中获得成就感。

从专业技能提升，到因热爱而提高工作标准，再到个人价值的提升，层层递进，离不开对企业文化的感知和认同。

如果说曾经的团队管理中，上下级的关系偏向于管控和驾驭，这在当下定然是不适用的。就员工和企业的关系而言，因财富创造二者自然地形成了一个利益共同体，这种仅仅依靠金钱来维系的关系可能相对脆弱。管理者要让员工感知到责任、荣耀，感受到自己是被需要、有价值的，在团队中能收获成长和幸福，才能让员工与企业结合成一个事业共同体，更甚者形成坚不可摧的命运共同体。

如果员工只是机械地重复着每日的工作，那组织势必是缺乏活力和创造性的，当员工有了明确的使命愿景，自然有一双"无形的手"推动其不断前行。而身为管理者，需要思考的便是如何借助文化的力量去打造这样一双手，让员工热爱工作、感知价值。

这本书表层是让信念和目标、赋能与内驱、复盘与沉淀几个关键要素联动，打造高效能组织的闭环管理；其深层逻辑则是对企业文化从逐渐形成到推动落地，再到固化养成的完整打造过程。

企业文化的建设由业务开始，最终以业务结果结束。一个企业的价值是为客户、为业务做服务，而企业的发展和业务的延伸需要使命愿景化。使命是企业存在的意义，愿景是企业未来的规划，而使命愿景则需要战略化，清晰的、具备战略目标的使命愿景能够驱动一个企业的战略落地。更进一步来说，战略需要组织化，需要有匹配业务战略的组织战略，用组织文化和组织能力来确保战略的执行。组织则要求体系化、流程化、生态化的支持。

文化建设离不开战略，而战略的执行和落地需要从目标倒推并分解为最小的组织单元，整个过程是业务和组织的融合，而使命和愿景的存在会让组织相信，因为相信所以看见，最终形成相信的力量。实现业务战略，需要组织能力作为依托。华为的市场部曾有一个口号，"胜则举杯相庆，败则拼死相救"，当然也有"全营一杆枪"的说法，意思便是一切为了目标，齐心协力、发挥合力，取得战役的胜利。

总之，文化是企业的灵魂，是塑造企业价值、实现高质量发展的不竭动力。作者结合十数年的企业管理经验，在这本书中以"道、法、术、器"全方位串联了组织文化塑造整个过程。

"道"即管理者的价值观。价值观决定思想及决策模式和行为方式。管理者只有拥有正确认知自我和世界的能力，才能找准自己的位置，走适合自己的道路。身为管理者，要时刻保持良好的自我意识，深度了解和理解企业的文化。我们首先要做到"相信"，当我们深信不疑的时候，才能主动为员工赋能，传递相信的力量。

作者在"法"的讲解中，除了讲解最根本的战略、方法及工作思路之外，更是以心理认知分析，对做法以及背后的原理或决策依据进行细致陈述，使读者在了解内在因果逻辑的基础上，更精准地把握行动要点，并实现以变应变创造性应用。

同时这本书通过行为分析，将常用方法优化为具体可执行的步骤、动作等

"术"；而本着"少即是多"的理念，结合多年实践经验，作者精心挑选了便于读者轻松掌握的应用工具，使在组织管理的实操中快速提升组织效能，提升组织战斗力，沉淀组织文化。

相信读罢这本书，管理者将开启由打造组织文化"机械系统"迈向"生态系统"的新里程。

黄钰童

人力资源管理实战专家

中秦兴龙文旅总经理

中篇　以人才为中心，缔造高效能组织的关键力量

通过计划、组织、领导、协调、控制等职能来协调他人的活动，使别人同自己一起实现既定目标的活动过程是管理的"概念定义"。在这个定义中，我们不难看出"实现既定目标"是管理是否有效的衡量标准。

我曾用 7 年的时间，通过问卷调查、访谈、探讨等形式对 1 337 名管理者及 30 余位企业家进行调研，得到有效参考调研结果 1 017 份，具体如图引 -1 所示。

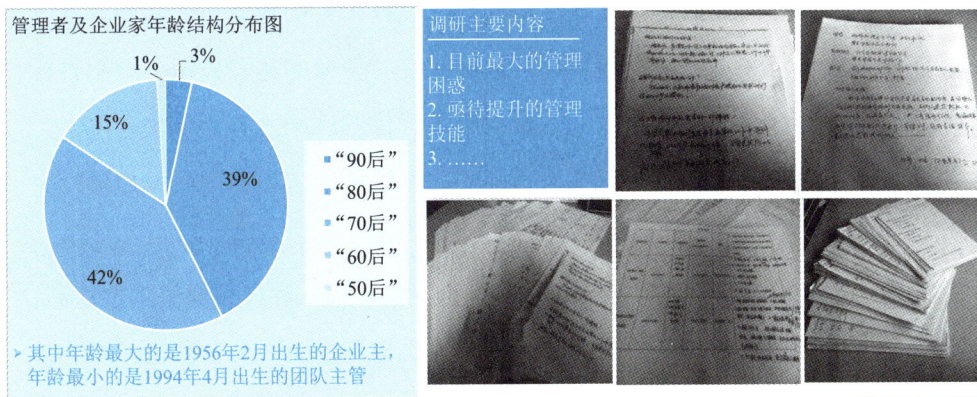

图引 -1　关于管理者及企业家的调研

其中约 62% 的管理者把"团队执行力不足"作为"阻碍组织（企业 / 部门 / 团队）完成目标最大的障碍"。

"阻碍组织（企业 / 部门 / 团队）完成目标最大的障碍"的困惑主要来自三方面，如图引 -2 所示。

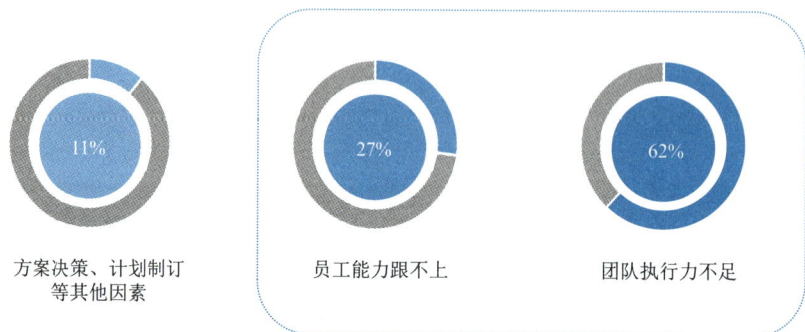

圆环图：11%（方案决策、计划制订等其他因素）、27%（员工能力跟不上）、62%（团队执行力不足）

图引 -2　阻碍组织完成目标最大的障碍

其实员工执行力可以分为三个层次：最底层是"尽人之力"，即管理者口中常说的"听话、服从"，对于领导交代的事项循规蹈矩地认真落实。但这个层面的执行力多了"僵化"，少了"灵活"。中间层是"尽人之智"，即员工在领到任务之后，盘整资源的同时，发挥个人的智慧与才能去自筹资源，尽最大可能去完成组织的目标。最高层是"使命必达"，即将组织目标与员工个人目标合二为一，以不达目的誓不罢休的决绝之心，以主动出击、不断创新的不测之谋，以共享共担、同心同德的协同之举，穷尽一切可以穷尽的办法以实现组织目标。

随着社会的进步，"90 后""00 后"自我意识强，对自我价值感追求高，越来越多的管理者觉得团队中能找到"尽人之力"层面的员工都已经不容易了。其实那是因为曾经控制式的、命令式的管理方法已慢慢不再适用于当下的组织管理了。在传统的组织管理中，管理者只需要关注绩效目标的实现即可，因此在进行组织管理的过程中，组织结构设计、资源分配、流程规划及激励体系，都围绕目标展开。通常表现为将任务分到员工手中，然后大家一起来实现目标。在这种组织系统中，个人和组织的关系是一种单向的关系，个人服从于组织目标且必须对组织目标有价值贡献。

而今，在这样一个多变的环境之下，员工的任务已不是仅把已有的事情做对，而是还要创造性地去做"对的事情"，才能让工作有效果。组织目标的实现越来越依靠团队成员的创造力，他们的工作成效直接决定了组织绩效，就如同在游击战中，每个士兵的独立判断与行动会影响整场战役的输赢。组织和个人的关系已经不再是单向的、从上到下的简单输出了，而是一个双向的过程。所以，现在管理工作的核心要围绕两件事展开：一件事是"工作目标"，另一件事是"人的价值"。而管理的本质是实现人的最大价值，执行的目的永远是实现更高的目标。管理者要对执行力与组织本身进行自我重构。将员工从"下属"变为"工作者"，把"工作者"当作组织的共生体，从"人才管理"走向"人才运营"以打造高效能组织。

高效能组织的五个特质：高能力、高效率、高质量、高效益、高频率。

那么高绩效的组织就是高效能的组织吗？答案是否定的！彼得·德鲁克对于"效能"的定义是"选择适当的目标并实现目标的能力"。组织效能就是指组织实现目标的程度，主要体现在能力、效率、质量和效益四个方面。绩效通常指经营效果，可以归类为"效益"，但高效益只是代表组织效能的一个方面，不一定意味着组织有较强的凝聚力或员工满意度。所以高效能组织需要有成员的高能力、任务的高效率、成果的高质量、回报的高效益的体现，而除此之外还有一个重要特质是进化的高频率。高效能组织需要成为一个能够自动进化的智慧体，不断进行组织的"自我超越"。

组织行为学权威罗宾斯教授认为："组织是对完成特定使命的人们的系统性安排。"无论是企业还是部门，抑或是团队，其管理就是通过打造组织环境，进行事务管理及人才运营建立高效能组织，从而实现组织目标绩效，同时促成组织成员的个人目标实现。"人才管理"与"人才运营"是有区别的。人才管理更多的是关于人的动作和绩效的数字，人才运营是关于人的想法和应对策略。管理是让员工做精准的动作。运营不是点的谋划，而是系统的设计，是对所有动作落点的统筹。人才运营是一个将组织内部系统从无序变有序的过程，它有别于以权力或资源构建的关系，是一种建立在情感、认同、共同事业、共同兴趣的信任关系上的高效能组织打造。

简言之，要打造高效能组织需要实现四个方面，如图引 -3 所示。

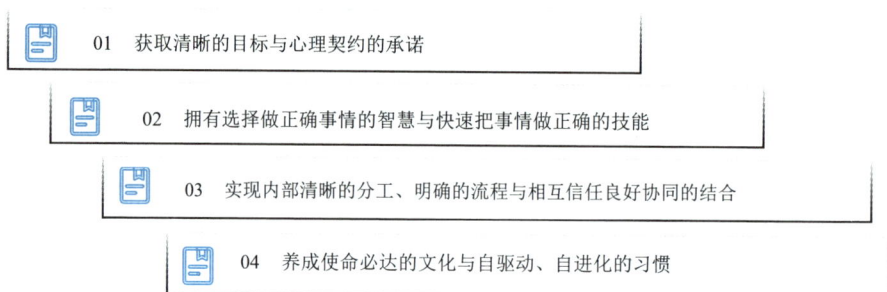

图引 -3　打造高效能组织的技巧

高效能组织打造的三个决胜关键在于：个人信念与组织目标的融合、赋能驱动与恰当管理的结合、成果复盘与文化沉淀的联合。

随着社会的进步，个体价值的崛起，做管理者难，做高效能组织的管理者更难。如果要提高组织效能，就需要管理者多维度地去提升管理能力，如图引 -4 所示。管理技能修炼是一个系统、庞杂且持久的事情。

我一直专注于"组织效能"的探索与实践，通过总结实践中的经验，探究组织效能提升的底层逻辑和深层规律，利用正、负反馈和延迟找到各种管理动作之间的关系，找出杠杆效益作用点，发现只要把握好三个关键点，便能打造出高效能组织。这三个关键点是个人信念与组织目标的融合、赋能驱动与恰当管理的结合、成果复盘与文化沉淀的联合。

文化建设的能力
· 团队文化凝练
· 团队氛围与士气管理
· 冲突管理
· 横向管理
· 榜样文化机制
· 学习型团队建设
· 愿景共享
· 自驱动、自进化

人才运营的能力
· 沟通能力
· 人员选聘能力
· 适人适岗能力
· 育人能力
· 培训方法
· 教练技巧
· 领导力塑造
· 授权艺术
· 绩效管理
· 激励技巧

事务管理的能力
· 时间管理
· 会议管理
· 解决问题能力
· 工作流程标准
· 工作绩效评价
· 计划制订与实施
· 危机处理
· 决策力
· 创新思维
· 向上管理

角色认知与心智修炼
· 角色认知与定位
· 管理者心智
· 管理者思维模式
· 管理者行为模式

图引 -4　管理者学习地图

本书分为三个篇章，详细解读做好组织效能打造的三个关键点的流程操作、具体方法与使用工具，如图引 -5 所示。其中每个章节都能教你构建"打造高效能组织需要实现的四方面"。

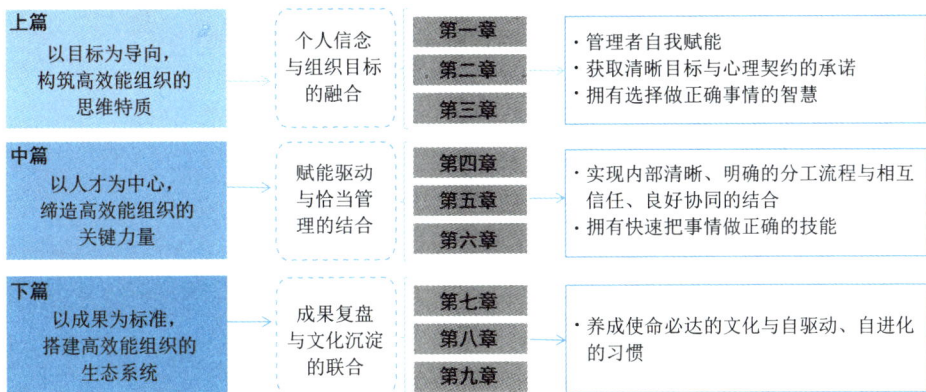

上篇 以目标为导向，构筑高效能组织的思维特质	个人信念与组织目标的融合	第一章 第二章 第三章	· 管理者自我赋能 · 获取清晰目标与心理契约的承诺 · 拥有选择做正确事情的智慧
中篇 以人才为中心，缔造高效能组织的关键力量	赋能驱动与恰当管理的结合	第四章 第五章 第六章	· 实现内部清晰、明确的分工流程与相互信任、良好协同的结合 · 拥有快速把事情做正确的技能
下篇 以成果为标准，搭建高效能组织的生态系统	成果复盘与文化沉淀的联合	第七章 第八章 第九章	· 养成使命必达的文化与自驱动、自进化的习惯

图引 -5　高效能组织打造的三个决胜关键

面对知识大爆炸的时代，本书强调的是立足于经典、立足于常识，系统性、创新性地解决问题。本书通过结合管理大师的经典管理思想，采用科学的方法及行为工具，在多个组织验证成功之后归纳出一套管理思维及系统管理动作以提升组织效能。最特别之处在于以管理工作的实际场景和应对策略为背景，将如何快速提高团队执行力成为高效能组织，从目标实现到组织优势不断迭代优化的全过程，以闭环方式进行阐述。本书所阐述的管理思维与管理动作，均依托理论，使用管理工具进行落地，同时结合实战案例实现高效能组织的可复制化输出。本书力求使广大管理者在阅读中实现，"一看就能懂，一学就会用，一用就有效"。

以目标为导向，构筑高效能组织的思维特质

第一章

重塑认知，使命必达

管理专家彼得·圣吉将"思维模式"定义为"影响我们如何理解世界和采取行动的那些根深蒂固的假设、归纳，甚至图片和意象"。不同人对这个世界的认知和解释其实是不一样的，而我们的所有行动、做法都是在不同的思维模式的影响下产生的。

因此，要想打造一支使命必达的高效能团队，管理者就要充分发挥主观能动性，重塑团队成员的认知。

第一节 团队执行力差的四个"坑"

A公司召开新一年度管理工作部署会议，将一季度的工作目标定为：加大新客户开发投入，实现产品销售较去年同期提升25%，利润提升18%；打造专业团队，提升客户满意度。会后各部门第一时间召开相关工作落地会议。

场景一：

销售一部经理召集部门两个团队主管进行工作部署："销售额较去年同期提升25%的话，也就是我们部门一季度产品销售要达到450万元。现在部门普通员工一共是9个人，每人目标40万元。你们两个身为主管要起带头作用，每人45万元。除了老客户的复购，要花更多精力去开发新客户，更多地以新客户的销售来完成业绩任务。态度百分百，方法无穷多，你们务必要带领团队达成目标！"

场景二：

人力资源部经理对部门进行季度工作安排："一季度我们要重点做好员工的专业技能培训工作，加大培训力度，把营销涉及的所有相关技能对现有销售人员全部轮训一次。除此之外还要加大招聘力度，扩充销售部的有效人力，大家辛苦一下，加班加点也要完成公司目标。"

场景三：

财务部经理部署部门季度工作："一季度我们要做好开源节流，充分争取税收优惠政策，增收的同时严格管控费用成本，加大报销审核力度及严谨性，要让每一分钱都花在刀刃上。"

场景四：

客户服务部经理紧锣密鼓地提前开启一年一度的"客户服务节"部署工作："提升客户满意度是公司一季度的重点工作，我们客户服务部一定要冲在最前面。3月的'客户服务节'一定要在到场客户规模、会场选择、隆重程度、伴手礼档次等方面较去年上升一个台阶。为了能让更多客户提前了解活动，我们要早一点把海报制作出来，让销售团队有更多时间向客户进行介绍和推广。"

以上无论是营销部门还是职能部门，其管理者均紧紧围绕公司目标在第一时间作出反应，主动快速落地部门工作安排，看似抢占了先机，实则已经踩了四个"坑"，令管理开局就已被动。

踩"坑"一：把目标作为执行的起点

团队常态化的目标管理操作便是管理者制定目标，而后将目标进行分解，拉列具体计划，员工对计划开展相应行动。这种"领导做部署，团队做执行"的方式很难有真正的执行力。执行力是建立在"承诺"基础上的。"承诺"是激增团队成员个人效能的核心要件。前面说过组织效能是团队实现目标的程度（主要体现在能力、效率、质量和效益四个方面）。个人效能则是团队成员相信自己一定能完成任务的信心与期望。当成员具有较高个人效能的时候，便会排除万难，全力寻找达成目标的方法。然而这里的"承诺"绝非常见的"责任状"签署或者"任务誓师会"，此处的"承诺"一定需要成员发自内心。因为没有人能对不理解或者不认同的"命令"去探寻解决方法，更不会在变幻莫测的外部环境下以变应变地去"灵活"地实现目标。

◎填"坑"指南：把愿景（目标）共享作为执行的起点。

史蒂芬·柯维在《高效能人士的七个习惯》中提到，任何事情都有两次创造。如果把组织未来愿景（目标）的构想称为"一次创造"，而在现实中去实现目标则可称为"二次创造"。对于任何人，没有准备好一次创造，就很难做好二次创造。管理者要通过愿景共享、为团队成员创造目标感，来激励每个人为组织努力，当团队中的个体为了组织的目标共同奋斗的时候，凝聚力和向心力会让团队产生巨大的能量，这股力量将带领所有人跨越一切障碍，最终抵达胜利的彼岸。

《孙子兵法》中说："上下同欲者胜。"告诉员工"我们为什么这么做"，比"如何做"更重要。

◎填"坑"工具：梦想画布、共识会。

踩"坑"二：从组织现状推算出团队目标

我们常见的团队目标的确定是根据组织现有水平，结合竞争对手和行业发展要素，并以过往增速为参考。这样的目标是"冰冷"的，没有"威力"，很难唤起团队成员对于目标的共识，因此也就无法让他们投身其中，克服艰难险阻去不断地创造、实现。

◎填"坑"指南：用逆向思维将团队愿景推演成目标。

有什么样的期望，才可能会有什么样的结果。所以目标要由团队的愿景或者梦想推演而来，将目光投射到未来，再回头看现在的位置。通过持有对未来的预期和笃定，寻找实现的路径，进而以逆向思维倒推出团队每个阶段的目标。可能有人说这样根据梦想倒推出来的目标难以实现。要知道目标是用来挑战的，任务才是用来完成的。使命必达不是就现有资源、能力的推演，而是以目标为顶点，倒推资源、能力需求，系统性、结构性地思考，精准高效地落地，标准有效地执行。

◎填"坑"工具：KGI（key goal indicator，关键目标指标），SWOT（strengths、weaknesses、opportunities、threats，态势分析法）。

踩"坑"三：分工明确，责任到人就是目标分解的成功

有的团队中，目标管理中的 KPI（key performance indicator，关键绩效指标）被滥用，几乎把团队里的每个人都变成了一个螺丝钉。每个人只对自己工作范畴内的工作质量负责，部门与部门之间乃至团队的成员之间竖起了一道道隐形的"高墙"。"自家各扫门前雪"成为常态之后，就淡化了对岗位工作之间因果联系的感知，失去了集体的智慧与活力。案例中看似各个部门都在紧锣密鼓地进行目标管理，实则各自为战，重点工作安排有彼此矛盾的地方，这是团队或个人在以"行动上的忙碌"掩盖"思维上的懒惰"。

◎填"坑"指南：以任务解读目标，以因果协同工作。

以"战略目标定位"为起点，以"岗位因果联系"为支点，以"整体任务输出"为落点。目标分解不是各团队或团队成员工作的简单合并而是治理结构、组织结构、业务流程三者之间的高度融合与无缝对接，更是以团队文化为中心的无形资源的优化整合。管理者首先需要与所有成员就"出发点"达成共识之后，梳理各岗位或各部门之间工作的因果联系，以整体任务制的方式降低内部复杂性，以成员在团队中的角色来理解其所承担的责任，并通过实现绩效的不同行为组合来完成知识、技能与工作需求之间的匹配。

◎填"坑"工具：OGSM（objective，goals，strategies，measures，一种计划与执行管理工具）、BSC（balanced scorecard，平衡计分卡）。

踩"坑"四：多管齐下，推进目标

关于组织目标的推进，从公司的角度可以分别在产品、客户、经营数据、人员成长等方面进行多维的目标设立。但是作为承接公司目标的各部门及内部小组则要将目标转化成时间轴上的任务组合，而不是在同一时间追求多任

务的切换。而且不是所有的管理动作都对目标实现具有"战略意义"，不分主次的多任务并行会使整个团队陷入无序的忙乱之中，很多付出不能转化为成果或业绩表现。而团队需要结果，没有"功劳"的苦劳，就是"白劳"。

◎填"坑"指南：把脉关键突破点，以时间为轴构建行动体系。

团队不是一个"机械系统"，而是一个"生物系统"。阻碍目标实现的症结并非以"头痛医头，脚痛医脚"这种简单粗暴的方式可以解决。每一个管理行动很可能都是"牵一发而动全身"。目标的实现源于对各任务项之间内在逻辑清晰地梳理，需要一套覆盖于时间轴之上，有轻有重、有先有后的管理动作"组合拳"。工作计划不是一个方案，而是一个时间轴上的具有完整性、系统性的设计，是资源链上的统筹整合，是关键节点的精准把控。

◎填"坑"工具：OKR（objectives and key results，目标与关键结果法）。

第二节　ABC 方程式，先为管理者赋能

打造"使命必达"的高效能组织的首要条件是什么？是管理者的管理技巧、经验及意愿还是选人眼光？

我想说，要想打造一支"使命必达"的高效能组织，首要条件是管理者打破自我，为自己构建出三个核心认知。

认知一：不是性格决定命运，而是目标决定命运。

认知二：敢于追求目标。

认知三：行动是问题的答案。

彼得·德鲁克在《卓有成效的管理者》一书中重新定义了"管理者"，

他提出管理者就是组织中的知识工作者，管理者的首要任务就是管理好自己。而管理自己的第一项，在我看来，就是改变思维模式，重构管理者的核心认知。

管理专家彼得·圣吉将"思维模式"定义为"影响我们如何理解世界和采取行动的那些根深蒂固的假设、归纳，甚至图片和意象"。每个人都有一套独立完整的思维模式，我们的工作决策会受到思维模式的影响，它们通常是无意识产生的第一感觉和观点，我们必须要尊重它。

因此，笔者认为管理者构建这三个认知是实现团队高效能，做到"使命必达"的首要条件。

心理学家艾利斯提出过一个经典的理论——ABC 情绪理论，如图 1-1 所示。ABC 指人的情绪主要根源于自己的信念以及对生活情境的评价和解释的不同。A（antecedent）指事情的前因，C（consequence）指事情的后果，有前因必有后果，但是有同样的前因 A，产生了不一样的后果 C1 和 C2。这是因为从前因到后果之间，一定会透过一座加工厂 B（belief），这个加工厂就是信念和我们对情境的评价与解释。

A	B	C
前因（antecedent）	✛ 信念（belief）	＝ 结果（consequence）

图 1-1　ABC 情绪理论

当我们构建出三种核心认知的时候，就相当于获取了三道"消极情绪与消极信念"的过滤器，帮我们树立积极的态度与情绪，更好地解决问题，更快地去实现团队目标。具体如图 1-2 所示。

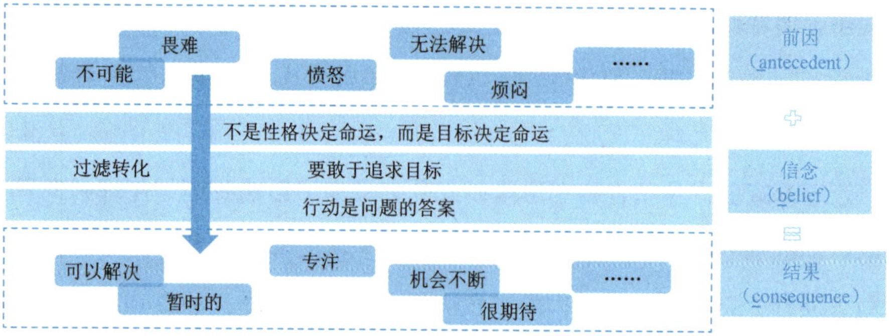

图 1-2　三种认知建立思维过滤器

那如何理解这三个核心认知呢？

组织心理学博士本杰明·哈迪对人的性格做了多年深入研究，并将研究成果撰写为《性格修正》一书。通过搜集资料及调研，他发现之前很多的性格学说和性格测试并没有相关科学依据。其实众多的性格测试都是自陈式的，而我们的自我认识总在随着当前的关注点、环境和情绪而变动。本杰明·哈迪在书中指出"太把性格当回事就是在放弃自己的选择能力，它会使你把自己对过去和未来的责任都交给外在事物；使你不再努力去寻求改变，限制改变的潜能；使你不再专注于怎样做能让人生更美好，只试图发现或认识自己无能或受限的原因"。性格的真相是，性格可以、应该也确实会改变。目标塑造身份认同，身份认同塑造行动，行动会塑造我们现在和未来的性格。性格源于目标，而不是目标源于性格。我们的目标在哪里，我们就会看向哪里，就会去往哪里，就会创造出不同的现实。所以，管理者要给自我注入的第一个核心认知是"不是性格决定命运，而是目标决定命运"。

如果有什么阻挡我们寻找到通往目标的明确道路，我想那就是"我们相信自己永远达不到目标、我们没有天分"的思维定式。因为我们不敢想，所以就失去了对未来的想象力，失去了信念与信心，也失去了克服困难险阻的力量。随着对自身看法和能力的固化，我们便会一直用"过去""曾经""经历"去定义自己，驱使未来的生活。

信念是人的大脑潜意识中的习惯看法，它十分坚定，不会被轻易动摇。信念的力量是巨大的，当我们坚信某一件事，就给自己下了一道不容置疑的命令，信念决定了我们将拥有怎样的力量。所以只有"敢于追求目标"，才能达到"看见不可见，做到不可能"！

目标有了，信念也有了，但是在带领团队通往梦想的道路上一定会遇到各种阻碍、各种问题。想要拨开眼前的迷雾让问题现身，首先要做的就是处理好情绪。情绪干扰了对问题的解决。其实真正的"问题"是什么？是目标与现实的差距，背后是达成目标的机会。解决问题本身并不难，因为既然有了目标，那么在盘点现状之后进行分析，厘清方向，拉列实施计划并付诸行动，之前的问题就会被解决。当然旧的问题解决了，随着行动的开展很有可能会出现新的问题，那也就意味着离目标更近了，新的机会又出现了。所以处理好情绪，相信"行动是问题的答案"，是解决好问题的第一步。

第三节　学会因式分解法，让目标皆实现

1968 年，罗伯特计划筹集 700 万美元用玻璃建造一座建筑。他将 700 万美元的目标分解成"寻找 700 笔 1 万美元的捐款"和"卖掉 1 万扇窗户，每扇 700 美元"。从此，他开始了漫长的募捐生涯。历时 12 年，这座建筑竣工，成为世界建筑史上的经典。

故事中罗伯特将"遥不可及的目标"拆解为足够小的行动计划，这个过程，像极了我们上学时因数分解的游戏，却蕴含着如何实现目标的大智慧——工作分解。它的操作跟因数分解是一个原理，就是把目标项目按照一定的原

则分解，项目分解成任务，任务分解成一项项工作，落实到员工的日常活动中。

但我们所遇到的问题，有时候可能不是一眼就能辨识的"因数分解"，而是更为复杂、关系错乱的"因式分解"。分解因式为整式乘法的逆过程，而工作分解则是一个实现目标、系统性地解决多任务区块的逆过程。

例如，某营销团队成员业绩较低。对于"如何提升人员业绩"这个问题，表面是提高成交量，实质是产品的高质量（专业性）以及服务的快捷和高效，所以我们可以进行因式分解，如图 1-3 所示。

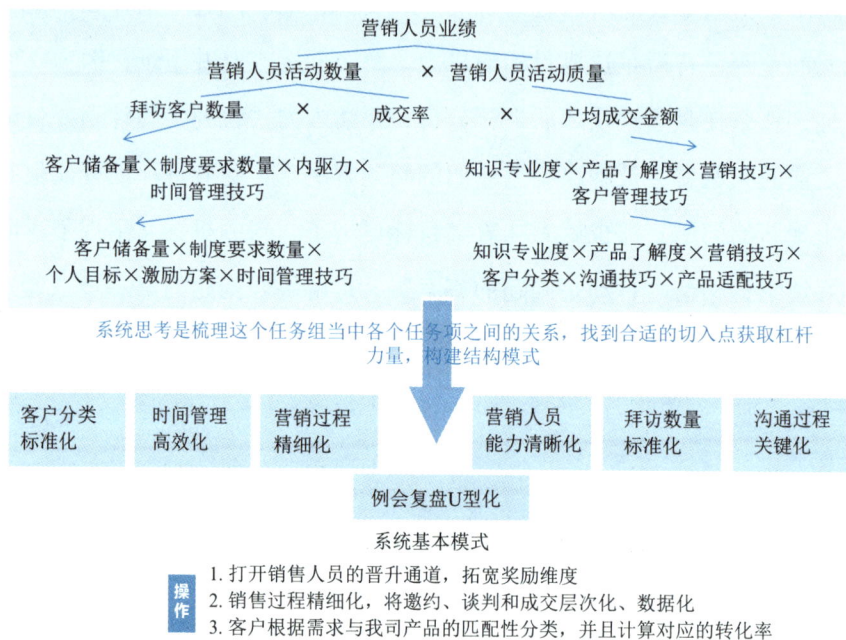

图 1-3　因式分解法案例

系统思考，梳理这个任务组当中各个任务项之间的关系，找到合适的切入点获取杠杆力量，构建结构模式。通过学会观察事件背后的结构模式，提炼出系统解决相关问题的基本模式，而它们便是复杂问题背后的简洁定律。当然并不是工作中的所有事情都可以高度概括，但只要我们将问题细化、拆解，就一定能找到可以掌控的任务进行切入并解决。

对于职能型团队来说，有时也会遇到未曾经历过的问题，需要去解决。当整体混乱多头、彼此捆绑，一团乱麻缠绕在一起时，我们可以按照一定逻辑结构进行拆解。

比如人力资源部门因突发情况将原定的线下校园招聘会取消，需要马上开展线上招聘宣讲及面试工作。这类任务可以以时间为轴线进行一一拆解。

首先是前期准备工作，可以按照相关工作模块进行任务拆解，如图 1-4 所示。

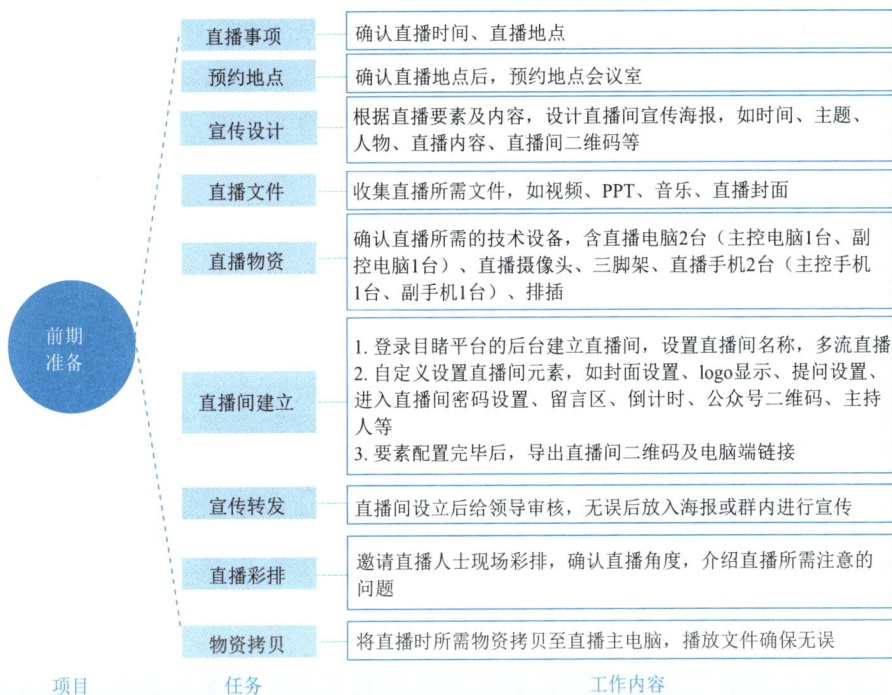

项目	任务	工作内容
前期准备	直播事项	确认直播时间、直播地点
	预约地点	确认直播地点后，预约地点会议室
	宣传设计	根据直播要素及内容，设计直播间宣传海报，如时间、主题、人物、直播内容、直播间二维码等
	直播文件	收集直播所需文件，如视频、PPT、音乐、直播封面
	直播物资	确认直播所需的技术设备，含直播电脑2台（主控电脑1台、副控电脑1台）、直播摄像头、三脚架、直播手机2台（主控手机1台、副手机1台）、排插
	直播间建立	1. 登录目睹平台的后台建立直播间，设置直播间名称，多流直播 2. 自定义设置直播间元素，如封面设置、logo显示、提问设置、进入直播间密码设置、留言区、倒计时、公众号二维码、主持人等 3. 要素配置完毕后，导出直播间二维码及电脑端链接
	宣传转发	直播间设立后给领导审核，无误后放入海报或群内进行宣传
	直播彩排	邀请直播人士现场彩排，确认直播角度，介绍直播所需注意的问题
	物资拷贝	将直播时所需物资拷贝至直播主电脑，播放文件确保无误

图 1-4　校园招聘活动流程——前期准备

其次是对线上招聘会的操作过程与面试环节的操作流程进行拆解，如图 1-5 所示。

现场直播	直播协助设备	确认排插、充电宝到位，将直播设备充上电
	文件提前打开	提前30分钟打开所有需要播放的文件，确保第一时间展示
	电量确认	直播期间，不定期检查设备电量，保证设备正常运转
直播收尾	现场控场	主持人需在后台控场，及时禁言、删除非正常言论
	视频设置	剪辑视频、设置回放；拷贝收录视频
面试安排	确认参加面试人员	逐一确认可参加面试人员，制定名单
	初试	由招聘小组逐一电话沟通，进行初步筛选后按部门岗位安排面试
	复试	确定复试名单，确定各岗位面试官，分批多场次面试
录用	确认意向	电话正式通知录用人员，并确认意向
	录用通知书	确定录用通知书模板，约定入职前获取××从业资格证书和毕业证书；发放录用通知书至邮箱
项目	任务	工作内容

图 1-5　校园招聘活动流程——过程操作

最后是对录用事宜、实习安排及招聘情况复盘的任务拆解，如图 1-6 所示。

后续安排	录入资料	1. 将简历分类：统计参加面试人数、通过面试人数、录用人数 2. 录入每个面试人选简历数据
	确认后续培训及实习	培训计划、实习安排、实习补贴
实习培训	培训及实习	确定培训计划、培训行程及现场组织
招聘效果	校园招聘效果分析	应届生正常入职后撰写"年度校园招聘效果分析表"
项目	任务	工作内容

图 1-6　校园招聘活动流程——后续安排

只要我们在拆解的过程中遵循"MECE 法则"（mutually exclusive, collectively exhaustive, 相互独立, 完全穷尽), 使跟问题有关的所有事件全部被拆分, 做到拆解要素没有遗漏, 并且彼此任务之间没有重叠。即便再大的问题, 也一定能拆解成一个个可以单点突破的小问题。有了切实可行的行动指南, 便是成功的开始。

拆解问题，让万事皆"有解"不需要天赋，只需要坚信"行动是问题的答案"，在反复地训练之下即可得到因问题而带来的全面系统的行动设计。但要想真正解决问题，还需要耐心持久地坚持。世界上最遥远的距离，不是"不知道"的距离，而是"知道"却没有"做到"的距离。把"知道"变成"相信"，问题来了不要怕，拥抱它、看清它、拆解它，一步一步向目标靠近。

第四节　读懂罗森塔尔实验，激发成员内驱力

1968 年罗森塔尔来到学校，声称要进行一个"未来发展趋势测验"，对学生进行智力测试。然后，罗森塔尔在这些班级中随机抽取约 20% 的学生，并用赞赏的口吻，将这份"最有发展前途者"的名单交给了校长和相关教师，叮嘱他们务必要保密，以免影响实验的准确性。他以此种方式，使教师对相关学生产生期望。

8 个月后，罗森塔尔又进行了第二次智力测验。结果发现，被期望的学生比其他学生在智商上有了明显的提高。这一倾向，在智商为中等的学生身上表现得较为显著。而且，被期望的学生表现出更有适应能力、求知欲更强、智力更活跃等倾向。罗森塔尔用他的"权威性谎言"，对教师产生了暗示，左右了教师对名单上学生的能力的评价；而教师又将自己的这一心理活动通过情绪、语言和行为传染给了学生，使他们强烈地感受到来自教师的热爱和期望，变得更加自尊、自信和自强，从而使各方面得到了异乎寻常的进步。罗森塔尔称这种现象为"皮格马利翁效应"，这就是著名的"罗森塔尔实验"。

当把"罗森塔尔实验效应"应用在管理上时，我们可以将其理解为：赞美、信任和期待，它具有一种能量，能改变人的行为。因而激励和赞美员工被认为是激发其潜能最简便且最有效的方法之一。

"小王啊，最近表现很不错，我对你很看好，你要继续努力啊……"

"小李，虽然现在行情不好，但是我相信你一定有办法解决这个问题……"

…………

但当以上场景出现在我们日常管理工作中的时候，我们却发现"如此"赞美和激励往往效果甚微。

那么，在管理中应用罗森塔尔实验效应，难在哪里？

首先，罗森塔尔实验效应需要在一个平等温暖、友爱支持的氛围中才能更好地发挥作用。

其次，罗森塔尔实验效应是按照"期待—行动输入—反馈—接受—外化"这一机制产生的。这就需要管理者发自内心地对成员产生具体的期待，引导成员对期待付出具体的努力实践。而后，管理者要对其给予积极的评价、帮助和指导等行动，使成员感受到特殊的关怀和鼓励，从内心接受管理者的引导与帮助，做出相应的努力，把内在的潜能激发出来。

再次，罗森塔尔实验效应在实操中需要更多地结合场景来确定应用的方案。这就要求管理者在日常的管理工作中认真了解团队成员，发现他们的长处，对每一位成员都建立积极的期望。

最后，罗森塔尔实验效应可以分为两部分，一部分是管理者对成员的期待，还有一部分是成员的自我期待。其中成员自我期待更为重要，它是激活自身效能，提升内驱力的关键。

有没有什么方法既能全面了解团队成员，及时发现其长处，又能节省管理者精力，不必时时去观察，还能有效激发成员内驱力呢？

大家可以尝试使用一个工具——团队品牌积分榜，见表1-1。

表1-1　团队品牌积分榜

排名	户名	累计积分	上期积分	打分人评语	个人成长账户		业务账户		提升客户价值		内部流程工作账户		变动合计
					加分	扣分	加分	扣分	加分	扣分	加分	扣分	
1	赵某某	5	0	分享发现客户需求的经验，这次分享可以作为我们销售人员的一个工具包，强烈建议为赵某某加2分品牌分					2				5
				张某某和赵某某一起去拜访某机构客户，建议给赵某某的专业分享和客户价值加2分！给客户中心很多新鲜的东西，非常棒					2				
				部门同事在工作安排中加入互动研发内容，王某某收到了赵某某推荐的书还附上了互动集锦，王某某很感动。建议为赵某某的客户价值、为同事提供急需的帮助加1分品牌分					1				
2	张某某	4	0	新版产品介绍，专业而清新。为张某某的辛苦付出加2分品牌分							2		4
				××公司成交全程案例解析——张某某总是这么无私地分享成交的每个环节，有方法、有技术、有重点，能让我们借鉴和学习！为张某某的团队技能沉淀加2分品牌分			2						
3	……												

如果团队内部人员较少，品牌积分可从四个方面考察。

个人成长：重点考察成员在工作中开放的心态、学习能力、主动参与组织工作、商业人格建立、职业化等方面。

业务账户：关注成员业务开展、业务水平提高等方面。

提升客户价值：关注成员内部和外部客户价值提升工作的开展情况。

内部流程工作：关注成员在团队的管理和激励、工作落实、检查和追踪结果等方面的工作贡献。

对品牌积分工具的使用，可设立加分规则，见表1-2。

表1-2　加分规则

种　类	制　度	加分分数
个人成长	个人的成长进步明显	1 ~ 4
业务	执行迅速，结果满意 工作出色，价值突出 方法经典，成为标杆	1 ~ 4
文化	有价值的分享 有价值的帮助	1 ~ 4
职业化	具有职业化示范作用	1 ~ 4
奖项	三等奖	5
	二等奖	10
	一等奖	15
部门配合	为其他部门提供超越期望的价值	1 ~ 4

奖项解释：

（1）三等奖即为其他部门提供特殊价值：为其他部门提供价值，比如为客户服务部产品营销提供具体有效的建议并得到采纳。

（2）二等奖即为公司 / 部门提供一般的价值：在全公司具有普遍的应用价值，比如，公司经典文化案例整理。

（3）一等奖即为公司提供特殊的价值：对公司具有开创性的价值，比如，重大制度的提议和建立。

◎扣分规则，见表1-3。

表 1-3　扣分规则

种　类	制　度	扣分分数
文化	屏蔽重要信息 背离事实和数据议论 错误指责别人	1 ～ 4
业务	在规定时限内未产生结果或结果无价值 业务文件错别字严重或有明显疏漏 违反制度或程序但未造成危害后果	1 ～ 4
职业化	正式场合衣冠不整 会见客户举止失当 言行有违职业操守	1 ～ 4
三级警告	口头警告	5
	书面警告	10
	正式警告	15

　　如果管理者所在团队人员众多或者是进行多部门管理，则可以细化积分类型，包含但不限于培训课程、案例、情景演练设计、标准化流程、工作成果及合理化建议等，以构建团队全体员工的知识、文化及经验的智慧结晶库。

　　案例如下：

　　（1）知识贡献积分：指员工支持团队内部人才培养工作，为团队整体文化塑造、员工能力提升作出贡献所获得的积分。细则见表 1-4。

表 1-4　知识贡献积分细则

项　目	奖励分数	具体内容	认定依据
课程开发	300	课程首次通过认证并完成最终交付 课程组进行课程开发的，课程组成员共同分享积分，组长进行分配	资料备案文档库
课程授课	50	课时达到 1 个学时以上	培训通知、培训签到表或现场照片等
案例	150	客户营销服务案例：对客户开发或服务具有实战借鉴意义，对员工营销或服务技能的提升具有显著作用	团队范围内推广使用
	150	客户投诉处理案例：对客户投诉处理具有实战借鉴意义，对员工投诉处理技能的提升具有显著的作用	团队范围内推广使用
	200	管理案例：具有广泛的推广价值，可以在整个团队范围内推广，对管理水平和团队业绩的提升具有显著的作用	团队范围内推广使用

项　　目	奖励分数	具体内容	认定依据
营销术语	150	包括营销术语、产品术语、拒绝处理术语等，具有广泛的推广价值，对客户开发或服务具有实战参考意义，对员工营销或服务技能的提升具有显著作用	团队范围内推广使用
情景演练设计	150	具有广泛的推广价值，对客户开发或服务具有实战借鉴意义，对员工营销或服务技能的提升具有显著作用	团队范围内推广使用
标准化流程	150	具有广泛的推广价值，对推进工作落实的全面性、精准性及高效性具有显著作用，具有普遍性	团队范围内推广使用
编制手册	300	编制提升工作效率或工作绩效的工具、知识等流程后期如相关知识点发生变化，负责员工/部门需及时更新，重大修订可酌情认定积分	团队范围内推广使用
征文/比赛获奖	200	员工个人投稿获奖，或内部平台刊登，本职工作撰稿除外	荣誉证书或刊登截图
获得外部荣誉	300	员工积极参加公司之外的活动，并获得奖项	荣誉证书

（2）技能贡献积分：指员工用自己的技能为本团队以外的部门业务发展、品牌宣传、文化输出提供支持所获得的积分。本项积分由被协助部门负责人发起，奖励 30 分/小时，认定依据为技能输出所产生的成品或示意图。主要包含以下技能：视频制作、PPT 制作、图片制作、数据处理、文案撰写、摄影录影、主持活动、对外文艺表演等。

（3）工作贡献积分：指员工为团队创新与发展提供的建设性意见和项目所获得的奖励积分。具体认证细则见表 1-5。

表 1-5　工作贡献积分认证细则

员工贡献积分使用方法			
序　　号	兑换项目	兑换标准	兑换上限
1	读书卡	每 300 积分可兑换价值 100 元读书卡	无
2	年假	每 500 积分可兑换 1 天年休假 该项需征得上级主管同意，方可兑换	每年 2 天
3	考勤分	每 200 积分可抵扣 1 分考勤分	每月 2 分考勤分
4	优秀机构学习机会	每 2 000 积分可兑换 1 次前往优秀机构学习的机会	每年 1 次
5	外部培训机会	每 3 000 积分可兑换 1 次外部培训机会	每年 1 次

其他重要用途
1. 积分情况将作为员工竞聘、调岗、升职的重要参考依据
2. 作为年度优秀团队评选标准之一

（4）个人积分兑换：个人积分榜积分可根据团队持有资源及文化氛围进行相关激励与兑现。具体见表1-6。

表1-6　个人贡献积分细则

项　　目	奖励分数	具体内容	认定依据
合理化建议	300	员工以书面形式的《团队发展合理化建议表》提出建议，同时提出解决方案	经经营管理委员会开会讨论决定采纳并实施
微创新项目	100	员工开发出能够提升工作效能、质量或者绩效的建议、工具、技巧等，须填写《微创新申报表》	团队范围内推广使用
自发成立专项小组	500	以成立工作小组的形式组织各部门共同研究、解决问题，积分由组长进行分配	小组成立公文及阶段性专项小组交付的工作总结
组织兴趣小组	500	鼓励员工参与到文体、学习等兴趣小组的组建及管理中，全员共同营造积极向上的企业文化氛围 　积分原则由组长获得，也可由组长视情况分配	小组成立公文，持续按计划组织活动半年以上交付的工作总结

个人品牌积分榜可以帮助管理者打造信任环境，及时提供指导，明确并定期传达高期望，使员工感受到公平，增加员工学习的积极性，增强自我价值感。

敲黑板

彼得·德鲁克说，一个组织不可能依靠万能的天才来达成绩效，而只能依靠有一技之长的普通人。只有"让平凡人都能做出不平凡的事"的组织，才是好的组织。管理者在用人时要多问"这个人能做什么"，而不是去问"这个人不能做什么"。管理者的任务不是去改变别人、克服别人的缺点，而是帮助每个人充分发挥个人所长，帮助他们取得个人成就，让团队成员从平凡走向非凡。

第五节　梦想蓝图画布，凝心共创未来

A公司主要从事零售行业，拥有20余家连锁超市，但近几年业绩增长乏力。老板自认为给员工的待遇是高于行业平均水平的，员工素质也不差，但就是不能完成业务目标且员工流失严重，对此他深感困惑。后来我在对员工进行走访调研后了解到：关于公司的战略目标，员工没有清晰的概念，不知道公司未来要朝着什么方向去发展，做事情只是执行公司的决定，这也使得核心管理层思考、发现问题、提建议的动力不足。如此缺乏对经营的支持，增加了决策人的决策压力及决策风险。鉴于此我提出为公司召开战略文化共识会的建议，并在会议第一个环节使用了"梦想蓝图画布"工具。

"梦想蓝图画布"是员工对组织未来发展愿景的一种可视化语言，将员工内心最真实想法与渴望，通过描绘图景投射到白纸上进而被呈现、被看见，被构建于组织发展愿景之中，成为大家一起奋斗的可视化目标。

老板通过这个环节看到了员工对美好生活的向往，也看到了员工想要得到客户认同的渴望，更看到了员工对公司的期待与陪伴的意愿。在"梦想蓝图画布"环节，大家凝练出公司的愿景是"创百年老店，成为区域领导品牌；快乐工作，共同成长，做让顾客与员工百分百信赖的企业"。公司的使命是"为客户提供优质服务；为员工创造美好生活；为社会承担更多责任"。

其后，公司据此明确了战略方向，制订年度重点工作计划。针对门店和公司整体分层设计，建立科学的短中长期激励体系。同时公司时时回顾核心文化理念，并在日常工作中随时向员工传递公司的文化理念，增加员工对公

司的认同度。在之后的三年中该公司实现营业利润翻番的同时，员工收入也增长了 65%，员工离职率较三年前降低了 72%。

这就是通过为员工"描绘未来愿景"激发员工形成强烈的凝聚力和向心力，以驱动员工展开逐梦行动的"愿景驱动管理"。

想让"愿景驱动"发挥其最大的管理价值，首要因素是有一个"胆大包天的目标"。除此还要有"集体愿景""振奋人心""生动描述""未来憧憬"。可能有敏锐的管理者发现，以上五要素中存在着一个天然矛盾，在得到"集体愿景"的过程中员工从愿景执行人的角度出发，很难碰撞出"胆大包天的目标"，通常情况下得到的结果都是十分保守的。梦想蓝图画布不但能轻松化解以上矛盾，还能将愿景构建的五要素全部实现。

这个工具的使用方法很简单，一共分为七个步骤，如图 1-7 所示。

第一步
圈"大脑"，分小组
每组不超过 10 人，不少于 3 人为宜

第二步
给梦想打草稿
以"我和××公司/团队 10 年后的未来"为主题进行接力作画

第三步
排队晒梦想
就画布上的内容进行梦想描述

第四步
梦想的碰撞
激情、情感和信念是对愿景生动描述的要素

第七步
梦想变蓝图
按照三个动作去落实

第六步
梦想召唤使命
使命回答了"我们为什么而存在"

第五步
凝练共同愿景
关键词罗列，选择自己最有感觉的词语进行造句

图 1-7　梦想蓝图画布操作步骤

第一步：确定参会人员，分小组。企业组织可选取管理干部及骨干员工代表参加；非企业组织要全体员工参加。根据人数分组，每组最多不超过 10 人，不少于 3 人为宜。

第二步：给梦想打草稿。每组一列纵队站好，在第一位成员面前放一张全开大白纸（787 mm×1 092 mm）横向铺开，大白纸下方放水彩笔若干。要求小组全体成员以"我和××公司/团队10年后的未来"为主题进行接力作画，每人走到白纸前作画30秒，时间一到就换人，画完的成员马上排到纵队队尾继续接力。小组作画时间一共不超5分钟。要求成员在做画的过程中不能有任何交流。

第三步：排队晒梦想。主持人喊停的时候，最后一个拿着画笔的成员，要把集体的画作展示出来并就画纸上的内容进行梦想描述。每个小组按顺序逐一晒梦想。

第四步：梦想的碰撞。每个小组用5分钟的时间，在可交流探讨的环境下，在一张新的大白纸上绘就相同主题的画作。每个小组推选一个代表作为梦想发言人对小组作品进行描绘。激情、情感和信念是对愿景生动描述的要素。与此同时小组推选一名梦想记录人，在本组梦想发言人进行讲述的时候，把梦想关键词写在纸上，如"区域第一""幸福""领跑""万家"……（注意：这是一个梦想相互渗透、产生画面趋同的潜在过程，是全体成员梦想共振的过程。）

第五步：凝练共同愿景。将第二轮梦想描绘的所有关键词进行罗列，让全体成员选择自己最有感觉的几个词语进行造句。愿景回答的是"我们去哪里，要成为什么样子"的问题。对于基层团队或者小型团队成员而言，"愿景"未必是宏大的、高级的，只要能回答"希望在公司的整个业务链条中扮演怎样的角色"即可。愿景的句式一般为"成为……""做……的企业/团队"。比如"成为华北区域×××行业领跑者""做×××行业最专业的团队"等。最后选出或整理出大家最认同的一句话。

第六步：梦想召唤使命。使命回答的是"我们为什么而存在"，可以从客户或服务关联部门、公司或社会、员工三个维度考虑。对于基层团队或者小型团队成员而言，只要能回答"团队为什么而存在，团队能给公司业务链的上下游提供什么样的价值"即可。使命的句式一般为"为了……""让……"。最后选出或整理出大家最认同的一句话。值得注意的是，使命是高于愿景的，是激发员工价值感的核心力量。愿景是有可能实现的，但使命就像是夜里的北极星，指引着方向，也许无法到达却令人们愿意为之奋斗！

第七步：梦想变蓝图。这步需要大家做三个动作。动作一是对整个活动过程进行影响记录并将成果整理成 PPT 或者视频宣传并留存。动作二是将愿景制作海报或者艺术文字张贴上墙。动作三是制作《团队使命宣言》并以书面的形式公布出来保证每个成员一张，或者制成电脑贴纸、定制成鼠标垫、电脑屏保等让团队成员在潜移默化中将使命印刻于内心。

如果有的企业或者团队已经有既定的愿景了，那么要想将组织的愿景内化为员工的愿景，激发其内驱力与价值感，只需要将以上操作的第二步改为以愿景为主题描绘 10 年之后的组织，而后活动完成到第四步"梦想的碰撞"即可。

一个看似幼儿园大班小朋友就可以做的"画画"活动为什么能够起到大胆设想、融合智慧、具象激励、刺激行动的效果呢？

首先，梦想蓝图画布引导思维，激活潜意识。思维不能被控制，但是可以被影响。梦想蓝图绘制的过程就是将愿景从语言变成图画，使组织成员可以想象一种情景，一个在人们脑海中形成的景象。视觉印象将参与者自己的体验连接起来，"美好生活是什么样子""地区第一是什么样子"真实憧憬加激情的故事与图像种下意识的种子，这样的结合使目标的显化度增强。

其次，梦想蓝图画布引导群体成员主动投入，形成群体记忆。作画的轻松感与娱乐性会激发团队内部更多互动，无论是建设性的冒险、创意性的表达还是融合性的凝聚，都让大家乐在其中，产生一种可以一起讨论、把握和塑造未来的感觉，进而促进员工履行承诺意识的形成。

最后，也是最重要的一点，梦想蓝图画布激发了团队对梦想的想象力。绘画本身就是一种激发想象的方式，而主题"10年"的跨度放大了人们想象的空间，"敢梦想、敢追寻"重要的就是一个"敢"字，因为"敢"而产生了"胆大包天的目标"，视觉化也激发了行动的欲望，开启了追寻成功的力量。

管理者在进行"愿景驱动管理"的过程中要杜绝如图1-8所示的五种情况的出现，否则愿景驱动就会失去效果。

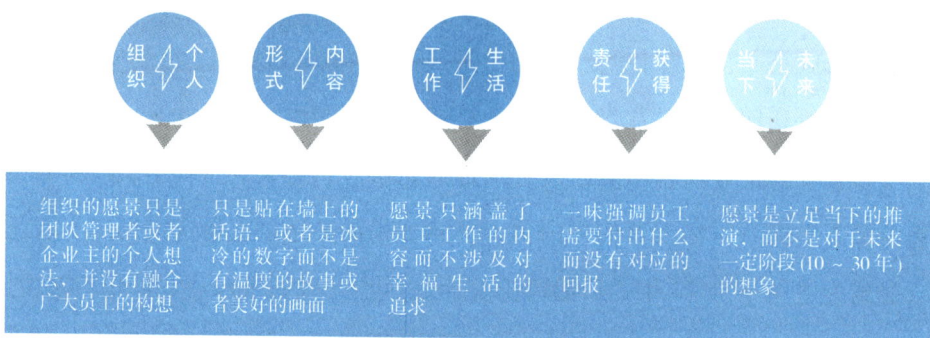

组织 ⚡ 个人	形式 ⚡ 内容	工作 ⚡ 生活	责任 ⚡ 获得	当下 ⚡ 未来
组织的愿景只是团队管理者或者企业主的个人想法，并没有融合广大员工的构想	只是贴在墙上的话语，或者是冰冷的数字而不是有温度的故事或者美好的画面	愿景只涵盖了员工工作的内容而不涉及对幸福生活的追求	一味强调员工需要付出什么而没有对应的回报	愿景是立足当下的推演，而不是对于未来一定阶段(10~30年)的想象

图1-8　五种"割裂"让愿景驱动失效

愿景是创造不是分析，是创造未来而不是预测未来，是让人一想到就激动的梦想蓝图。何不尝试用一张画布去开启你的团队梦想呢？

敲黑板

"共同愿景"绘就的是希望、是梦想，是推动组织内部每个人前进的核心动力。但这也只是万里长征的第一步，让共同愿景真正深入人心还需要管理者在工作的过程中时刻以"跟我上"而不是"给我上"的管理风格，在团队中建立起大家对自己的信任。同时在特定时间和阶段带领员工总结收获，树立梦想进程中的每一个里程碑。

第二章

六个工具，解码目标

阻碍目标实现的症结并非以"头痛医头，脚痛医脚"这样简单粗暴的方式可以解决。目标的实现源于对各任务项之间内在逻辑的清晰梳理，进而需要一套覆盖于时间轴之上，有轻有重、有先有后的管理动作"组合拳"。工作计划不是一个方案，而是一个时间轴上的完整性和系统性的设计，是资源之链上的统筹整合，是关键节点的精准把控。

要先把梦想转化为战略目标，再把战略目标分解成多个正确的任务集合。也需要一个专注力的牵引，可以把重要的事情在一定时间内一次做"透"。

第一节　KGI：以逆向思维推演目标

有一名马拉松选手山田本一，他本人相较其他实力选手而言身体素质及耐力都一般，却出人意料地在两次国际马拉松大赛中夺得了冠军。当记者请他分享经验时，他说：凭借智慧战胜对手。他说自己在每次比赛之前都会把比赛路线仔仔细细地看一遍，并把沿途比较醒目的标志画下来，如此之后，当他比赛的时候，马拉松不再是一场漫长的煎熬与消耗，而是能以百米冲刺的速度完成一个又一个目标的累积。在现实中，我们之所以做事会半途而废，往往不是因为事情本身难度较大，而是我们看不清道路，迷茫中觉得成功离我们很远。

其实实现梦想的过程就是一场比跑马拉松还要漫长千百倍的奋斗历程。往往愿景越宏大，梦想越高远，我们的道路就越是模糊。对目标清晰度的追求和对未知的恐惧会促使我们放弃梦想，退而求其次地选择以"忙碌辛苦的表现"去追求更直接的目标。所以，组织目标清晰是构建高动力的关键。

如何才能像故事中的山田本一一样在梦想或愿景的路上标记坐标，让我们一路有方向、不迷茫？

KGI被称为"梦想的翻译器、战略的指南针"。KGI是key goal indicator的首字母组合，其中文含义是"关键目标指标"。看到KGI可能很多人会不小心把它跟KPI混淆，然而这两者是有很大区别的。KGI是用数字表达的经营和业务的最终目标。而KPI是key performance indicator，是"关键绩效指标"，是实现KGI过程中设定的中间目标。KGI好比马拉松比赛里如超市、银行一样的标志物，而KPI就相当于在标志里程中跑步的配速。其实在职场工作中，有不少管理者忽略了 KGI，只聚焦在 KPI 上。没了方向的指引，就可能使得很多工作变为无效的辛苦与忙碌，让所有的付出倾泻在了错误的道路上。也许在过往工业化时代中，KPI 对组织绩效作出了非常大的贡献，但随着整体环境的不确定性增多，对 KPI 的追求会令组织僵化，令成员丧失对机会的嗅觉，失去灵活的把握。而做好 KGI 则可将组织中目标的稳定性与执行的灵活性结合在一起，即通过目标的清晰呈现构建团队高动力，同时使成员接受不确定性，积极主导目标的执行与落地 KGI 的具体内容，如图 2-1 所示。

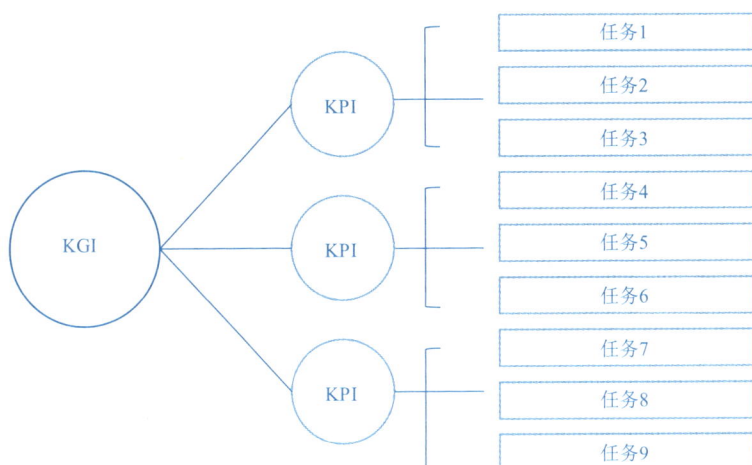

图 2-1　什么是 KGI

在组织中，目标是以三种状态存在的：

梦想 / 愿景目标：宏大的、振奋人心的、不清晰的；无从下手、不可控的。

KGI 目标：具体的、可描述的、清晰的、有时间限制的；有切入点、可推进。

任务目标：具体的、可描述的、清晰的、有时间限制的、可达成的；明确的、可操作。

如果没有梦想 / 愿景目标，就无法实现团队的"未来共享"，无法激活团队成员的内驱力，点燃他们的斗志。如果没有任务目标，空有愿景和梦想，无法落实在行动上，那么想法都是一纸空谈。任务目标聚焦在结果上，可是结果导向的思维不是完整的，因为结果在到来之前，只是一个假设。有因才有果，KGI 就是那个因，更相当于梦想 / 愿景目标与任务目标之间的翻译器，它使所有的执行动作变得有意义，而不是在探索试错。

KGI 的使用可以分为五个步骤，如图 2-2 所示。

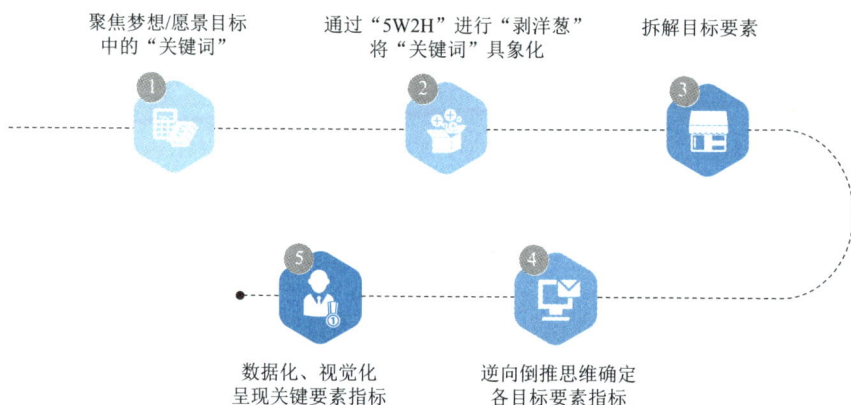

图 2-2　KGI 使用步骤

第一步：聚焦梦想 / 愿景目标中的关键词。

第二步：通过"5W2H"进行"剥洋葱"，将关键词具象化。即对关键词从 what（什么）、why（为什么）、when（时间点）、who（涉及哪些人）、where（哪些方面）、how（如何做）、how much（什么价值）七个切入点层层剖析关键词。注意这里并非一定要将每个切入点都用到，同时在剖析的过程中绝不强调"逻辑的正确性"，只要能将梦想 / 愿景目标具化出即可。

第三步：将目标要素进行拆解，细化出可实现目标的关键点动作。

第四步：用逆向思维的方式，倒推出阶段目标指标。这里需要注意的是，一定不能从组织现状水平出发，按照以往的成长速度去推演。而必须要通过想要达到的结果，倒推出阶段性需要达成的要素指标。

第五步：数据化、视觉化呈现关键要素指标。

举个例子：

某组织的愿景是"做××地区的××行业领航者"，那如何用KGI进行推演呢？

第一步：聚焦愿景目标中的关键词"领航者"。

第二步：通过"5W2H"切入，采用剥洋葱的方式，将"关键词"具象化。

剥洋葱：地区行业领航者的含义是什么？

呈现：领航者就是行业领袖。

剥洋葱：怎么才算是地区行业领袖？能做到哪些方面就可以称为领袖？

呈现：经营业绩水平在地区行业第一；员工在公司非常有幸福感，组织是行业人员的向往。

剥洋葱：为什么把员工幸福感放在"行业领袖"的解读里？

呈现：因为企业是人组成的，只有员工觉得幸福，企业才能长久，企业想持续发展必须与员工实现共赢。

剥洋葱：员工的幸福感可以体现在哪些方面？

呈现：员工平均工资水平在本地区的行业位居第一。

剥洋葱：这样的场景你认为多少年会实现？

呈现：十年后实现。

剥洋葱：如果十年后实现上述场景，那三年后业绩的地区排名需要在什么位置？员工收入如何？

呈现：……

在进行愿景目标翻译的整个过程中，第一步和第二步是最关键的。管理始终在解决管理者与管理对象、管理资源三者之间的匹配问题。通过第一步和第二步的共识，使管理对象在团队中找到意义，让每个个体的任务与组织的工作目标相关，构建一个具有共同"未来"的共享系统。组织的目标需要依靠团队成员的能力来达成。不确定性不仅是常态，也是经营的机会和条件，当组织中的个体知道"是什么"和"为什么"的时候，其能力可以帮助团队超越不确定性所带来的复杂性，发挥才智去积极主动解决实现目标过程中遇到的各种问题。

第三步到第五步，我们均在前文中进行过讲述，不同团队可以根据自身的实际情况进行要素分解。比如之前说的用因式分解的方式将业绩进行拆解，业绩＝产品 × 客户 × 人效。关键指标可以聚焦于产品开发、产品升级、客户开发、客户需求度匹配、员工营销技能、客户开发技能提升等方面。在此基础上，确定任务及指标，进而将任务目标可视化、数据化地呈现。

敲黑板

KGI 让梦想和愿景更清晰，以求任务和动作更有效、更落地。然而，这并不意味着我们需要把一切都清晰化，而是我们可以对下一步（一年目标）或两步（三年目标）很清楚。"合抱之木，生于毫末；九层之台，起于累土。"唯有通过件件叠加、项项累积、次次集聚才能久久为功。所以不妨让我们先将终极目标一点点分解，以每个看似"微不足道"的点滴成就，去累积出最后的圆满成功。

第二节　将 CHOOSE 注入 SWOT，让现状更明晰

在一次对企业团队进行战略指导的时候，为了探求公司未来三年的发展

路径，该团队核心管理者们对公司的现状做了一个初步的 SWOT 分析。在大家分析看来，公司目前的优势及劣势，如图 2-3 所示。

S-优势	W-劣势
·战略方向清晰，市场洞察力敏锐 ·上下游资源整合能力强 ·团队年轻、协作执行能力强、团队氛围好 ·品类组合丰富 ·设计能力强 ·品牌在地区有知名度和影响力 ·资产轻、无贷款 ·产品性价比高 ·公司所在园区环境舒适 ·公司大型活动经验丰富	·未对公司战略形成共识 ·缺乏战略落地相关的运营体系、组织架构、人才队伍的支撑 ·低技术含量业务占比较高（20%左右） ·业务项目之间没有助力，收入来源不稳定 ·责权不清晰、不对等 ·业务营销能力弱 ·个人决策风险较大 ·持续盈利能力差（无核心产品） ·现金流不足 ·客户黏度低 ·新市场拓展空白 ·业务同质化严重——不够精细 ·利益空间较小 ·项目操作周期长，回款难

图 2-3　SWOT 分析：优势与劣势

在做完组织内因分析（优势和劣势）之后，大家又对组织外部因素即机会与威胁进行了讨论，结果如图 2-4 所示。

O-机会	T-威胁
·政策导向扶持发展文化产业 ·人们对品质生活的追求，增加了业务需求量 ·互联网将业务获取渠道拓展至全国 ·战略联盟形成 ·客户品牌意识萌生 ·竞争对手无法完成 ·市场有未满足的需求 ·创业企业增多、增加业务量	·与供应商的议价能力差 ·竞争者的威胁较强 ·跨界者转型冲击强 ·行业门槛低、同质化 ·市场混乱、行业标准不明确 ·不能清晰预测政策

图 2-4　SWOT 分析：机会与威胁

相信大家对于 SWOT 分析这个工具并不陌生，作为重要的战略工具，SWOT 分析一般应用于总体战略，服务于战略决策。总体战略的重要任务就是完成定位并设定战略目标，而 SWOT 分析更多的是服务于定位。它是通过帮助组织分别对内部因素中的自身优势（S：strengths）、劣势（W：weaknesses）进行剖析，寻找外部环境与条件中的机会（O: opportunities），预判及规避外部可能的威胁（T：threats）而进行的系统性分析与战略性规划。

这个工具看起来简单，但是在使用的过程中容易出现多个问题。就以上面的案例做"引子"，让我们一起来给这个团队所做的 SWOT 分析"找一找碴儿"。

问题一：每个象限（S、W、O、T 四个象限）呈现条目过多。

虽然在 SWOT 分析时必须考虑全面，但过多的条目会使得讨论边际模糊，无法聚焦核心目的。每一次的 SWOT 都是服务于"定位"的，大到可以是公司发展机会的"画像"、市场总容量及潜在的发展价值探究、新的合作关系的建立、产品线的开发抑或是品牌做出重大调整；小到内部政策调整、部门或职位增设与删减等。所以讨论时要围绕主题，比如案例中讨论的是公司未来发展路径，就需要聚焦在这个问题上去达成共识，每个象限提炼 3 项至 5 项即可。

提炼方法，如图 2-5 所示。

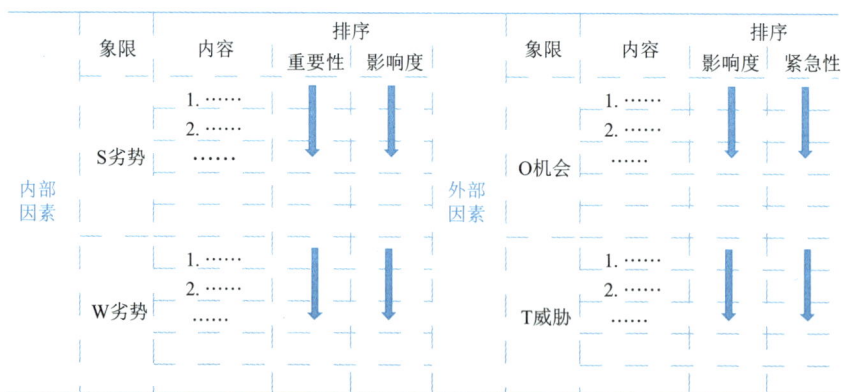

图 2-5　SWOT 象限内容提炼方法

对于内部要素的优势与劣势，分别对其在重要性及影响度两个维度上由大到小、由高到低进行排序。得出共识的重要性高的及影响度大的要素排在前面 3 项至 5 项。

对于外部要素的机会与威胁，分别对其在影响度及紧急性两个维度上由高到低进行排序。得出共识的影响度大的及紧急性高的排在前面 3 项至 5 项。

问题二：对公司的优势和劣势表述不够客观。

其实在进行 SWOT 分析的时候，讨论者很容易带着个人主观感受去进行分析，要么是过高估计自身优势，对自身产品或者服务盲目乐观，把未来前景当作现状来考虑；要么过低评价自身劣势，在生产要素（设备配备、薪资待遇等）或者员工能力方面，把目标差距当作现状来考虑。我们可以通过收集市场上的信息、第三方的资讯，或通过调研问卷及客户回访的方式直接从消费者的反馈和行为中找出要素进行分析。

问题三：没有明确竞争对手或者行业标杆，也没有客观对比。

组织首先要明确对标对象，要么是具体的地区行业标杆性组织，要么是具体竞争对手。在进行竞争环境和竞争条件下的态势分析时，需调查、列举因素，并依照客户需求的期望值进行排列，而后再进行系统分析。如果竞争对手为多个"潜在者"，则可把各种因素相互匹配起来加以分析，从中得出相应的对标结论。

问题四：描述过于泛泛，不够具体。

其实表象的问题不一定是真正的问题，比如"客户满意度不高"，那是由产品性价比低引起的，还是售后服务不达标引起的，抑或是由于产品本身存在某些功能性缺陷？条目描述得越具体，越方便辨别其真伪，越能推导出原因，进而想出实际的行动来解决或优化。

所以在排序精简象限条目，通过事实或数据阐述观点，明确对标对象及客户需求，具体化描述四个步骤之后，该团队最后呈现出了一份简单清晰的 SWOT 分析。同时分别将四个象限两两结合研究对策，将 SO 组合（增长型战略，最大限度利用优势与机会）、WO 组合（转向型战略即调整战略方向，进行战略转型）、ST 组合（多元化战略，从产品品类到跨行业的经营）、WT 组合（防御型战略即生存策略，严密监控竞争对手状况，时刻狙击对手）用于公司战略发展参考，具体如图 2-6 所示。

优势： 1. 设计能力强 2. 品牌有知名度和影响力 3. 资产轻，无贷款 4. 价格有优势	劣势： 1. 持续盈利能力差（无核心产品） 2. 项目管理、战略执行力及人才激励管理能力不足 3. 业务不能闭环且来源不稳定 4. 现金流不足
机会： 1. 在本地市场有竞争力 2. 政府有意扶持文化产业 3. 市场上有大量需求待满足 4. 互联网可以把业务拓展到全国	**SO增长型战略** 1. 开发新产品持续盈利 2. 加强公关能力 3. 做公益活动扩大影响力 4. 增加线上线下推广引流	**WO转向型战略** 1. 升级原产品 2. 加强培训，提高管理业务能力 3. 进行股份改造
威胁： 1. 与供应商议价能力差 2. ××公司作为竞争者的威胁较强 3. 跨界者转型冲击强	**ST多元化战略** 1. 整合原业务并打包，给用户多种选择 2. 维护老客户，进行公关活动 3. 提高服务品质（设计策划能力等）	**WT防御型战略** 1. 招聘空降管理人才换血 2. 明确业务划分，开发现金业务 3. 提升管理能力

图 2-6　SWOT 分析案例

那么问题来了，如果是该公司下属营销型团队在做团队 SWOT 分析，应该怎么做呢？营销团队做了一版，如图 2-7 所示。

优势	劣势
1. 地区客户资源良好，客户资金充足 2. 公司愿意为营销方案投入大量财力 3. 品牌度较高 4. 员工专业资质较好 5. 渠道广泛，具备多样性	1. 公司产品线缺乏，项目之间无法借力 2. 公司考核严格，末位淘汰压力过大 3. 人均产能低，新客户开发能力差 4. 业务模块与职能模块各自为战，难以协调 5. 公司战略及文化在员工层面渗透不足
机会	**威胁**
1. 团队成员年轻，精力充沛，干劲十足 2. 公司大数据挖掘便于客户开发 3. 公司多样化经营	1. 竞争对手低价策略 2. 客户专业度在提升，开发难度增加 3. 政策变化及行情影响

图 2-7　营销团队 SWOT 分析案例

这个部门型团队对自身情况所做的 SWOT 分析虽然条目简洁，描述较具体，且对团队内部员工产能及竞争对手定价情况都有数据支持，较为客观（敏感数据案例未体现）。但是部门型团队和公司型团队在做 SWOT 分析时有一个非常大的不同。在 SWOT 分析中，同样是"内部因素"的优势和劣势，在公司层面可以定性为"可以做的"，而在部门层面需要定性为"重点做的"。同样是"外部因素"的机会和威胁，在公司层面可以定性为"可能做的"，而在部门层面需要定性为"有限做的"。不同组织进行 SWOT 分析的区别如图 2-8 所示。

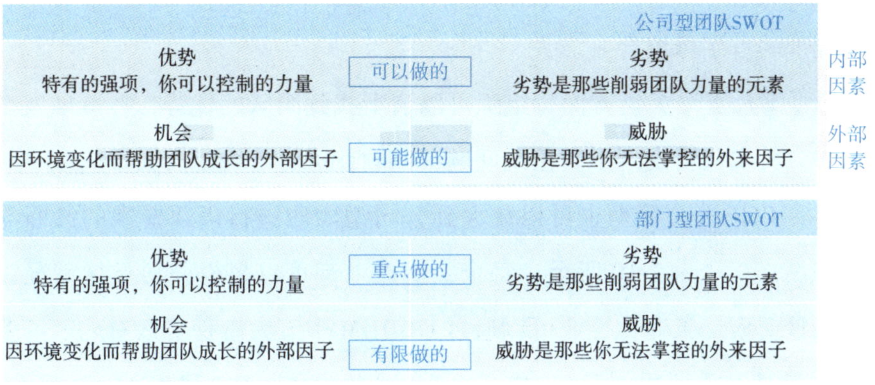

图 2-8 不同组织 SWOT 的区别

部门需要在公司的战略方针指导下开展工作，比如该团队归类于优势中的"公司愿意为营销方案投入大量财力支持"其实应该归类于机会，这个不是部门团队本身具备的优势，而是可以借力公司的"外部机会"。再比如该团队归类于劣势中的"公司考核严格，末位淘汰压力过大"，这个不是削弱团队本身的因素，这是需要重视的"外部威胁"。同理"产品线缺乏"也是"外部威胁"，团队的"产品与客户匹配力不足"才是与此相关的"劣势"。当然，对于公司属性下的"外部机会"或"外部威胁"，部门团队都可以再向上层管理者进行建议或者达成共识。而部门层面的自我分析需要更聚焦于

"内部因素"，向内求发展。

对于组织内部分析，在这里向大家介绍一个 CHOOSE 诊断模型，它可以帮助我们聚焦组织内部提升的五个关键点，从组织效能的根本去发现问题并找到改进动作或是优化的策略方向。

组织的运作就是一个不断选择（CHOOSE）的过程，从战略（目标）的选择，到根据战略（目标）对组织结构的选择、运营模式的选择、人才的选择，然后在逐渐形成的组织文化中实现团队的业绩。CHOOSE 是 coreskill（核心竞争力）、human resource（人力资源）、organization（组织流程与文化）、operation（业务运营）、strategy（战略 / 团队目标）、economic performance（财务状况）的首字母组合。

通过聚焦五个关键方面，组织可以清晰找到团队的优势，并准确发现团队劣势。其实只要发现了真正的问题，问题就已经解决了一大半。

其实 CHOOSE 模型也可以放大到公司型团队进行内部要素的诊断与分析，如图 2-9 和图 2-10 所示。每个关键点上都可以根据公司具体情况设定关键衡量要素。工业化企业可以通过 QCDDM 中五大管理要素对内因需要分析。它们是 Q（品质）、C（成本）、D（效率）、D（研发）、M（人才 / 设备 / 物料 / 方法 / 工具）。非工业化企业大家可以尝试使用 CHOOSE 模型进行内部要素分析，甚至可以根据行业特性及公司自身发展战略需求设定固定关键要素，定期（每 6 个月到 12 个月一次）进行监视复盘，不断弥补不足并实现优势迭代。

组织（流程与文化） organization

1. 团队和谐却无营销氛围
2. 团队认知有偏差
3. 员工缺少归属感

核心竞争力 coreskill

地域经济实力较强，但人员规模与产能严重不匹配，未形成有效核心竞争力

战略（团队目标） strategy

团队战略价值未显现
营销业绩目标完成情况较差

人力资源 human resource

1. 部门负责人招聘贡献度低
2. 新员工偏年轻化，普遍社会工作经验少，应届生占比高
3. 小组各自为战，暂无人主动牵头进行联合培训，各小组培训内容重复且效率低下
4. 培训课程内容多为遇到问题后进行的临时安排，未拉列员工应了解的内容进行逐项学习
5. 培训后的考试和通关的安排频率过低，对后续吸收情况未跟踪

① 人均效能远低于组织平均水平

② 人员净增长低，新员工整体存活率过低，老员工流失率较高，团队稳定性差

业务运营 operation

客户开发情况相对落后；客户质量偏低；专注旧有渠道却又维护乏力

财务状况 economic performance

团队创收贡献较低
员工收入持续上涨，但新业务收入占比过低

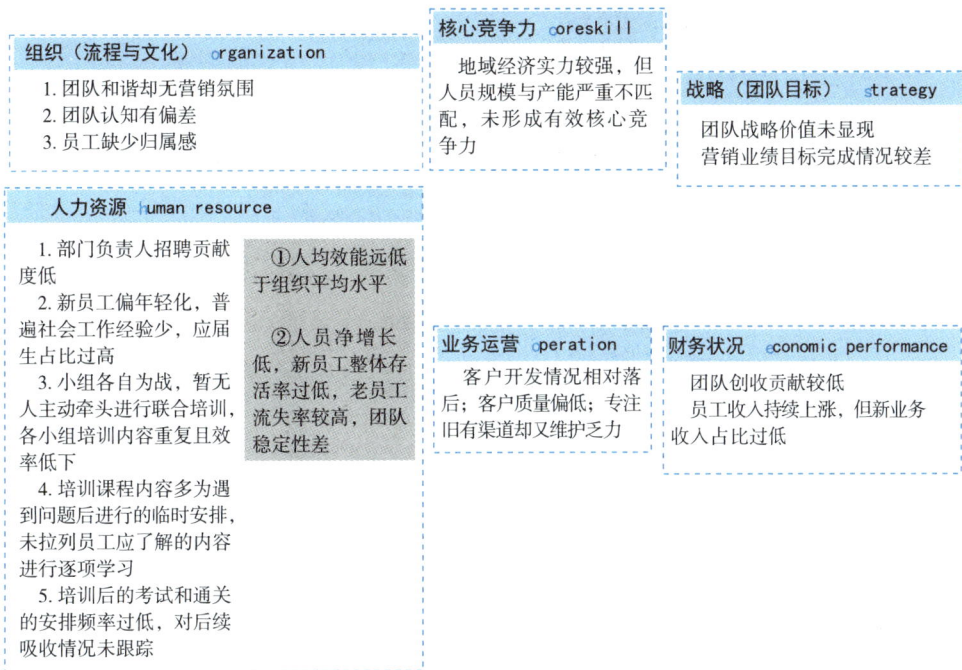

图 2-9　CHOOSE 诊断模型案例

敲黑板

SWOT 分析并不是组织战略规划的专属工具，它也可以应用到我们工作生活的方方面面。SWOT 分析得出的结果不一定是个必做的决策，它是一个帮助我们去全面审视自我、系统思考，破除眼前迷障、找准努力方向的参考。

意大利画家莫迪里阿尼曾经说过："人最大的劣根性，就是双眼都用来盯着别人，所以我们要用一只眼看世界，留另一只眼来审视自己。"任何 SWOT 分析想切实产生效果都需要通过诚实、客观且具体地面对自身的弱点和外部的威胁。

战略（团队目标）
strategy
- 考核目标 — 内部排名、绝对指标等
- 增速 — 跟上或超越市场速度
- 市场地位 — 匹配、超越所处经济环境的市场份额

财务状况
economic performance
- 营收增速
- 营收结构
- 费用结构
- 业务、团队、员工当年新增业务投入产出比
- 团队、员工收入贡献占比
- 团队、员工收入增速

核心竞争力
core skill
- 人均效能
  - 营销线 — 新增业务指标
  - 服务线 — 存量业务指标
- 服务体系
  - 服务平台
  - 服务产品
  - 服务形式 — 有形化服务
  - 人才队伍 — 资质、资历、学历等
- 营销体系
  - 渠道资源
  - 人才队伍 — 规模、资历等

团队经营 CHOOSE 诊断模型

业务运营
operation
- 服务
  - 服务覆盖
    - 服务产品覆盖率
    - 服务行为覆盖率
  - 专项业务
    - 开通率
    - 有效率
    - 规模
      - 规模占比
      - 规模增速
  - 产品配置额
  - 服务包规模增长情况
    - 开源：新增（存量转介绍）、存量净流入
    - 节流：流失管理
  - 价格管理
    - 整体价格
    - 价格变动情况
- 营销
  - 渠道
    - 传统渠道
      - 合作覆盖
      - 渠道分配
      - 渠道打卡
      - 渠道活动
      - 渠道产出
    - 新型渠道
      - 拓展情况
      - 产出情况
  - 营销活动
    - 形式
    - 频次
    - 费用（含物资）
    - 产出
  - 客户
    - 客户质量
    - 产品价格
    - 失效率

人力资源
human resource
- 人才素质：资质、资历
- 人才稳定：增长率、离职率
- 人才结构：新老员工
- 人才效能：人均产能、合格率
- 队伍建设
  - 招聘
  - 培训、培育
  - 团建：工会经费

组织（流程与文化）
organization
- 管理信任
- 愿景蓝图
- 沟通机制
- 协作共进
- 正确认知

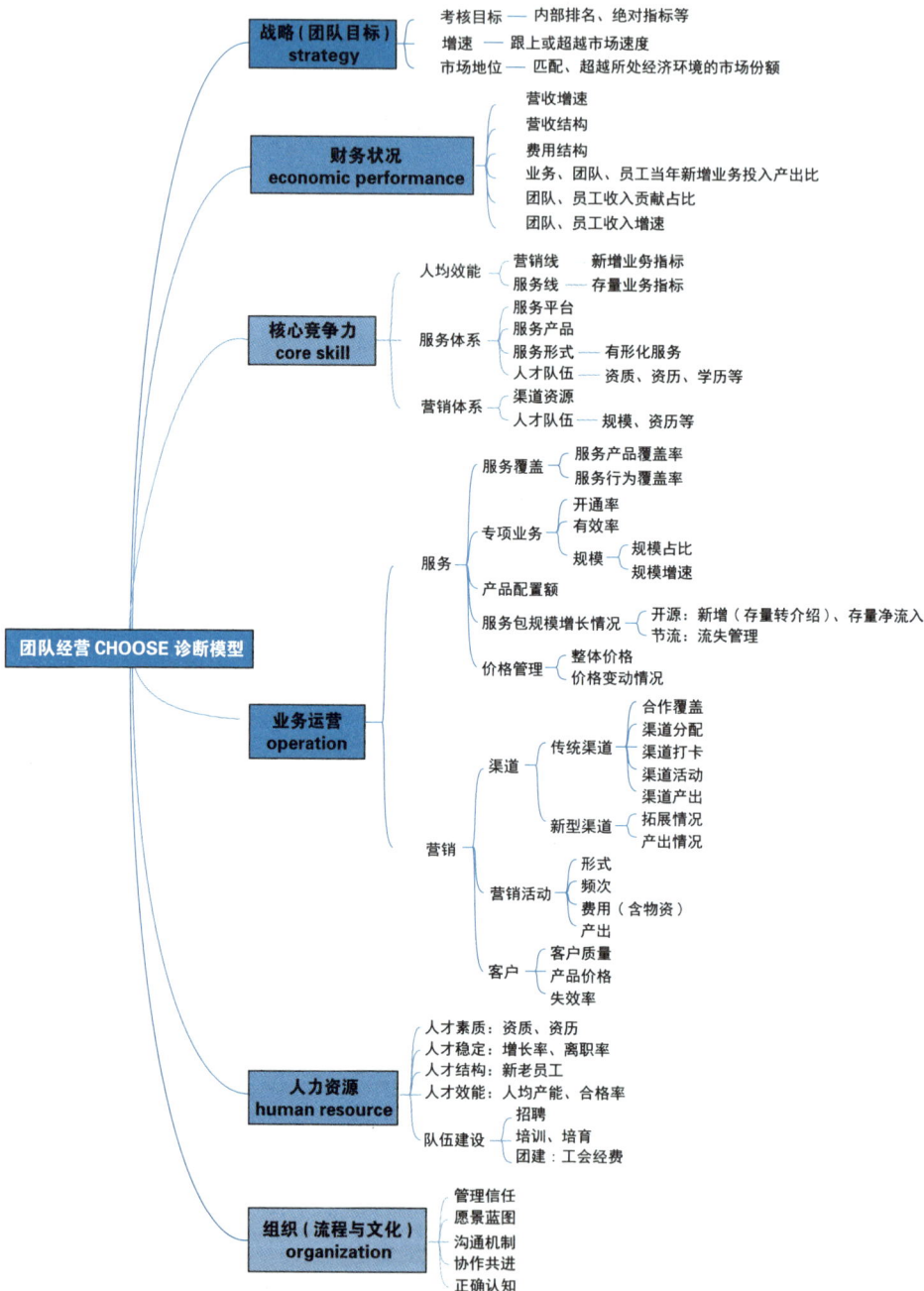

图 2-10 团队经营 CHOOSE 诊断模型

第三节　OGSM：将战略目标翻译成任务清单

梦想从小学作文开始就已经是司空见惯的话题了。但为什么当梦想照进现实的时候，很多"梦想"就只剩下"梦"而不再"想"了呢？有多少公司的愿景或是部门的愿望，变成日常挂在墙上的文字或是团建活动时呐喊的口号……如果在团队梦想画布构建出组织未来美好画面之后，没有落地的战略路径，不能让战略变成每一层级、每一个部门以及每个人的工作计划，并得以贯彻执行，那么再宏大的愿景，再果敢地追寻，也不过是一纸空谈。

要想"梦想成真"，做到"使命必达"，就需要先把梦想转化为"战略目标"，再把战略目标分解成多个正确的任务集合。

战略执行，应该是团队整体层面的一系列步调协同一致的计划和行动。我们需要借助一定的工具、方法以及体系来帮助组织进行战略落地。OGSM就是一个比较好用的战略落地工具。OGSM又叫"一页计划书"，是以"一页"拉通战略到落地的一个关键工具。它用于战略规划和执行管理，是一种制定策略计划的强大工具，能使业务始终集中在宏观的目的与目标及关键策略上；也是一种实践策略的手段，以达成理想的目的与目标；更是一个保证组织与个人对齐认知的沟通工具。虽然OGSM的作用强大，但理解使用起来，却非常简单。OGSM由4个英文单词的首字母组成，分别是objective（目的）、goals（目标）、strategies（策略）、measures（衡量）。

OGSM工具的操作要点如下：

目的（objective）：可以是团队的使命、愿景与理念，比如"做××地区行业的领航者""实现公司发展与员工发展的共赢"等。也可以是上级部门的愿景或者工作要求，比如"客户至上，服务创新""公司用三年完成IPO"等。

目的可以是长期的，也可以是短期的。但如果选择长期目的为目标定性，就要特别注意此处不能出现任何数字（比如创立初期的团队渴望成为地区行业领袖，"目的"中就不宜出现具体数字）。此种情况下，要做的是明确一段时间里组织要实现的目标。同时，在选择了长期目的定性目标的时候，一般是需要做商业分析的。在商业分析的环节，可利用SWOT分析工具，对自己、用户和竞争对手进行优势、劣势、机会和威胁的全面剖析。自我分析时，主要关注两方面：内部环境和外部环境。确立"目的"的操作中，重点要明确阶段发展方向，否则就无法完成对目标的设计。

目标（goals）：将团队的使命、愿景与理念转化为目标，要保证目标是符合SMART原则的，即具体的、可衡量的、可接受、结果导向和及时性。如果前面是以长期目的作为目标的定性，此处一定要选取一段时间作为目标衡量期。比如"做××行业领军者"为目的，目标可以定为3年或者1年。特别要注意的是：一般长期目的的时间往往拉长到10年以上，当年目标可根据现在与理想值之间的差距进行厘定。此处一定注意是根据目的倒推目标，而绝对不是根据现状出发，再按照往常成长率叠加计算出目标。

策略（strategies）：策略是达成目标最重要的选择。既然是"选择"就要做出"取舍"。策略不怕少，只怕多！这也是很多团队在做计划策略时常常犯的错误。什么都想要，什么都想做，但是"面面俱到就是面面不到"。如果策略较多，可以拉列清单，而后根据内部逻辑关系找出切入点，选取最重要、最关键的作为"战略"。策略一般需要落在两个地方，一个是业务策略，一个是组织策略。它们分别去回答，业务如何开展，组织上如何配置资源、提供支持。除了精选之外，策略内部的协调性也很关键，协调性强就可以确保各项策略实现协同增效。

OGSM工具详解如图2-11所示。

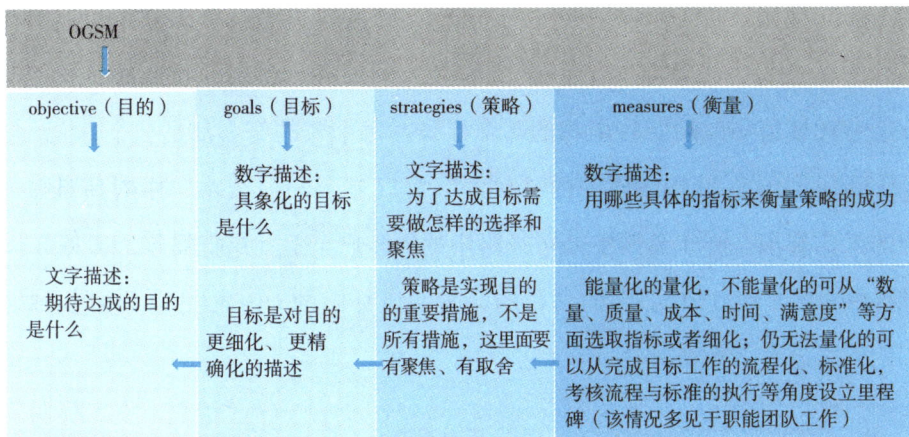

图 2-11　OGSM 工具详解

衡量（measures）：通过定量的数字描述，用具体的指标来衡量策略的成功。把策略拆解成一个又一个的小指标，通过完成一个又一个的小指标从而保证策略实现，以帮助组织目的、目标的达成。衡量的目的在于，通过定期考量，及时检讨和调整，保证策略的最终落地。

其中公司型团队可以以长期目的定性目标作为战略起点，而后聚焦 1 年或 2 年，乃至 3 年的战略执行计划。图 2-12 为 OGSM 工具使用案例。

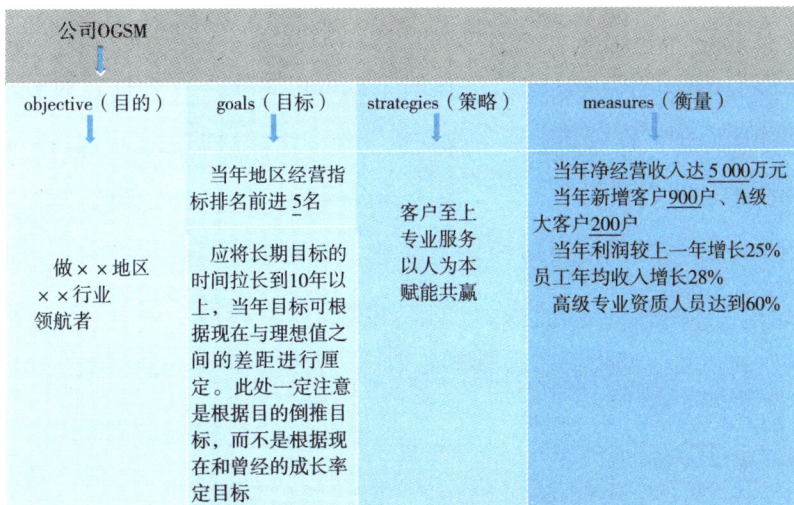

图 2-12　OGSM 工具使用举例

部门型团队的 OGSM 一定是公司 OGSM 的传递与裂变。在这个过程中每个团队、每个人都参与上一层级的 OGSM 的共创，就使得每个人的行动都能够对接公司战略，让组织的每个层级、每个人的努力都是一个方向。

部门型团队的 OGSM 中的"目的"可以是公司"策略"中对所涉及部门的工作要求。例如案例中公司策略中的"客户至上，专业服务，以人为本，赋能共赢"作为营销部门的"目的"时，该部门的 OGSM 可以如图 2-13 所示的方式进行分解落地。

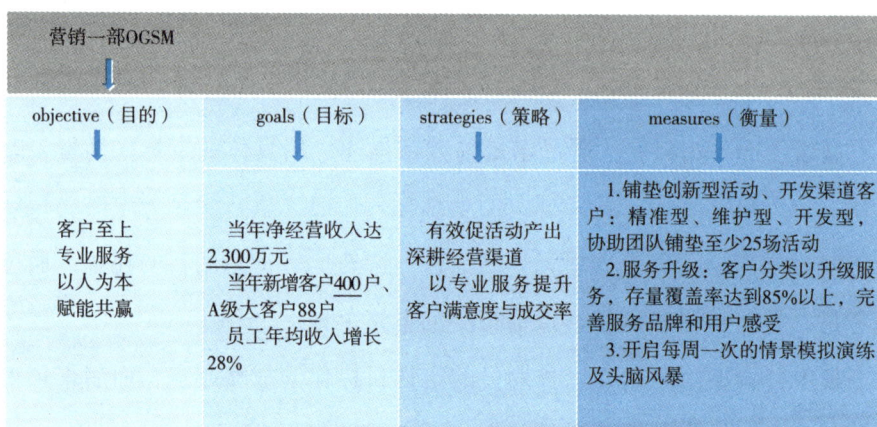

营销一部OGSM			
objective（目的）	goals（目标）	strategies（策略）	measures（衡量）
客户至上 专业服务 以人为本 赋能共赢	当年净经营收入达2 300万元 当年新增客户400户、A级大客户88户 员工年均收入增长28%	有效促活动产出深耕经营渠道以专业服务提升客户满意度与成交率	1.铺垫创新型活动、开发渠道客户：精准型、维护型、开发型，协助团队铺垫至少25场活动 2.服务升级：客户分类以升级服务，存量覆盖率达到85%以上，完善服务品牌和用户感受 3.开启每周一次的情景模拟演练及头脑风暴

图 2-13　OGSM 分解演示

部门型团队的 OGSM 中的"目的"也可以自定。比如像营销管理部这样的职能团队把"做公司业务的发动机"作为组织目的也是可以的。再比如营销团队的"我们只做第一"，或者职能团队如人力资源部的"做 ×× 行业的黄埔军校"也都是可以的。关键是一定要把公司的战略内化进部门的战略。部门型团队自定"目的"与公司战略分解出的"部门目的"必须是"包含"的关系。部门型团队 OGSM 中对于自定"目的"的举例，如图 2-14 所示。

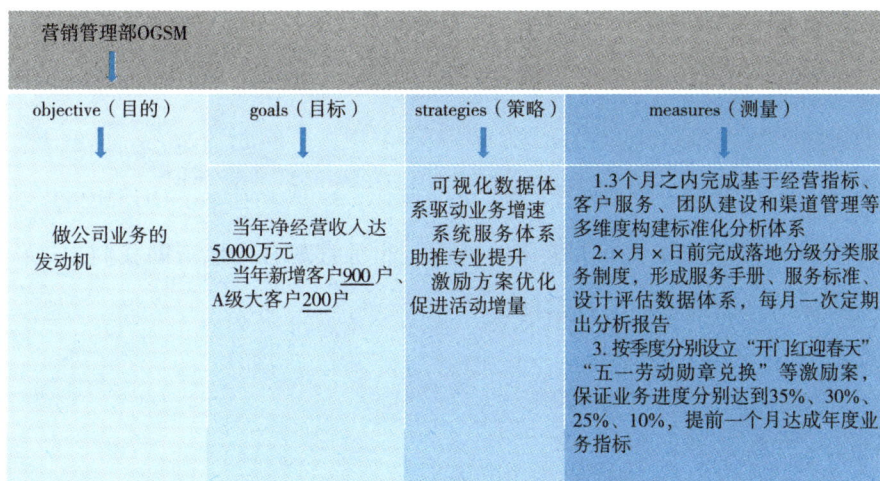

营销管理部OGSM			
objective（目的）	goals（目标）	strategies（策略）	measures（测量）
做公司业务的发动机	当年净经营收入达5 000万元 当年新增客户900户、A级大客户200户	可视化数据体系驱动业务增速 系统服务体系助推专业提升 激励方案优化促进活动增量	1.3个月之内完成基于经营指标、客户服务、团队建设和渠道管理等多维度构建标准化分析体系 2.×月×日前完成落地分级分类服务制度，形成服务手册、服务标准、设计评估数据体系，每月一次定期出分析报告 3.按季度分别设立"开门红迎春天""五一劳动勋章兑换"等激励案，保证业务进度分别达到35%、30%、25%、10%，提前一个月达成年度业务指标

图 2-14　部门型团队 OGSM 工具举例

OGSM 所能发挥的最大效用是将组织战略自上而下贯穿到底。它以因果关系环环相扣，每个模块相互衔接。在设计的时候，要将"O""G""S""M"各要素之间设计成"充分"的关系，也就是后面要素达成了，前面的要素就能实现。例如后面的行动计划是策略的一个分解，拆解成各个步骤，在执行落地的时候，保证层层传递的过程中，上下不会遗漏，各要素之间就能左右互通。

运用 OGSM 的方法制订计划，可以将长期目标、短期目标、策略和方法整合在一张纸上，还能确保策略清晰、明确、易于实施、便于追踪。OGSM 强调的是全员的执行落地，特别适合将公司的战略变成每个部门、每一个团队、每个人都能够瞄准的方向，并且有可视的结果和过程。当然，OGSM 本身是非常灵活的，既可以做长期战略规划，也可以做短期如半年、季度、月度的执行规划。

准备一张白纸，你的梦想能用 OGSM 这张战略地图说清楚吗？

敲黑板

没有清晰的目的及目标，就无法设立达到这些目标的时间；没有清晰系统的想法就无法精确地分析问题，更无法辨识核心问题的所在，也就不能清晰地知道：在有限的资源下，到底该选择什么、放弃什么。OGSM 可以将我们初步的一些想法做一个系统化的梳理，非常直观有效地帮助我们预先检视自己的计划，驱动我们发现潜能。

第四节　BSC：多团队协同作战，放大组织效能

季度会上，销售一部的经理在做完工作述职之后，又继续说："这个季度虽然我们部门业绩较目标（要求）差了 5%，但是我还是想说一下，我们在外面跑业务真的很不容易，不但要做好新客户开发还得做好老客户维护，但是不管开发还是维护，只要是见重要客户，原说是有相关业务方案支持客户拜访，一般也都是员工自己垫付费用。可是报销的时候，有的时候报销单能退回来两三次，甚至有的费用要很久才能批下来，这样太打击大家积极性了。还有人力资源部的培训，这个季度出奇多，客户开发技巧、微信营销技巧等全都进行了一遍，我们跑客户还跑不过来呢，哪有时间听这些……"

没想到财务部的"职责所在"给营销团队的热情泼了一盆盆冷水，而人力资源部的"主动出击"却抢占了营销团队的宝贵时间。坐在对面的财务部经理和人力资源部经理都感到莫名委屈：两个部门的员工，这个季度为了完成公司目标，都是"5+2"和"白＋黑"工作，辛辛苦苦三个月没有得到肯定，反而收到了一堆抱怨与嫌弃。

相信很多管理者都目睹或经历过营销团队的"无力感"：为了推进业务，团队成员日夜奔波却总感觉职能部门助力不够或者阻力太多，团队的斗志被消耗；为了助力经营，团队成员兢兢业业、不辞劳苦却总感觉无果，甚至不被理解和支持，这都消磨着员工的热情。

权责明晰、职能明确、纵向管人、横向管事，让上下工序部门相互制约，并在流程中横向制约，真的能实现高效管理吗？相信在工业化时代，这样的管理模式是奏效的，因为整个组织都是在稳定的系统中，面对的更多的是确定的事情。然而，在不确定性成为常态的今天，效率不再源于分工，而是源于协同！并不是所有最强的团队组合在一起就能所向披靡，目标成功的关键在于充分发挥整体优势，这就需要组织内部之间优势互补、相互协同，实现整体大于局部之和。

道理大家都懂，但是真的做起来好像并不容易。否则职场里部门之间或同事之间相互甩锅、推卸工作责任，导致的办事效率低、工作氛围不和谐的问题就不会发生。管理者要想不只依靠行政权威，还凭自身才能，与他人合作完成艰巨任务，仿佛很困难。但是只要秉承三个原则，学会一个工具，做到三个"明确"和三个"共识"，就能带领团队精诚合作、高效配合，提高办事效率、减少内部损耗。

管理者想实现部门之间的工作协同，放大组织效能，必须做到三个原则：总览全局、沟通诚恳、联动共赢。

总览全局：不仅强调管理者要有整个组织的大局意识，避免本位主义的错误，学会从全局利益、长远利益出发，更强调管理者要有系统思维和严密的逻辑思考力。因为当确定公司重点工作方向的时候，一定得放弃一些目标，而放弃的目标很可能会牵涉某些部门的利益，因此如何找出因果逻辑，达成目标共识是协同的前提。

沟通诚恳：明茨伯格认为，管理者在信息平台上，经常会遇到三个管理难题，分别是"肤浅的联络""两难的委派""衡量的困惑"。其中"肤浅的联络"，就是无效沟通。

很多问题或冲突的发生，往往都是沟通不及时或者不充分所导致的。团队协作中需要有主导思想或主导意见，但一定不会是一个强硬的方式。毕竟各部门间没有隶属关系，沟通要以协商的姿态，以平等、尊重、谦虚、学习、求助的心态，而非命令式的强制。

联动共赢：竞争是客观的存在，也是组织效能提升的动力之一。管理者需要正确看待部门之间的竞争关系。从实现公司目标的角度梳理协同工作的因果联系，找出联动的意义，分享工作成果。

想要实现以上原则，不能用信念代替行动。"学会一个工具"，指的是管理者要掌握 BSC 的使用方法和内在思维逻辑。BSC（balanced score card）又称平衡计分卡，它是哈佛商学院著名教授罗伯特·卡普兰和著名咨询专家大卫·诺顿在研究"未来组织绩效评估方法"的过程中创立的。按照卡普兰和诺顿的观点，"平衡计分卡是一种绩效管理的工具，它将企业战略目标逐层分解转化为各种具体的相互平衡的绩效考核指标体系，并对这些指标的实现状况进行不同时段的考核，从而为企业战略目标的完成建立起可靠的执行基础"。BSC 在组织目标管理中具有非常重大的作用，在战略执行中属于"管理战略"的层面。平衡计分卡的战略位置如图 2-15 所示。

平衡计分卡的设计包括四个方面：财务维度、顾客维度、内部运营维度、成长维度，如图 2-16 所示。

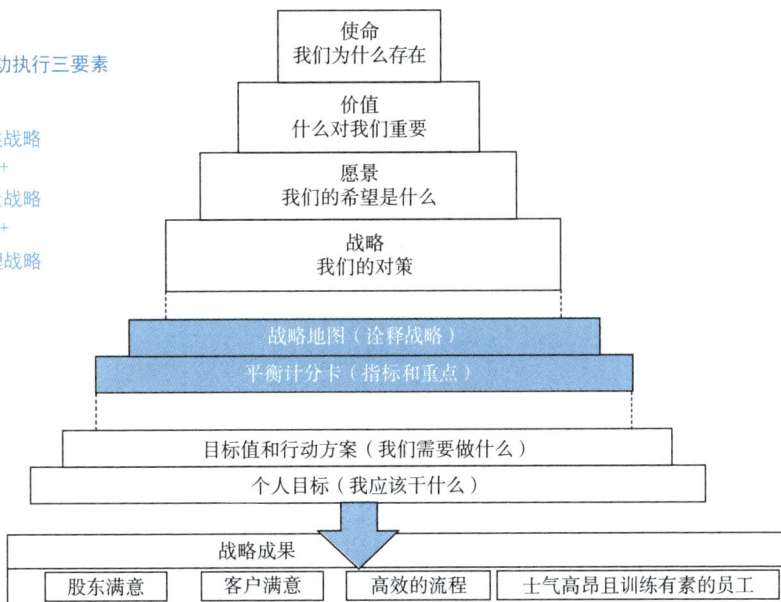

使命
我们为什么存在

价值
什么对我们重要

愿景
我们的希望是什么

战略
我们的对策

战略地图（诠释战略）

平衡计分卡（指标和重点）

目标值和行动方案（我们需要做什么）

个人目标（我应该干什么）

战略成果

| 股东满意 | 客户满意 | 高效的流程 | 士气高昂且训练有素的员工 |

描述战略
+
衡量战略
+
管理战略

图 2-15 平衡计分卡的战略位置

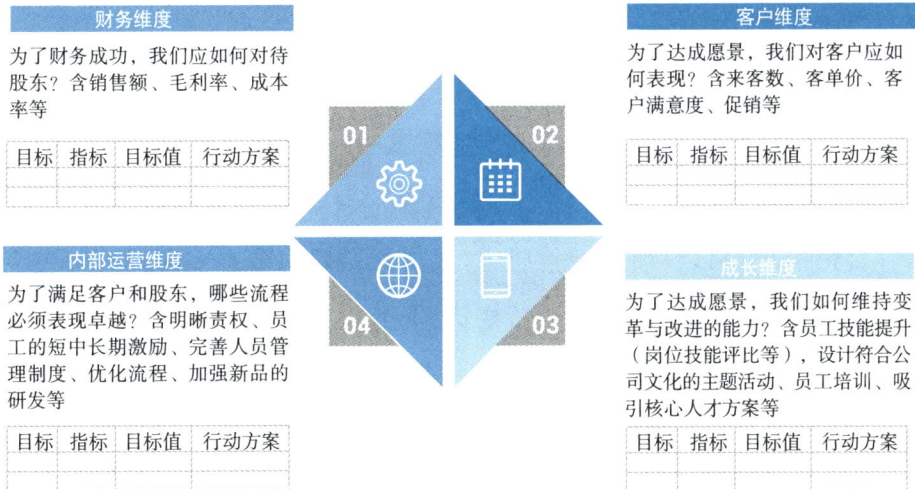

财务维度

为了财务成功，我们应如何对待股东？含销售额、毛利率、成本率等

目标	指标	目标值	行动方案

客户维度

为了达成愿景，我们对客户应如何表现？含来客数、客单价、客户满意度、促销等

目标	指标	目标值	行动方案

内部运营维度

为了满足客户和股东，哪些流程必须表现卓越？含明晰责权、员工的短中长期激励、完善人员管理制度、优化流程、加强新品的研发等

目标	指标	目标值	行动方案

成长维度

为了达成愿景，我们如何维持变革与改进的能力？含员工技能提升（岗位技能评比等），设计符合公司文化的主题活动、员工培训、吸引核心人才方案等

目标	指标	目标值	行动方案

图 2-16 平衡计分卡的四个维度

这几个维度分别代表公司三个主要的利益相关者：股东、顾客、员工。每个维度的重要性取决于它是否与公司战略相一致。

财务维度：该维度包含财务性指标和非财务性指标。财务性绩效指标显示了公司的战略及其执行是否有助于利润的增加。非财务性绩效指标（如质量、生产时间、生产率和新产品等）的改善和提高是实现目的的手段，而不是目的本身。

客户维度：客户所关心的事情有四类，时间、质量、性能／服务、成本。平衡计分卡要求管理者们把自己为客户服务的承诺转化为具体的测评指标，这些指标应能真正反映与客户有关的因素。

内部运营维度：战略管理以客户为导向，优异的客户绩效与组织的研发、生产、售后服务密不可分，管理者必须从内部价值链分析入手，对组织内部进行考察、分析、改善。

成长维度：学习与成长的目标为其他三个方面的宏大目标提供了基础架构，是驱使上述计分卡三个方面获得卓越成果的动力。该维度可包含员工的技能提升（岗位技能评比等），设计或组织符合公司文化的主题活动、员工培训、吸引核心人才等。

按照卡普兰和诺顿的观点，BSC 是一种绩效管理的工具，貌似应该是人力资源部门使用的工具。对于非人力资源部门的管理者，不做管理考核工作为什么要学习这个工具呢？

首先，BSC 可以帮助管理者将所有可能的战略动作进行系统排布，全局审视。如果根据自身组织的行业特性及实际情况，将各个维度可能的战略动作进行梳理，那么就可以得到一张组织战略发展全览图，如图 2-17 所示。公司现行的各种战略动作停留在哪个维度，起到怎样的作用，管理者都可以一目了然、系统思考。

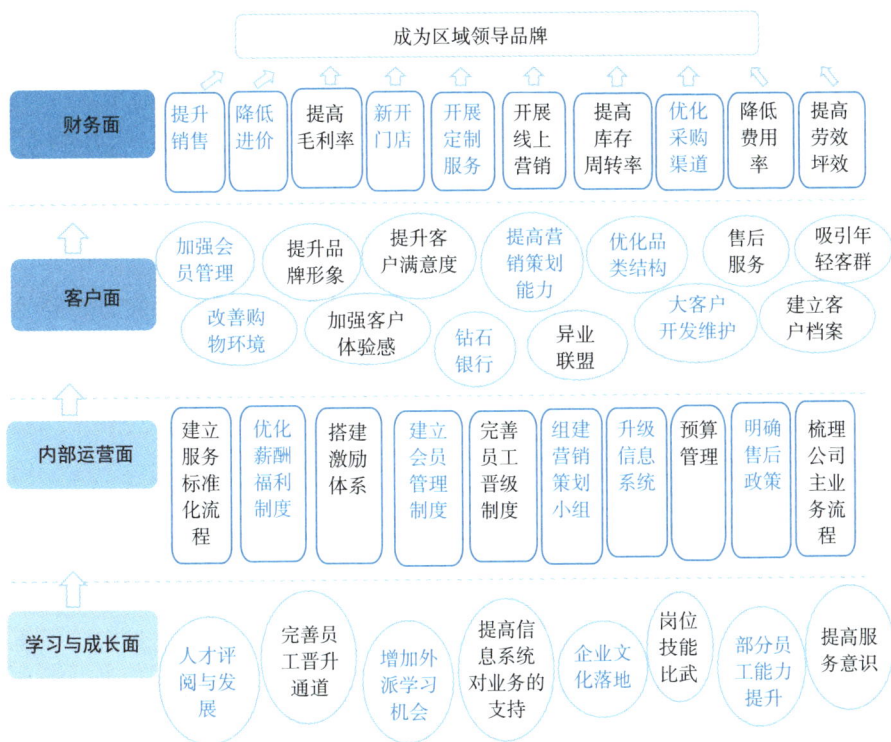

图 2-17　组织战略发展全览图

　　其次，BSC 可以精准高效地帮助管理者找出部门协同工作之间的内在因果联系。BSC 中蕴含"苹果树"的因果逻辑。其中员工的能力、知识、系统、企业文化是土壤；内部运营的能力是树干；客户是树叶；财务数据是结出来的苹果。只有肥沃的土壤才能生长出好植物，只有树干通畅地输送营养才能枝繁叶茂，最后才能结出硕大的苹果。如此逻辑之下，通过各维度需要做的重点工作，可以更好地与其他部门就工作关联度及工作成果关系进行客观阐述，方便主导协同工作。

　　最后，如果管理者是工作任务的协同方也可以用 BSC 切入自己团队内部关键工作，借助对方的力量让自己的团队管理工作产生效果。比如客户服务部提出客户服务节需要由营销人员完成客户邀约，那么销售部就可以把这项协同工作放在自己团队的客户开发与维护提升工作上。借力使力，通过配合对方把自己团队的工作放到维度框架里产生价值。

BSC 不只是一种绩效衡量手段，还是一种能以全局视角审视公司战略节奏，把握重点任务内在因果关联度的透视工具。要学习 BSC 工具不是学习它的绩效考核，而是学习其全要素的战略推进逻辑。

BSC 工具的学习是为了提升管理者的自我认知及系统思考能力，要想做好部门之间的协调工作就做到三个"明确"和三个"共识"。

三个"明确"

第一，明确部门所属中心。在组织当中，每个部门大致以三种不同的形式存在，分别是创利中心、赋能中心、成本中心。每个部门管理者要清楚自己部门的角色定位，明确公司对于部门的产出期望。服务的"客户"是谁？"盈利"的形式是什么？以人力资源部为例，该部门是典型的赋能中心，那么主要服务"客户"是内部员工，其"客户"满意度来自内部团队。该部门实际的"盈利"形式可以是组织员工工作效能的提升。

第二，明确部门助力点。通过角色定位即可知道在公司经营管理中，部门助力的要素是哪些，确认公司的战略，并找出我们所在部门承接的战略目标（财务、客户、内部运营、学习与成长）。

第三，明确部门需求点。根据部门的战略工作处在 BSC 中的维度及内部关联逻辑，确定需要不同部门做哪些协作。

三个"共识"

第一，共识目标。作为主导方，管理者先不要着急提出自己的方案。而是应表达自己想要为对方服务的意图，通过聚焦公司战略层面的现状，先与其他部门共同探讨需要解决的问题。确定完问题之后，再讨论解决方案，在大家讨论的时候抛出我们的想法，然后由大家一起探讨。比如，人力资源部想提升营销团队的相关技能，那么部门负责人要先召集涉及的相关团队负责人，然后从解决公司业务上所遇到的障碍层面切入，共识出营销团队对员工技能提升的需求，再通过探讨确定培训方向及内容。

如果作为协同方，管理者可使用"5W2H"的方法对主导方所提出的方案，就方案目标进行"剥洋葱"完成目标共识（具体方法可参见第二章第三节）。通过层层深入的探究，很多时候我们会发现主导方原计划的方案与其初始目的并不完全一致，在此时可与主导方进行商议寻找到更好的方案。

第二，共识关系。在协同开展工作的时候，需要根据工作模块及模块之间的联系确定主导方与协同方的相关动作及执行要点。继续以人力资源部的培训工作为例，在确定好实施方案后，人力资源部需要与营销团队管理者就相关工作进行分工，明确职责和操作要点。比如营销团队管理者需要做好员工培训前的意愿启动和培训后的效果反馈，这两项工作是保障培训有效的前提。

第三，共识成果。通过协同产生的结果，要么是通过支持帮助，成就对方而成就我们自己；要么是通过实现同一目标而分利。总之，做好协同的初衷是有利于对方。

敲黑板

彼得·德鲁克曾说："管理，从本质上讲，意味着用智慧代替鲁莽，用知识代替习惯与传统，用合作代替强制。"管理不分对象、不分层级，管理就是创造预定的目标、创造我们想要实现的成果、有意识地去做这件事。如果想要和别人高效合作，那就得让别人的感觉良好，而不是以我们自己的感觉良好开启合作，否则合作开局就注定了结局。做高效能组织的管理者，就要以破局者心态谋发展，不做困局中的当局者。

第五节　浮云连线：擒拿"问题之王"，找准突破关键

"丰田生产方式"的创始人，在生产现场巡检的时候发现生产线上的机器又停了，这种停转现象反复发生。于是他把负责工人找来询问，便有了这次经典的管理对话。

创始人第一问：为什么机器停了？

员工：因为机器超载，保险丝烧断了。

创始人第二问：为什么机器会超载？

员工：因为轴承的润滑不足。

创始人第三问：为什么轴承会润滑不足？

员工：因为润滑泵失灵了。

创始人第四问：为什么润滑泵会失灵？

员工：因为它的轮轴耗损了。

创始人第五问：为什么润滑泵的轮轴会耗损？

员工：因为没有安装过滤器，混进了铁屑等杂质。

这就是"丰田五问"。通过连续五次不停地问"为什么"，找到问题的真正原因和解决方法，即在润滑泵上加装滤网。

可以说管理者在某种程度上就是以实现组织目标为己任，缩短实现组织目标的时间，节省实现组织目标的资源。而从现实情况出发至目标之间的距离就是管理者要解决的"问题"。所以在管理中最重要且最困难的工作并不

是找到正确答案，而是发现正确的问题。因为问题本身就决定了答案框架，尝试改变问题就会改变答案。

不要觉得，我们在管理中发现的"问题"就是真实的"问题"。有一次一位年轻的管理者向我询问"如何让老员工听话"。当时我并没有直接回答他的困惑，而是向他提出了问题。

发问："是什么现象让你觉得老员工不听话呢？"

回答："我们团队有一位资深老员工，业务能力还不错，我想让他帮忙带教新同事，结果他不愿意。"

发问："是什么情况的出现让你觉得这个老员工不愿意帮扶新同事呢？"

回答："我让他带着新同事去跑渠道，教新同事如何进行渠道维护。结果新同事连着跟他出去了两天，我问新同事学到了什么，新同事告诉我老员工没教他什么内容。"

发问："老员工除了'没教什么内容'之外，对新员工的态度如何？"

回答："这个我也问了，新员工说这位同事对他挺热情的，还请他吃饭，给他买水，就是没教技能。"

发问："这个老员工以前带过新同事吗？"

回答："没有。他是资深员工，我想调动一下他的积极性，让他发现更多的自我价值，才做的这个安排。"

发问："在让他带教新同事之前，你有没有给他进行过带教技巧的辅导？比如说要让新同事了解哪些事情，掌握哪些技能？"

回答："我知道是什么问题了！"

通过这个案例我们不难看出，管理者最初以为的问题"老员工不听话"其实根本就不是真正的问题。在层层剖析之后，他才发现真实的问题是"没有对老员工进行带教技能辅导"。随着真实问题的出现，如何解决这个问题的答案就自然而然"现身"了。其实在我们工作中，遇到的"第一问题"，往往不是真实的"问题"。因为人们经常犯的错误就是用"观点"代替"事实",用自己的主观判断遮盖了事实的真相。对问题或者他人做不谨慎的高度概括,这个习惯可能会给自己、给别人带来伤害,也可能会为问题的解决带来障碍。"小张不适合做营销工作,因为他比较内向",这是观点。"我们进行了五次团建,但是小张一次都没有参加,我问他不参加的理由,他跟我说他不喜欢那么多人一起的活动,他比较享受自己独处的那种状态",这才是呈现事实的一种正确说法。

管理者永远不要用观点来代替事实,管理者要学会对问题进行解剖,通过多问几个"为什么",多探究几个"是什么",去揭开遮盖在真实问题之上的层层纱布,让问题现出真身!

让真实的问题现身只是管理者解决问题的第一步。因为组织本身以一个系统的方式存在。系统是由若干个相互作用和相互依赖的事物组合而成的,是具有某种特定功能的整体。组织当中有多种工作、多种要素、多个指标,会产生多个问题,而且问题之间彼此捆绑缠绕。我们无法,也不需要在同一时间解决所有的问题。我们需要重点解决的是能够给整个系统带来杠杆效益的关键问题。其实,有时日常管理工作中解决问题就像使一辆汽车调头,如果不抓住关键点,那就像是汇集团队所有成员的力量去搬抬汽车使其调转方向。但如果我们能够抓住关键问题,就好比打开车门发动汽车,轻轻扭动方向盘就能达到目的。想要找出杠杆效益的作用点,就需要管理者对众多问题进行积累、关联和系统思考,擒拿住影响绩效产出的"问题之王"。

说到这里管理者可能会想,不同团队、不同行业、不同发展阶段,组织的问题各不相同,问题又如此多,得找到什么时候?彼得·圣吉认为世界有三种关系:正反馈、负反馈和延迟。正反馈是指受控部分发出反馈信息,其方向与控制信息一致,可以促进或加强控制部分的活动。负反馈是指被控部件发送的反馈信息对被控部件的活动进行调整，最终使被控部件的活动产生与原活动相反的方向变化。延迟是作用之后没有马上显现，行动和结果之间存在一定时间的延缓。

如何借用事物之间的关系找出问题的管理逻辑呢？有一个非常简单的方法可以让我们在"问题大军"中一举擒拿住"问题之王"。其实这个方法是常用来解决质量管理工作中因果联系的工具——"关联图"。我在此基础上把使用方法进行了简化，之所以把它称为"浮云连线"，是希望给大脑建立一个"什么都是浮云""没有什么是解决不了的问题"的意识投射。图2-18是浮云连线法之"不良品过多"案例。

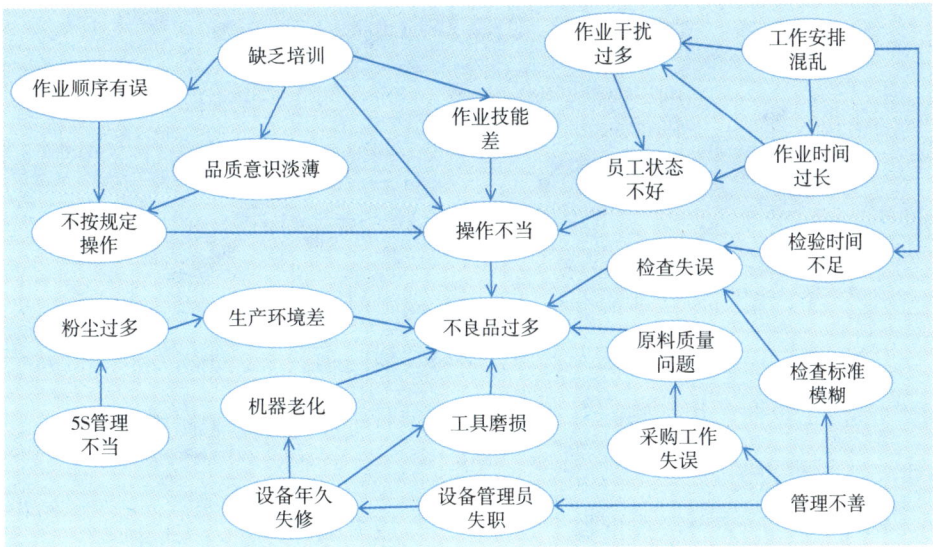

图2-18 浮云连线法之"不良品过多"案例

浮云连线的使用方法如下：

第一步：通过剖析找出真实问题，拉列问题清单。如图2-19所示。如果问题较多也可用类似CHOOSE模型战略（团队目标）、财务状况、业务运营、人力资源、核心竞争力、组织（流程与文化），进行维度分类。先找出维度之间的关联关系。

维　度	问　题	备　注
战略（团队目标）	1.地区市场占有率排名下游，团队战略价值未显现 2.营销业绩目标情况完成率低	
财务状况	1.团队创收贡献排名过低 2.员工收入持续上涨，但新业务收入占比过低	
业务运营	客户开发能力较差；专注旧有渠道却又维护乏力	有数据 支持， 此处隐去
人力资源	1.部门负责人招聘贡献度低	
	2.新员工偏年轻化，普遍社会工作经验少，应届生占比过高	
	3.小组各自为战，暂无人主动牵头进行联合培训，各小组培训内容重复且效率低下	
	4.培训课程内容多为遇到问题后进行的临时安排，未拉列员工应了解的内容进行逐项学习	
	5.培训后的考试和通关的安排频率过低，对后续吸收情况未跟踪	
核心竞争力	地域经济实力较强，但人员规模与产能严重不匹配，未形成有效核心竞争力	
组织（流程与文化）	1.团队和谐却无营销氛围 2.团队认知有偏差 3.员工缺少归属感	有实践 支持， 此处隐去

图 2-19　浮云连线第一步

第二步：把问题分别铺排在白纸上并圈出浮云边界。如图 2-20 所示。

第三步：以每一个问题为出发点，与其他问题关联，如出发问题对被关联问题产生正向作用，则画出"→"；如没有正向作用则不做任何标记。如图 2-21 所示。

第四步：画完之后找出那个发出"→"最多的即可作为关键问题。注意关注有"延迟关系"的选项，延迟作用也要叠加进去。如图 2-22 所示。

组织（流程与文化）

1. 团队和谐却无营销氛围
2. 团队认知有偏差
3. 员工缺少归属感

核心竞争力

地域经济实力较强，但人员规模与产能严重不匹配，未形成有效核心竞争力

战略（团队目标）

团队战略价值未显现营销业绩目标情况完成较差

人力资源

1. 部门负责人招聘贡献度低
2. 新员工偏年轻化，普遍社会工作经验少，应届生占比过高
3. 小组各自为战，暂无人主动牵头进行联合培训，各小组培训内容重复且效率低下
4. 培训课程内容多为遇到问题后进行的临时安排，未拉列员工应了解的内容进行逐项学习
5. 培训后的考试和通关安排频率过低，对后续吸收情况未跟踪

①人均效能远低于组织平均水平

②人员净增长低，新员工整体"存活率"过低，老员工流失率较高，团队稳定性差

导致

业务运营

客户开发情况相对落后；客户质量偏低；专注旧有渠道却又维护乏力

财务状况

团队创收贡献较低，员工收入持续上涨，但新业务收入占比过低

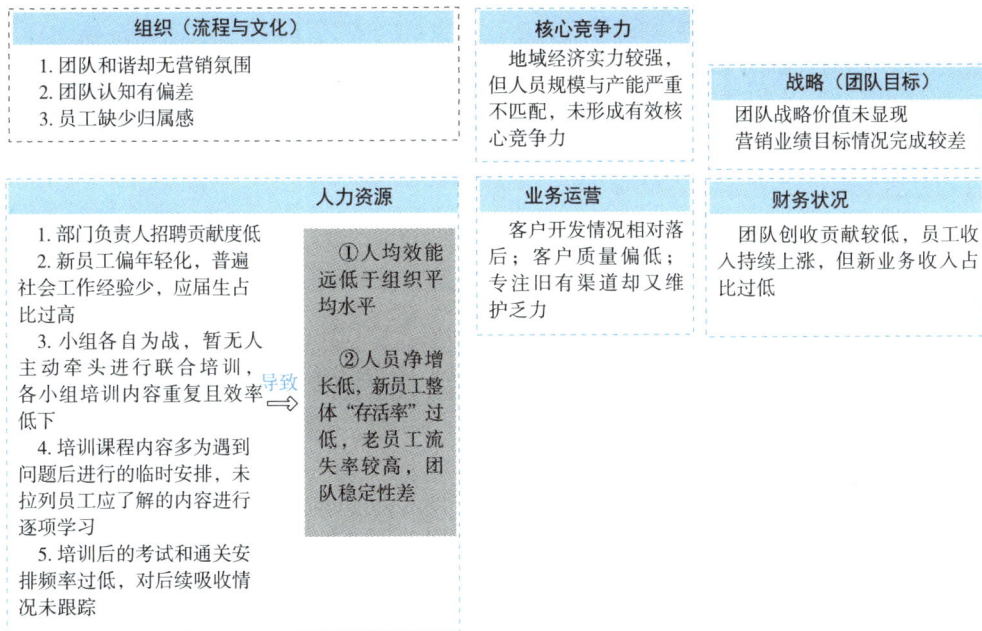

图 2-20　浮云连线第二步

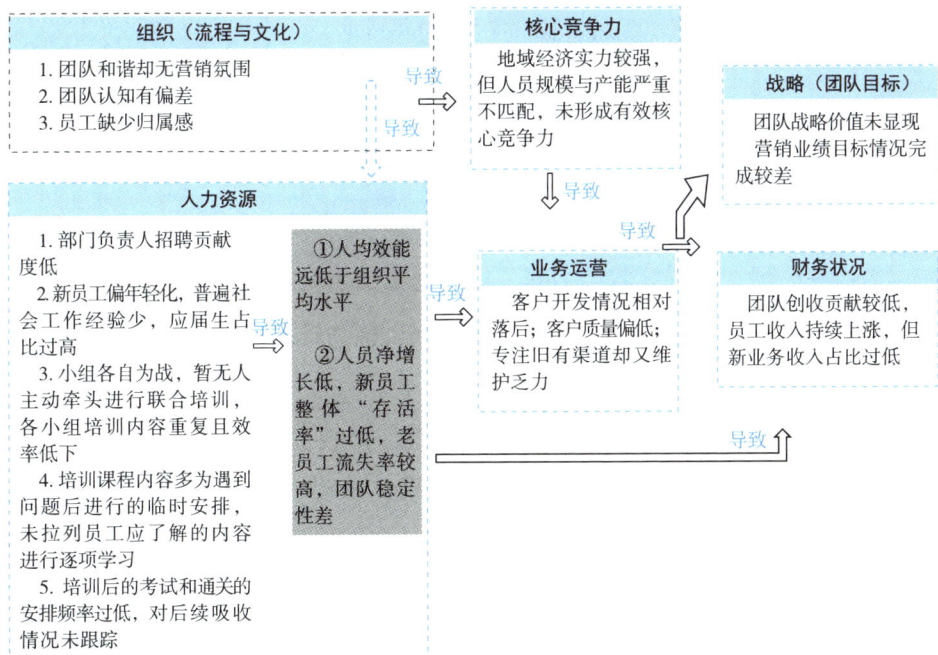

组织（流程与文化）

1. 团队和谐却无营销氛围
2. 团队认知有偏差
3. 员工缺少归属感

导致

导致

核心竞争力

地域经济实力较强，但人员规模与产能严重不匹配，未形成有效核心竞争力

战略（团队目标）

团队战略价值未显现营销业绩目标情况完成较差

人力资源

1. 部门负责人招聘贡献度低
2. 新员工偏年轻化，普遍社会工作经验少，应届生占比过高
3. 小组各自为战，暂无人主动牵头进行联合培训，各小组培训内容重复且效率低下
4. 培训课程内容多为遇到问题后进行的临时安排，未拉列员工应了解的内容进行逐项学习
5. 培训后的考试和通关的安排频率过低，对后续吸收情况未跟踪

①人均效能远低于组织平均水平

②人员净增长低，新员工整体"存活率"过低，老员工流失率较高，团队稳定性差

导致

导致

导致

导致

业务运营

客户开发情况相对落后；客户质量偏低；专注旧有渠道却又维护乏力

财务状况

团队创收贡献较低，员工收入持续上涨，但新业务收入占比过低

图 2-21　浮云连线第三步

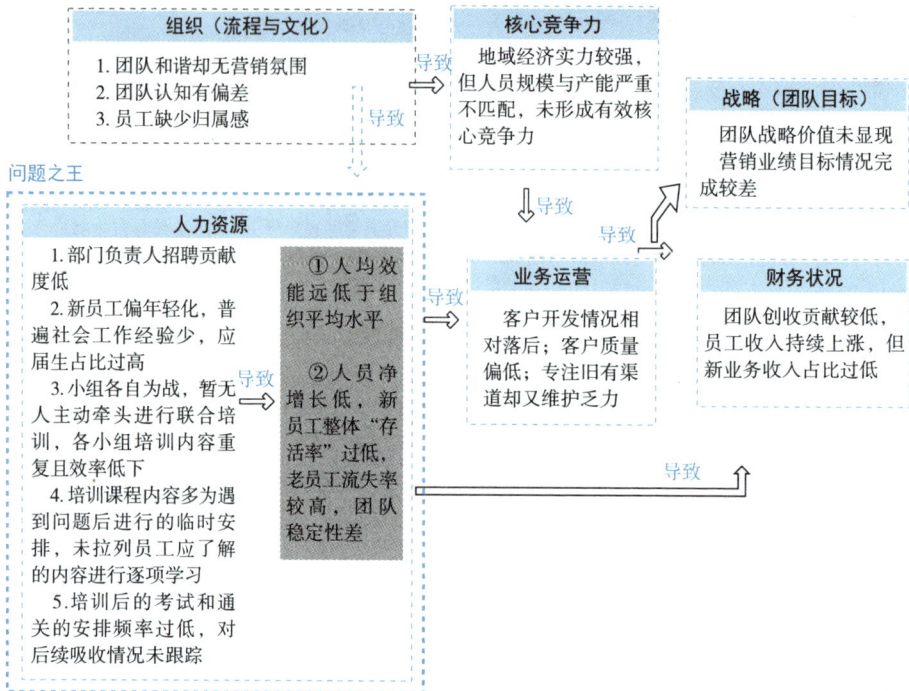

图 2-22　浮云连线第四步

第五步：寻找协同项。 看看致使"问题之王"出现的选项是哪个，可列为协同考量项。如果发出"→"较多的问题有两到三个，可考量其是否有协同性。如图 2-23 所示。

第六步：确定阻碍绩效产出的"问题之王"，拉列可行性方案。

首先，确定解决"问题之王"的切入点，确立重点任务方向，如图 2-24 所示。

组织（流程与文化）

1. 团队和谐却无营销氛围
2. 团队认知有偏差
3. 员工缺少归属感

导致

导致

核心竞争力

地域经济实力较强，但人员规模与产能严重不匹配，未形成有效核心竞争力

战略（团队目标）

团队战略价值未显现营销业绩目标情况完成较差

导致

导致

问题之王

人力资源

1. 部门负责人招聘贡献度低
2. 新员工偏年轻化，普遍社会工作经验少，应届生占比过高
3. 小组各自为战，暂无人主动牵头进行联合培训，各小组培训内容重复且效率低下
4. 培训课程内容多为遇到问题后进行的临时安排，未拉列员工应了解的内容进行逐项学习
5. 培训后的考试和通关的安排频率过低，对后续吸收情况未跟踪

导致

① 人均效能远低于组织平均水平

② 人员净增长低，新员工整体"存活率"过低，老员工流失率较高，团队稳定性差

导致

业务运营

客户开发情况相对落后，客户质量偏低；专注旧有渠道却又维护乏力

财务状况

团队创收贡献较低，员工收入持续上涨，但新业务收入占比过低

导致

图 2-23　浮云连线第五步

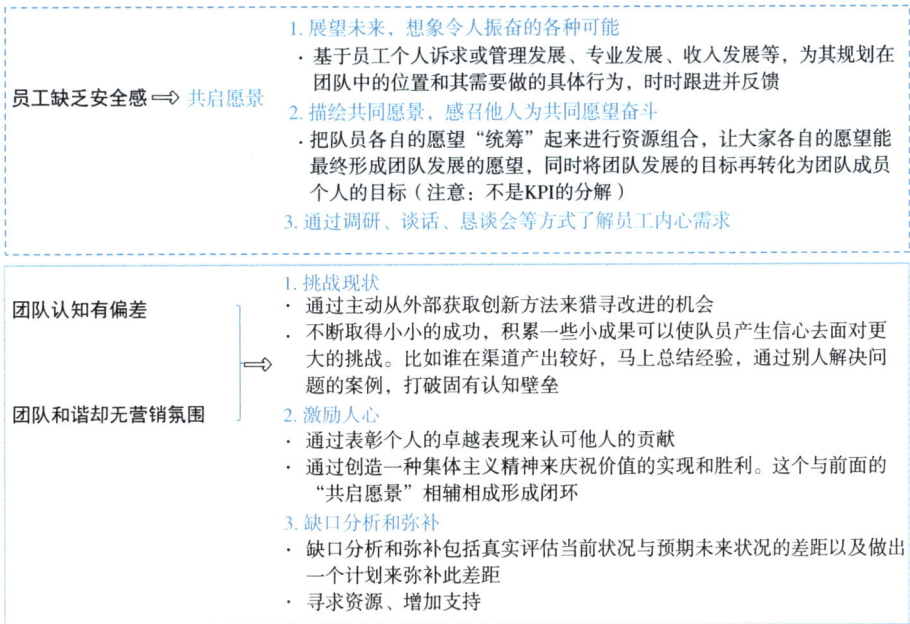

员工缺乏安全感 ⟹ 共启愿景

1. 展望未来，想象令人振奋的各种可能
   - 基于员工个人诉求或管理发展、专业发展、收入发展等，为其规划在团队中的位置和其需要做的具体行为，时时跟进并反馈
2. 描绘共同愿景，感召他人为共同愿望奋斗
   - 把队员各自的愿望"统筹"起来进行资源组合，让大家各自的愿望能最终形成团队发展的愿景，同时将团队发展的目标再转化为团队成员个人的目标（注意：不是KPI的分解）
3. 通过调研、谈话、恳谈会等方式了解员工内心需求

团队认知有偏差

团队和谐却无营销氛围

1. 挑战现状
   - 通过主动从外部获取创新方法来猎寻改进的机会
   - 不断取得小小的成功，积累一些小成果可以使队员产生信心去面对更大的挑战。比如谁在渠道产出较好，马上总结经验，通过别人解决问题的案例，打破固有认知壁垒
2. 激励人心
   - 通过表彰个人的卓越表现来认可他人的贡献
   - 通过创造一种集体主义精神来庆祝价值的实现和胜利。这个与前面的"共启愿景"相辅相成形成闭环
3. 缺口分析和弥补
   - 缺口分析和弥补包括真实评估当前状况与预期未来状况的差距以及做出一个计划来弥补此差距
   - 寻求资源、增加支持

图 2-24　浮云连线第六步（一）

其后，根据重点工作方向制订可行性计划，如图 2-25 所示。

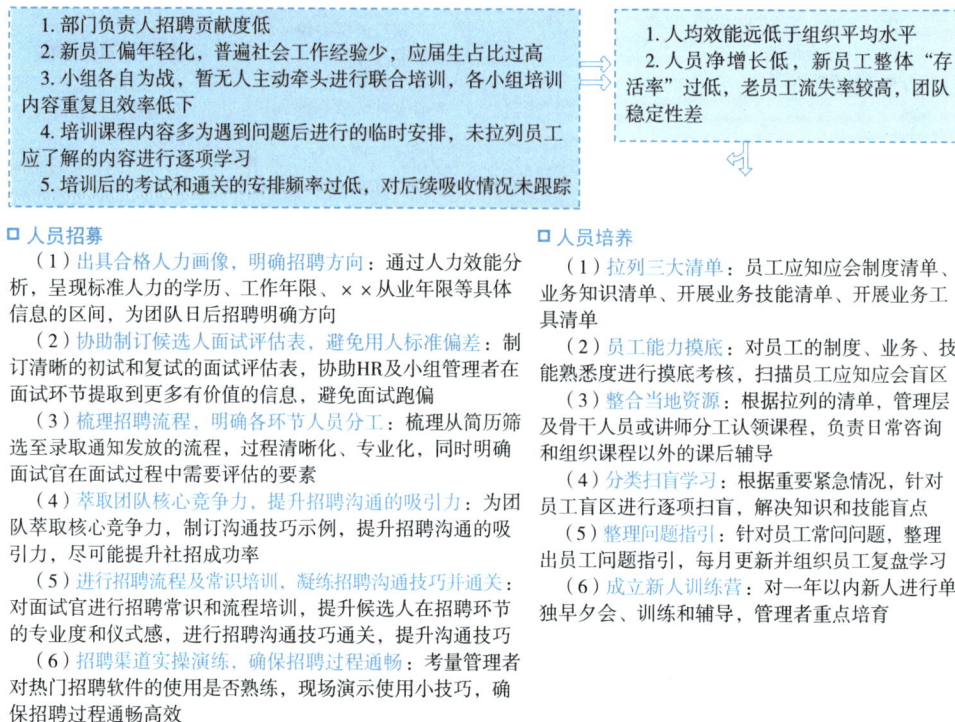

1. 部门负责人招聘贡献度低
2. 新员工偏年轻化，普遍社会工作经验少，应届生占比过高
3. 小组各自为战，暂无人主动牵头进行联合培训，各小组培训内容重复且效率低下
4. 培训课程内容多为遇到问题后进行的临时安排，未拉列员工应了解的内容进行逐项学习
5. 培训后的考试和通关的安排频率过低，对后续吸收情况未跟踪

1. 人均效能远低于组织平均水平
2. 人员净增长低，新员工整体"存活率"过低，老员工流失率较高，团队稳定性差

□ **人员招募**

（1）**出具合格人力画像，明确招聘方向**：通过人力效能分析，呈现标准人力的学历、工作年限、××从业年限等具体信息的区间，为团队日后招聘明确方向

（2）**协助制订候选人面试评估表，避免用人标准偏差**：制订清晰的初试和复试的面试评估表，协助HR及小组管理者在面试环节提取到更多有价值的信息，避免面试跑偏

（3）**梳理招聘流程，明确各环节人员分工**：梳理从简历筛选至录取通知发放的流程，过程清晰化、专业化，同时明确面试官在面试过程中需要评估的要素

（4）**萃取团队核心竞争力，提升招聘沟通的吸引力**：为团队萃取核心竞争力，制订沟通技巧示例，提升招聘沟通的吸引力，尽可能提升社招成功率

（5）**进行招聘流程及常识培训，凝练招聘沟通技巧并通关**：对面试官进行招聘常识和流程培训，提升候选人在招聘环节的专业度和仪式感，进行招聘沟通技巧通关，提升沟通技巧

（6）**招聘渠道实操演练，确保招聘过程通畅**：考量管理者对热门招聘软件的使用是否熟练，现场演示使用小技巧，确保招聘过程通畅高效

□ **人员培养**

（1）**拉列三大清单**：员工应知应会制度清单、业务知识清单、开展业务技能清单、开展业务工具清单

（2）**员工能力摸底**：对员工的制度、业务、技能熟悉度进行摸底考核，扫描员工应知应会盲区

（3）**整合当地资源**：根据拉列的清单，管理层及骨干人员或讲师分工认领课程，负责日常咨询和组织课程以外的课后辅导

（4）**分类扫盲学习**：根据重要紧急情况，针对员工盲区进行逐项扫盲，解决知识和技能盲点

（5）**整理问题指引**：针对员工常问问题，整理出员工问题指引，每月更新并组织员工复盘学习

（6）**成立新人训练营**：对一年以内新人进行单独早夕会、训练和辅导，管理者重点培育

图 2-25　浮云连线第六步（二）

敲黑板

"当局者迷，旁观者清。"我们要学会把自己当成是问题的管理者，而不是发生在问题中的当事人或相关人。秉持"坚信'问题'是带着行动答案而来"的信念去面对问题，优先化解自己的情绪与观点，让问题现出真身。告诉自己"一切问题都是浮云"，因为所有的信念都是由语言组成的，语言积极和正向，我们就能在积极的情绪和状态中，获得更高的工作与生活的势能。这也是信念的力量和意识的力量。

第六节　浅用 OKR：让工作实现以"少"胜"多"

日常管理工作中很多时候为了完成目标，都在与时间赛跑，都想认真地做好每一个任务，多任务来袭时从"紧急的""会做的""容易的"开始，而要求或计划里那些"应该做的"反而没有做。很多时候并非不想聚焦重要事情或必要事情，而是在工作的过程中不知不觉就偏离了方向。

举个例子，假如你在某天有三项重要工作需要安排：

（1）找新员工小王谈谈心，做一下绩效辅导，因为发现他上周迟到了三次，且要求他做的客户回访任务也没完成，对此要了解一下情况。

（2）去公关一个重要渠道，如果这个渠道打通则会大大助力团队营销业绩达成。

（3）联系客户服务部一同协商解决一起客户投诉事件。

早上来到公司，你正准备叫新员工来办公室，突然接到营销管理部的电话，通知你去会议室参加一个紧急研讨会。50分钟后会议结束时，你又被总经理叫住，就近期业务开展情况做了工作汇报。汇报完毕，你刚刚回到办公室，人力资源部的同事就走进来，请你对员工培训事宜完成一份需求调研问卷。人力资源部同事出门，绩优员工小李就来找你，请你协助他去见一个重要客户。开车到达客户公司，你跟客户相谈甚欢，于是客户邀请你共进晚餐……如此充实且忙碌的一天，你当日的工作也在"三个重要任务未执行"中画上了句号。

诚然上面的案例中有些许时间管理的问题，但是如果把这个场景的时间拉长来看，很多在战略执行层面必做的"正确的事情"，往往在不知不觉中被拖延和搁置，一拖再拖。这就是我们在落地战略任务，精准执行方案之后，依然未能达成目标的重要原因之一。

从"做正确的事"到"把事做正确"，中间不仅是执行，更需要一个专注力的牵引，把重要的事情在一定时间内一次做"透"。这就像外科医生做切除扁桃体手术一样，如果决定必须做，就要做得彻底，全部摘除，而不能做一半留一半。保持方向、保持专注、保持深度听着简单，但我们还是会下意识从"简单的"做起，就如同管理工作中不知不觉，战略性任务被非战略性任务悄无声息地击碎、熔化，只留下忙碌的日常。专注于"做正确的事"已经不易，那专注于"做难而正确的事"便是难上加难。只靠自身的意识克制与意志控制既难持续又不稳定，需要思维工具来帮助管理者解决这个问题，在这里推荐大家"浅用"OKR。

提到 OKR（objectives and key results，即目标与关键结果），相信很多管理者并不陌生，它最早是由英特尔公司的 CEO 安迪·格鲁夫创建的一种目标管理方法，直译过来就是"目标与关键结果法"，其内涵在于：明确公司和团队的目标及衡量这些目标是否完成的关键结果。经过 50 多年的发展与实践，OKR 工作法越发凸显出活力，如今，字节跳动、华为等许多公司都在运用这种目标管理方法。

那什么是"浅用"呢？虽然 OKR 本身并不是考核工具只是一个通过内驱方式去迎战任务，以敏捷应对创造成绩的目标管理工具，但如果"完整"地去使用它依然需要有生存的土壤——整个大组织的全员推行，还需要有打分、有公示等环节，这些都是大组织内部的团队无法独立去落地使用的。而这里的"浅用"则是既去"土壤化"，以实现团队的独立使用，又简化流程方便快捷，同时保留了 OKR 的强大作用。

第一，激发内驱，目标对齐。OKR 改变了传统的自上而下的任务分解，而是首先激发员工自行制定具有挑战性的目标，再进行目标对齐，以自下而上的方式实现与团队目标的共识。这既保证了所有成员理解目标、认同目标，使所有的努力都朝着同一个方向，也可以最大程度启发员工智慧，体现了员工自主性。

第二，激增能量，贯彻到底。OKR 是从一个团队凝练出的雄心壮志的目标出发，让这个目标具有威力、振奋人心，给员工高势能。集中精力，在一段时间内只做一件事，而且是最重要的事，会让团队有紧迫感、新鲜感，达到"冲刺"的状态。而且它一次只解决一个问题，让团队目标明确，方向唯一，减少很多不必要的"抵抗"。如此便可以让一件事情变得有始有终，做到件件有着落、事事有回音。

第三，敏捷响应，有效复盘。OKR 的时间设定非常灵活，可以根据业务需要以月度、季度、半年度、年度多个时间维度去设定。OKR 重视短周期业务的执行和调整，高频跟进、定期评估、持续校正、时时对齐，确保执行到位，策略不断优化迭代。

第四，专注聚焦、要事第一。任务重点突出、简单明了。大刀阔斧地砍掉那些浪费时间、意义不大的活动，将碎片化时间集中起来，形成整块的工作时间，优先完成战略性任务，保障"要事优先"的实现。

"浅用"OKR，只需要四步即可完成。

第一步：振奋人心的目标，以关键结果为"未来的成功"画像。

画出四个象限，将右上、右下、左上、左下依次定义为一至四象限。在第一象限中要从一个雄心壮志的目标出发，去描述这个目标，把关键结果定义为"我要做到了就相当于实现了我的目标"。

第二步：攻克关键要素，明确实现路径上的重要影响。

写完目标和关键结果之后，要思考的是，要实现这个目标有哪些影响因素。将这些影响因素写在第二象限。这里需要给大家提个醒，如果影响因素梳理出来全是外部因素，比如市场环境、行业行情、政策导向等，那我觉得管理者的思维有必要转换一下了。管理者要聚焦在组织内部，聚焦于可控制、可影响的因素。

第三步：系统思考设计，时间轴上标画重要任务，如图 2-26 所示。

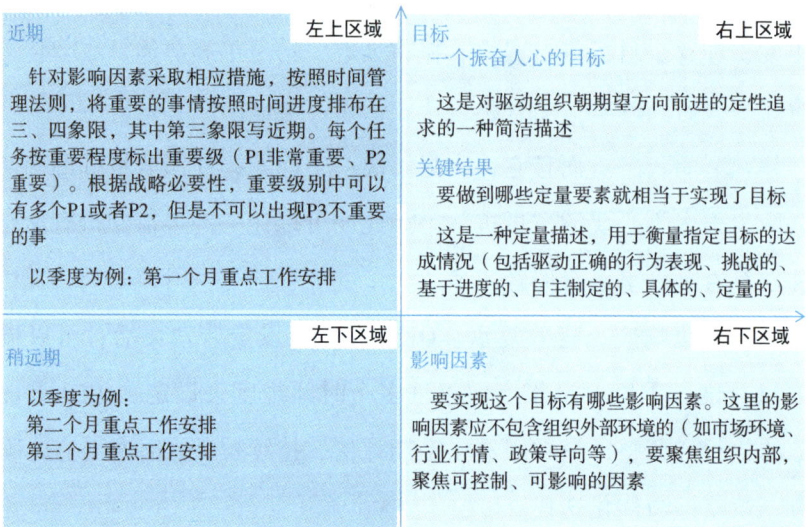

近期 左上区域	目标 右上区域
针对影响因素采取相应措施，按照时间管理法则，将重要的事情按照时间进度排布在三、四象限，其中第三象限写近期。每个任务按重要程度标出重要级（P1非常重要、P2重要）。根据战略必要性，重要级别中可以有多个P1或者P2，但是不可以出现P3不重要的事 以季度为例：第一个月重点工作安排	一个振奋人心的目标 这是对驱动组织朝期望方向前进的定性追求的一种简洁描述 关键结果 要做到哪些定量要素就相当于实现了目标 这是一种定量描述，用于衡量指定目标的达成情况（包括驱动正确的行为表现、挑战的、基于进度的、自主制定的、具体的、定量的）
稍远期 左下区域	影响因素 右下区域
以季度为例： 第二个月重点工作安排 第三个月重点工作安排	要实现这个目标有哪些影响因素。这里的影响因素应不包含组织外部环境的（如市场环境、行业行情、政策导向等），要聚焦组织内部，聚焦可控制、可影响的因素

图 2-26　OKR 的使用方法

针对影响因素采取相应措施，按照时间管理法则，将重要的事情按照时间进度排布在左上、左下区域，其中左上区域写近期，左下区域写稍远期。以季度时间轴为例，左上区域写季度的第一个月，左下区域写季度的第二、三个月。每个任务按重要程度标出重要级（P1 非常重要、P2 重要）。根据战略必要性，重要级别中可以有多个 P1 或者 P2，但是不可以出现 P3（不重要的事）。注意不能根据压力来决定优先次序。压力最大、看上去十万火急的事情不一定最重要。特别注意，如果拉列的重要工作内容和第二象限中的影响因素是不一致的，那就证明我们所做的这一切都只是在平推职能工作，没有关联性，就不足以产生因果关系，也就无法解决问题。

第四步：高频跟进复盘，校正方向迭代策略。

可以开展以周为单位时间的工作进度复盘和评估，持续校正和对齐，在资源、预期、计划、实施中找到平衡点。

无论是营销型团队还是职能型团队，OKR都可以帮助我们聚集关键结果、关键动作、关键指标，帮助我们退却繁复的欲望。欲望太多反而不能实现，只要在短时间内冲刺一件大事足矣。

例如某营销团队第一季度的OKR可以做图2-27的设计并推进使用。

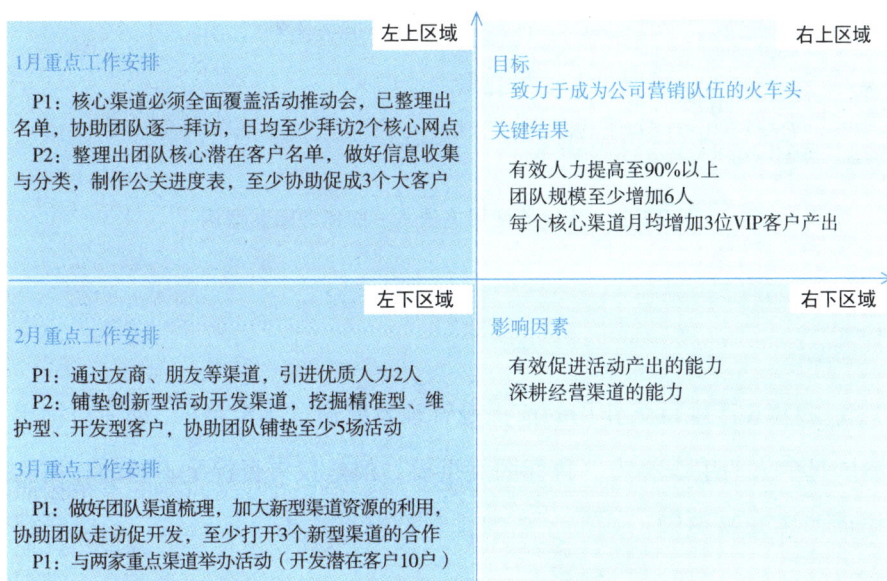

左上区域

1月重点工作安排

P1：核心渠道必须全面覆盖活动推动会，已整理出名单，协助团队逐一拜访，日均至少拜访2个核心网点
P2：整理出团队核心潜在客户名单，做好信息收集与分类，制作公关进度表，至少协助促成3个大客户

左下区域

2月重点工作安排

P1：通过友商、朋友等渠道，引进优质人力2人
P2：铺垫创新型活动开发渠道，挖掘精准型、维护型、开发型客户，协助团队铺垫至少5场活动

3月重点工作安排

P1：做好团队渠道梳理，加大新型渠道资源的利用，协助团队走访促开发，至少打开3个新型渠道的合作
P1：与两家重点渠道举办活动（开发潜在客户10户）

右上区域

目标
致力于成为公司营销队伍的火车头

关键结果

有效人力提高至90%以上
团队规模至少增加6人
每个核心渠道月均增加3位VIP客户产出

右下区域

影响因素

有效促进活动产出的能力
深耕经营渠道的能力

图2-27　OKR的使用方法——营销型团队案例

以人力资源部人才培养工作任务为例，一季度的OKR可做图2-28设计并推进使用。

第1个月重点工作安排

　　P1：制定人才培养制度，明确新人转正、员工提拔等需具备的经历与技能，为培训工作落实奠定基础

　　P2：讲师招募与培训，讲师全员招募，萃取技能，申报试讲，评聘定级，组织进行有效表达及PPT制作等培训

目标

　　用培训创造"奇迹"

关键结果

　　客户开发量人均数增长30%

　　销售量人均数增长35%

第2个月重点工作安排

　　P1：销售技能培训，针对不同司龄的人员制定营销技能与专业技能打卡清单，分批进行沟通能力通关

　　P2：营销"尖兵班"——业绩前10名担当播主，前10~50名攻擂，挑战，共同进步

第3个月重点工作安排

　　P1：新员工培训优化与跟进、验收

　　P2：职能人员培训，业务扫盲培训、一日营销人员体验，切身体会强化对营销人员的服务意识

影响因素

　　营销技能

　　客户服务能力

　　产品讲解能力

　　拒绝处理能力

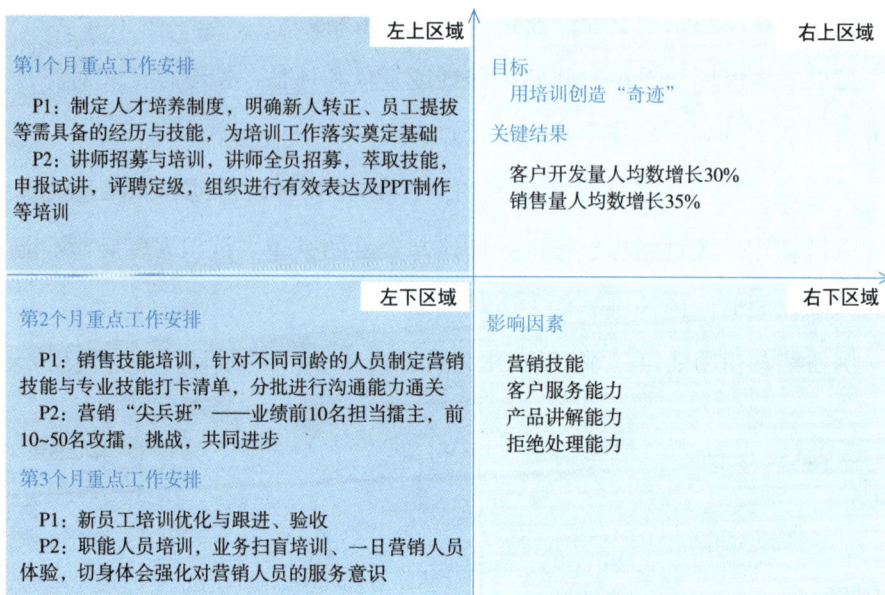

图 2-28　OKR 的使用方法——职能型团队案例

敲黑板

　　浅用OKR产生巨大作用的前提是管理者要通过制定目标，创造目标感，来激励每个人为组织努力。目标固然重要，但是仅有目标是不够的，员工精神层面的感知是关键。成员要能感受到自己真正想要的东西，能感受到目标对自身行为的推动力，并将此作为努力奋斗的行动指引。目标感 = 目标 + 感觉，制定目标是基础，而感觉是在共识中获取的。

第三章

共识会议，给团队植入必胜的基因

"共识会"是以启悟为目的，以对话为核心，在去权威化、中心化和社群化的组织状态中，使用主持、教练、引导、提炼、剖析的方式，去帮助团队成员清晰化要解决的问题，完成思想和认知的统一，正确决策，更有助于实现目标。

共识还是组织效率的源头。它可以做到信息的共享，信息共享本身就是一种对团队的激励。它可以做到动作的同频，动作同频带来共振就实现了力出一孔。

通过战略共识会的"三步九阶"，把共享的目标作为起点，将向过去要经验，变为向未来要方法。真正的目标管理不是"目标层层分解"，而是洞悉未来、事先算赢，看见"不可见"、做到"不可能"。

第一节 共识会：从"你要员工做"到"员工都想做"

读到这里，我们一起来回顾一下，前文从高效能组织构建机制，到团队共享愿景、共谋方略、共启行动关键操作中都反复提到了一个词，你能回想出是哪个词吗？

这个词是"共识"。

什么是共识？共识拆解出的表面意思就是"共同的认知"。百度百科中对共识的深层解释是"指一个社会不同阶层、不同利益的人所寻求的共同认识、价值、理想"。本书所说的"共识"包括但并不限于此。"共识"是不同利益人之间寻求到了最终相互认同的事实，也是一个为了探究、发现和洞察各种现象、各种问题，把握整个组织的思维、情绪和行动等的实施过程。"共识"还是集体观察、集体思考和集体行动输出结果的一种状态。

不仅如此，共识还是组织效率的源头。它可以做到信息的共享，信息共享本身就是一种对团队的激励。共识可以做到动作的同频，动作同频带来共振就实现了力出一孔。

想要做到"共识"，以实现统一思想、统一语言（文化）、统一行动、统一步调，就需要一个实施"共识"的介质——共识会。

共识会可以帮助团队清晰组织发展战略，形成各模块升级转型的规划与目标；还可以系统地梳理组织需要核心成员承担的职责，清晰核心成员角色定位；通过模式与战略梳理，从根源上找到目前经营中存在的关键问题的解决思路与解决方案等。为什么共识会会有这样的威力？其实共识会是管理学著作《第五项修炼》理论内核——"U 型理论"的实践产出工具。

共识会的实质是塑造组织心智模式。一个组织的组织心智不是天然存在的，不能自我形成，而是在不断接受外界感知和反馈中慢慢塑造的。就如同一个人的心智模式一样，需要接受外部反馈相互作用而生成。心智模式决定了应激反应。以个体为例，一位佝偻身躯、白发苍苍的老者坐在街边叫卖的时候，可能很多人看到这一幕都会生出怜悯之心，但如果一个人的心智模式是"可怜之人必有其可恨之处"，那么随着画面输入而得出的结果则并非同情。前文讲到的 ABC 方程式先为管理者自身赋能其实就是一个重塑心智模式的过程。管理者为什么要以干预者的身份，主动出击，用共识会去塑造组织心智模式呢？因为无论我们是否把形成组织心智作为目标，组织心智都会自然地形成。区别只在于是否能够快速形成一个"正确的"组织心智。

所谓"正确的"就是团队管理者所希望团队员工具备的思考方式，渴望员工自发产生的行为动作。"正确的"心智模式，可以构建出共同默认的思维方式、共同默认的是非观和共同默认的规则，让组织里需要争论的内容越来越少，组织的效率会越来越高。

共识会是如何塑造出组织"正确的"心智模式呢？共识会是以启悟为目的，以对话为核心，在去权威化、中心化和社群化的组织状态中，使用主持、教练、引导、提炼、剖析的方式，去帮助团队成员解决问题、内化知识、启迪智慧，顺带完成了思想和认知的统一。

当管理者试图通过自己的经验与认知去让员工进行反思，改善他们的心智模式，令其触发新的行动，建立新的习惯时，"说教"激活的是员工的"反应式学习"模式。在这种应激模式下，员工无法将管理者的经验或者观点与自己要解决的问题建立联系。或者就是把管理者讲述的信息直接"下载"存进自己原有的思维框架里，让信息一直沉寂地躺在那里，更甚者还会把

"下载"而来的外部信息当作"敌人",反而进一步强化了员工原有的认知框架。

而共识会当中呈现出的"开放、坦诚、尊重、倾听、探寻、包容"会让员工对管理者传播的信息产生"觉悟式的学习"模式。在这种应激模式下,员工可以洞见自我,碰撞新知,唤醒深层动机,外化智慧并产生行动力。

图 3-1 展示了觉悟式学习模式与反应式学习模式的对比情况。

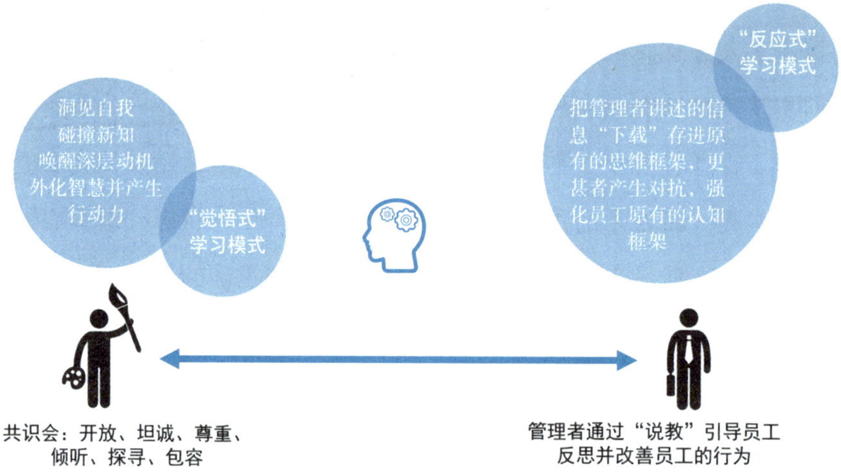

图 3-1　觉悟式学习模式与反应式学习模式对比

凡是共识会一定会经历四个阶段:逃避、争论、放下、融合。

第一阶段:逃避。共识会的发生条件就是"解决问题"。没有问题出现就不会触发共识会的召开。而往往人们对于"问题"下意识的反应都是"糟糕的""焦虑的""麻烦的"等负面感受。加之问题的发生,往往会牵扯出团队成员内部的矛盾关系。虽然私下可能已经暗流涌动,但至少表面的一团和气是内部成员或团队与团队之间的最后的"体面"。所以最开始时,会议中成员处于一种逃避状态,谁也不想直面问题,做"开第一枪"的人。

操作要点:会议的开场,主持人要先提醒与会成员转换身份,以"促进组织发展"的管理者角色进入会议研讨。同时要提前准备好关于主题问题的相关事实、数据、案例、现象等。客观陈述后，主持人要先请"问题解决"后的受益方发表看法。如无明显受益方，则可点名发表者，其他成员按座位顺序逐一发言。如果是愿景共识或文化共识，可以"一张画布讲故事"作为先导内容。

第二阶段：争论。当与会成员开始愿意把自己的观点发表出来的时候，便会产生观点的交锋与情绪的对峙。由于"趋利避害"是人性，每个人都会不由自主地捍卫自己的立场，攻击对方的漏洞，情绪化的争吵之下，很难做到真诚倾听和理解。

操作要点：注意把情绪悬挂、问题悬挂、经验悬挂。

情绪悬挂：这就要求会议主持人始终秉持开放、尊重、坦诚、包容的原则去构建会场氛围。情绪爆点出现之前就要提前按下暂停键，用理性的探寻将情绪化的表达化解成客观事实。特别要注意的是，当与会人员中有人始终在个人利益的范畴内发表观点，主持人一定要阻止，并引导其在高格局处站位。

问题悬挂：在共识会思想碰撞的时候，很容易有"非主题问题"出现，一不小心就把会议主线拉偏，主持人要及时将"非主题问题"悬挂在大白板或者白报纸这样的"问题停车场"内，并告知大家，会后将会把问题停车场内的内容做整理，作为在其他阶段或时间去解决的内容。

经验悬挂：在共识的过程中，会有成员以个人经历或者经验去下意识地否定一些新鲜的想法。主持人要时刻提醒，保护每一个意见的发表。

第三阶段：放下。这个阶段大家才开始放下自我，站在别人的角度去考虑问题，带着共情去倾听和理解不同观点背后的理由和依据。因为讨论立足的是整个团队层面，如何去解决组织问题，让整个组织更好发展，在此基础上大家便开始慢慢建立成员之间的信任，真正用探寻的态度去了解真相。

操作要点：主持人需要在这个过程中带着大家将各种想法反复推演，在推演的过程中发现障碍的地方，要去尝试进一步解决。当多个团队需要达成共识的时候，推演要更充分，因为每一项工作的确定都有可能损害到某个团队的利益，推演的过程其实就是一个策略方案"谈判"的过程。

第四阶段：融合。这是一个团队集体对话渐入佳境的状态，成员之间卸下防备，努力使自己的或者自己团队的行为影响整个组织的发展。

操作要点：将成果提炼整合，表述公示，在一致通过的决策中完成成员的承诺。主持人不要被"形式上的同意"欺骗，很多会议打着"共识"的幌子，实际在争论还未完成时就草草以命令或压迫的方式完成形式上的共识。既然共识一定会经历以上四个阶段，那么共识一定要充分，会议时间要充足。如果不把成员之间的情绪消化掉，下次相关人员就会翻旧账，所以共识会不能戛然而止。

在了解了共识会流程和操作要点之后，我们不难发现，要想开好共识会，主持人也就是组织心智塑造的干预者，是决定性的关键影响因素。主持人一般可由团队最高管理者或次高位管理者担任。如果是多部门共识，主持人则一般由发起部门管理者担任，或者是主题问题相关的职能管理部门管理者担任。共识会不是一个流程上的"假把式"，而是一门实实在在的真手艺。想练好这门手艺，需要掌握"说""学""逗""唱"四门本领。

"说"：不单是指清晰的表达，将团队的目标、原则等翻译成通俗易懂的语言被成员理解，更需要实现同与会人进行深度对话。通过教练、引导、提炼、萃取、剖析等方式，完成一场"思想搏击"。搏击的目的不是击倒对方，而是启迪对方的智慧，激发内在动力，重塑个人认知，完成行动承诺。将团队成员构建成一个智慧发生系统，敢于迎接未来的挑战。

"学"：主持人需要以空杯的心态进入会议的工作。在一种"有意识的无知"的状态下，才能真正去理解成员发表的内容，在帮其提炼总结观点的时候才可以呈现出学习者的尊重和诚恳。

"逗"：共识会上一定会出现观点对峙的情况，主持人要善于调节会议氛围，调整团队研讨的情绪状态。比如每次在共识会开场的时候我都会订立会议原则，其中有一条雷打不动的是"欢迎激辩，拒绝争辩，理不辩不明，但只能动嘴不能动手"。虽然看似是一个玩笑之举，但在会议成员情绪要达到爆点时，将此原则抛出，大家都能在笑声中回归冷静。同时主持人还需要时不时地抛出"包袱"去引导与会人员的观点发表，抛砖引玉，启发思考。

"唱"：主持人要时时将与会者"正确的"表现，即符合组织心智模型塑造意向的行为进行渲染，通过充分称赞与肯定，强化发表人的意识，同时在潜移默化中对其他成员产生意识和行为的引导。

共识会的内容可以是多样的，比如战略、实施方案、文化澄清、发展路径等。或者是借用近期发生的具有代表性的事件，以案例修正员工思想行为。共识会不是每年年初开一次、年底开一次就可以了。共识会需要阶段性召开以解决战略落地过程中的不同问题，甚至需要在不同阶段探讨相同的问题。一方面是因为组织内外部本身会时时发生变化；另一方面是因为员工之间或者团队之间在工作中遇到新的问题，内心产生了新摩擦。这种情况就像夫妻相处一样，虽然可以一直相爱，但还是有观点不一而吵架的时候，如果不把问题解决掉，由此产生的嫌隙会一直发酵，拉低组织效能。

敲黑板

共识会借助 U 型理论的底层思维逻辑指导，为管理人以干预者的身份塑造组织心智模式提供了机会与实施平台。U 型理论的提出者奥托·夏莫表示，学习型组织推动成功的关键在于干预者的内心状态，也就是一项干预措施的成败，不仅取决于如何干预，也取决于干预者的内心状态。如果干预者的心智模式不发生深层次的变化，没有足够强烈的变革愿望，任何发端良好的变革都不可能取得最终的成功。

第二节　三步九阶，组织上下齐心

"我们对公司未来怎么发展没有什么建议的机会，老板就是个有想法的人，我们这些底下的人能把老板想要的结果做出来就已经相当不错了。哪需要想这么多，就一句话'干就完了'。"

"我们属于后台职能型部门，不像什么产品部、营销管理部或者客户服务部需要聚焦产品、业务、客户这些涉及战略的方面，我们做的主要工作是保障公司的正常运转和对前线营销的基础支持。我们不需要任何主导权，支持大家提的需求就好。"

"什么 OGSM 啊，SWOT 还有 OKR 的，这些真的管用吗？我把信息输入进去，按照说的流程操作一遍，对策就能有了？"

"拿到公司新一年的任务指标，我应该先使用什么工具，再使用什么流程才能跟员工进行目标共识，制定好工作方案？"

以上是我在对管理者进行目标管理教练时最常听到的四种声音。

诚然，身为管理者的我们承担的角色是对公司战略进行落地执行的推进者，但同时我们也是带领团队实现目标策略的主导者。如果我们不以战略性思考作为切入点去推进团队工作，那么很有可能在落地上级战略意图的时候，容易僵化执行，不能以变应变。没有全局观和系统性思考，团队工作的方向很可能经常被改变，甚至会选择阻力最小的路线而不是从难而正确的路线去做。管理者只要根据全局需要，系统分析各环节中的因果关系以及各团队工作之间的联系，在开展工作时，就能做到整体与部分的统一，结合组织资源状况，有效地评价未来行为路线或可靠途径，很快地采取一系列与目标一致的行动策略，并在计划实施的过程中不断校正计划与战略的偏差，做到真正的组织战略执行。

确实，有不少企业认为清晰阐明公司及业务如何以独特方式赢得竞争非常有必要，但对于企业职能部门，比如财务、人力资源、IT、研发等共享服务组织来说，他们的存在主要是根据业务部门所要求的规模和方式提供服务。但如果各职能部门不是有意识地去采取战略服务的方式，他们就会以"无意识的组织和文化"的形式存在，甚至在某种程度上因为对岗位职责的"固守"与责任划分的坚持，拖累组织绩效，而非起到助力的作用。要知道职能部门也是有"客户"的，他们的"客户"是业务部门和营销团队。而应激式的"服务"即便是不辞辛劳、兢兢业业，但从组织绩效的角度来说，往往得到的是"忙无果"和给他人徒增"工作"。而战略性的支持会使得职能部门站在全局，看到整个组织的系统运作，可以深入公司战略的源头去进行联结，开展深度的工作构建，帮助组织内化、激增出更多的资源协同效力，进而实现组织在竞争力上差异化的优势。

本书中提到的各种目标管理工具，它们是如何帮助管理者进行系统规划、缜密分析、合理化制定战略方案及策略的呢？这要从人的思维模式说起。心理学家、诺贝尔经济学奖得主丹尼尔·卡尼曼教授在他的《思考，快与慢》中指出，"人脑有两种思维模式，以直觉和感性为基础的系统1和理性的系统2。面对任何问题，大脑首先本能启动系统1进行思考，只有在系统1陷入困境时，系统2才会被启动，利用更靠谱的理性和逻辑分析看待问题"。系统1的方式被称为"快思"，系统2的方式被称为"慢想"。"快思"是直觉的、是冲动的、是自动化的思想，是自由联想的能力，容易凭感觉、凭印象下决定。"慢想"是透过理性的自我控制去刻意思考，可弥补"快思"的副作用。其实人们往往在思考分析问题时是散点思维。散点思维再往上一个维度，是将每个点连成线的线性思维，而再往上的维度就是模型思维。思维模型会把零散、无序的信息，加工成系统、有序的信息。它将各个思考部分系统有序地搭配或者排列组合，如此问题就变得通顺、有序且简单。而且思维模型中变量要素之间内在的逻辑，增强了我们解决问题的普适性。虽然"慢想"很懒惰，但是"慢想"的能力可经由学习训练来建立。因而当我们通过模型思维并以书面的方式列出各种想法，便可以帮助"慢想"做得更好，清晰化我们要解决的问题，直达本质、高效工作、正确决策，更有助于实现目标。

最后，我们来看一下一个完整的战略共识会，从目标到计划是以怎样的流程安排来实现团队成员的共同承诺。

无论是公司型团队还是部门型团队，都可以通过"三步九阶"的流程进行战略共识会的操作，如图3-2所示。三步分别为：共享目标、共谋方略、共启行动。

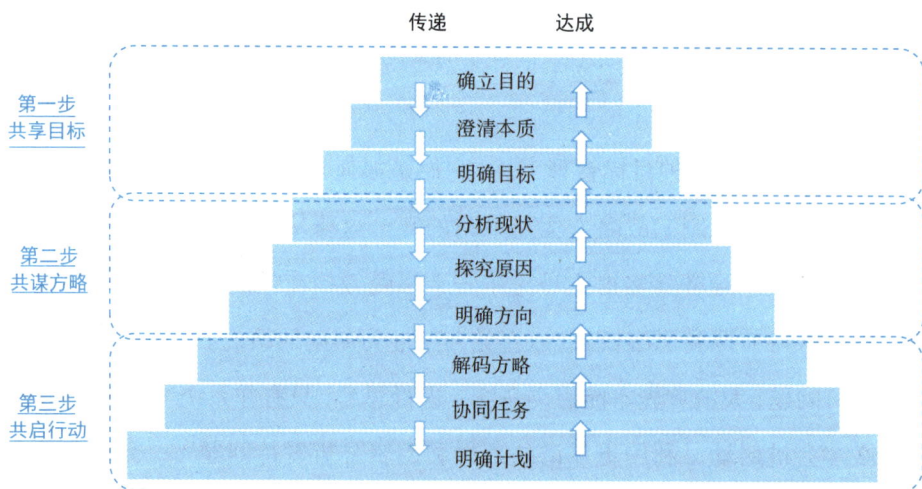

传递　　　达成

第一步
共享目标
　确立目的
　澄清本质
　明确目标

第二步
共谋方略
　分析现状
　探究原因
　明确方向

第三步
共启行动
　解码方略
　协同任务
　明确计划

图 3-2　三步九阶

共享目标需要分三个层面操作。

第一阶：确立目的。明确出我们要去哪儿？

第二阶：澄清本质。通过不断剖析，找到根源"为什么要去"。

第三阶：明确目标。在深度剖析后，我们清楚地知道要达到的那个地方具体是什么样子，怎么样算达到。

在这个阶段要注意目标是要宏大的、振奋人心的、野心勃勃又切实明确的。如果过于谨慎保守，就会限制创新力，很容易按照旧有的经验模式顺延下去。只有振奋人心的、野心勃勃的目标才能激发创造力。如果是部门型团队，这个目标一定是要高于公司下达的"任务目标"。同时要注意这个目标一定要通俗易懂，最好可口口相传，让团队每一个成员都可以领悟其中的含义。这个目标相对是一个长期目标，长期目标的实现能带来巨大满足感。

共谋方略需要分三个层面操作：

第四阶：分析现状。就目前团队情况根据内外部环境、竞争对手、政策等元素多维度进行深入分析。

第五阶：探究原因。根据组织现状与组织目标之间的差距产生的原因进行层层挖掘，找出核心关键性原因。

第六阶：明确方向。在众多影响要素中根据内在逻辑关系确定战略切入点，明确整体方向。

在这个阶段重点解决为了实现目标，纵观全局，确定在资源部署上做出选择与布局。明确出要"做什么"和"怎么做"。可以从市场策略、内部策略、客户策略、财务策略、创新策略等维度去确定。

共启行动需要分三个层面操作。

第七阶：解码方略。确立出策略实施各维度的明确的短期目标。要让短期目标像一个个坐标，标记着迈向长期目标的实现路径。

第八阶：协同任务。确保各项执行维度从资源到人员相互协调，以达到协同增效。

第九阶：明确计划。将策略转化为具体的关键性行动步骤。明确关键性动作的计划，明确执行人以及完成的时间，是策略落地的有效监控。

要注意的是如果团队以往没有达成过战略共识，那么在首次开展战略共识会的时候，要完整地将团队的"梦想/愿景/使命"揭示出来。在这一环节可以使用"一张画布讲故事"激发团队成员的想象力，从敢梦想敢追寻的角度，一起将真正的梦想/愿景/使命"揭示"出来的，而不是"制造"出来。

如果是公司型团队首次的战略共识会，需要提前做好大量相关数据的准备，因为公司战略的首次全面分析需要在客户、业务链、产品线等多个维度上进行。整体操作及使用工具相对复杂，如之前未有相关数据模型的分析，建议请专业人士进行共识教练。公司型团队首次战略共识会至少要达成表 3-1 的成果目标。

表 3-1　首次战略共识会的成果目标

序　号	公司战略核心问题	成果目标
1	使命	明确公司使命
2	愿景	明确公司愿景
3	战略定位	明确公司战略定位
4	品牌口号	争取确定公司品牌口号
5	SWOT 分析	形成公司优势、劣势、机遇、威胁分析，确认公司关键能力和限制
6	三层业务链	梳理公司现金流业务、增长业务、种子业务
7	客户画像	形成公司某项业务/产品的客户需求曲线，进行公司现状、对标企业现状与客户需求间的差异分析
8	发展路径	明确公司发展路径
9	发展原则	明确公司发展原则
10	盈利模式	梳理公司现有盈利模式，争取找到新的盈利模式
11	核心价值观	争取确定公司核心价值观
12	人才理念	明确公司的用人标准
13	管理者公约	明确管理者应该怎么做
14	三个关系	明确与客户、员工、股东的关系
15	重要态度	明确对学习、决策、创新、人才培养等的态度
16	组织升级转型	设计符合公司战略发展需求的组织架构
17	战略目标	·梳理公司三年阶段工作重点（四个层面：财务、客户、内部流程、学习与成长；大致策略） ·争取形成公司下一年度重点工作计划（战略地图；细节行动）

对于部门型团队可以根据以下流程图中标注的使用工具，完成整个战略

共识会，如图 3-3 所示。图中以下流程及使用工具同样也可以用于管理过程中应对相关性问题的解决共识使用。

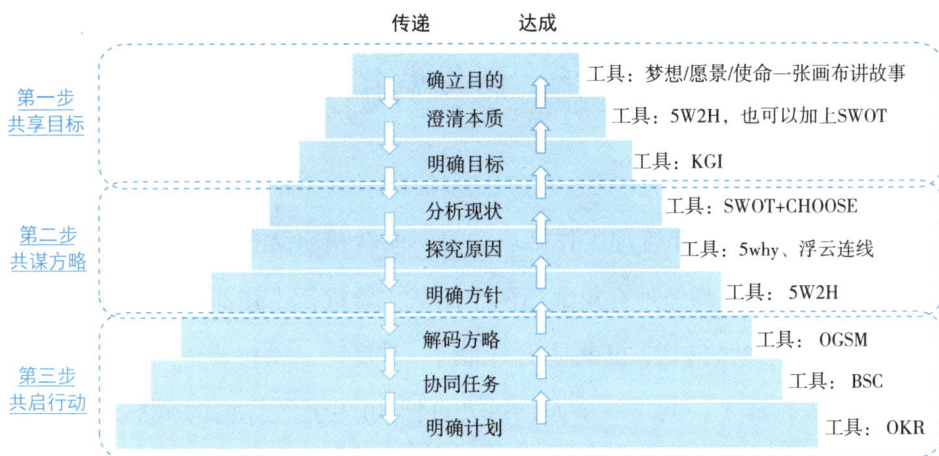

	传递	达成	
第一步 共享目标	确立目的		工具：梦想/愿景/使命—一张画布讲故事
	澄清本质		工具：5W2H，也可以加上SWOT
	明确目标		工具：KGI
第二步 共谋方略	分析现状		工具：SWOT+CHOOSE
	探究原因		工具：5why、浮云连线
	明确方针		工具：5W2H
第三步 共启行动	解码方略		工具：OGSM
	协同任务		工具：BSC
	明确计划		工具：OKR

图 3-3　部门型团队三步九阶

敲黑板

很多时候，团队都是根据以往的经验和成长数据进行目标规划，总把"跃进"视为"冒进"，总把"冒进"视为"不可能"。其实"不可能"绝非事实，只是一种观点而已。管理者在解决问题或寻找实现目标的方法时，常把"不可能"作为常态思维，这样只会将自己封闭在成功之外。观念决定思路，思路决定出路。通过战略共识会的"三步九阶"，把共享的目标作为起点，将向过去要经验，变为向未来要方法。真正的目标管理不是"目标层层分解"，而是洞悉未来、事先算赢，看见"不可见"、做到"不可能"。

第三节　三问一析，激发营销战斗力

假设这样一个场景：

A 公司召开新一年管理工作部署会议，向营销团队布置了销售任务。领到任务后，销售一部经理召集部门两个团队主管进行工作部署："销售额较去年同期提升 25% 的话，也就是我们部门一季度产品销售要达到 450 万元。现在部门普通员工一共是 9 个人，每人目标 40 万元。你们两个身为主管要起带头作用，每人 45 万元。除了老客户的复购，要花更多精力去开发新客户，更多以新客户的销售来完成业绩任务。态度百分百，方法无穷多，你们务必要带领团队达成目标！"

了解完目标管理的内涵与操作关键点，对前文中提到的这个营销团队任务布置，可以清楚地看到销售一部经理只是在做指标的拆解，而绝非对团队经营的整体规划。对于营销团队，在实际经营管理过程中可以从以下方面去思考。具体操作步骤依然遵循"三步九阶"的过程，来完成"去哪里、在哪里、怎么去"三个重要规划。

"SWOT+CHOOSE"模型的使用可以帮助管理者准确分析团队的现状。进行诊断分析之前，要提前做好对团队目前的业绩指标、人力指标、组织架构、绩效指标的分析和总结。其中一个重要内容是内部分析，从日常管理状况、业务发展状况和人力发展状况三个方面综合去判断。要注意的是，单独存在的数据是没有意义的。凡是与数字相关的，必须要有比较。无论是体系内部比较、体系外部比较、同地域比较，还是同行业内的标杆比较。只有比较才能看出差距与优势，只有通过比较，现在才能更加具象，才能知道真实的情况是进步了还是退步了，可以在哪方面提升。

在分析业务发展状况时，重点关注一个点：成长性。关注成长性的原因在于，在团队体量很大的情况下，单看新增业务量是意义不大的。对于体量小的团队，可能只是增长了几十万元、几百万元，可是与它的原体量进行比较，其成长度是很高的。所以要看增长速度，同行业内部、市场行情来比较，才能得出更客观的结果。忽视成长性谈业务增量，是较为偏颇的。

分析人力发展状况时，首先要进行人才盘点，盘点入职率、脱落率、留存率的现状。以脱落率为例，员工入职后当月、隔月，或工作三个月离职，分别体现出什么呢？我们会发现，如果员工入职当月就选择了离职，那多半是在入职招聘时，面试人员给员工"画了大饼"，入职后员工发现许多期待是根本不可能实现的，于是就直接选择了离职；对于入职一个月离职的员工，多半是工作一个月后，发现这个岗位不适合自己，不希望再浪费时间；而员工工作了三个月后，选择了离职，那可能是的确无法胜任这个岗位。因此，员工的离职情况很大程度上能够暴露出团队管理和企业文化建设上的问题，而在绩效面谈、沟通辅导的过程中，也会重复验证我们得出的一些结论。

对团队各职级人员的优势和劣势进行分析时，可以对营销人员根据业绩情况进行划分。从高到低四个档位分别是，明星营销人员、绩优营销人员、合格营销人员、低产能营销人员。如图 3-4 所示。我们的划分标准是什么？各职级人数是多少？他们是怎么分布的？各职级接受训练的状况是怎样的？各职级是否有针对性的需求和对策？这些都需要了然于胸。

讲完了团队内部现状分析，那团队外部环境可以做哪些对比呢？不同区域内的同业组织其优势是不一样的，经营情况也是不一样的，优缺点也是不一样的。所以要去了解同业的市场竞争情况，了解他们的优势、劣势，职能部门能够提供的支持，拥有的资讯和考核机制等。知己知彼，方可百战百胜。

不过要注意的是，并不是所有的内容都要去做对比，要找一些有可比性的、能够影响到我们的，比如同业的竞争策略、价格、产品、信息、后援服务、品牌宣传等。每个团队根据自己的实际情况，对优势、劣势、机会和威胁进行分析，确定自己团队的主要打法。

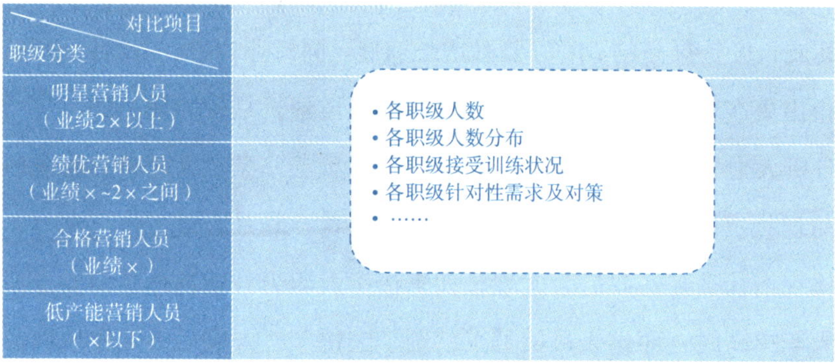

图 3-4　团队各职级人员优、弱势分析

　　那带着团队做完以上这些是不是就算完成了目标管理了呢？答案是否定的。因为团队的"目标"还没有走进员工的生活里。与员工探讨目标共识，不是先要让他们拿出大局观为了集体荣誉而奋斗，而是需要将团队目标与员工目标联动起来，合为一体。如果目标仅仅是"到某年某月，我们要做到何种业绩""我们的客户复购率要达到85%"诸如此类的话，那不过是一串冷冰冰的数字的罗列，并不会给员工带来深刻的感触。因此，管理者要用心为目标赋予指标背后的意义。这个背后的"意义"可以是为他人、为社会创造的价值，应该是对员工自己而言的转变，是里程碑式的跨越。一旦有了这层意义的加持，员工便能更加深刻地感受到目标的存在。有了意义的目标，不再是生硬的一串指标，而会变得有温度、有号召力。

　　如何让团队成员的个人目标既有意义又与团队目标融合为一呢？管理者可以通过"三问一析"的方式进行操作。

"三问"是为找寻目标意义的三个层面的唤醒，问生存、问发展、问愿望。

第一问：问生存。马斯洛需求层次理论指出，当人们的基本生存需要得到了满足后，才会去追寻更高层次的需要，比如自我实现的需要。如果员工还在为生存问题而烦恼，我们让其抛却个人、放下自己的利益，跟随着我们去"战斗"，这真的是强人所难，所以必须要先考虑其生存问题。当员工还处在生存需求层面的时候，我们可以鼓励他们向更高品质的生活去迈进，可根据当地真实生活水平帮他们设立品质生活的收入目标。

设立品质生活目标之后，管理者需要大致核算出员工每拿到万元收入，需要做到怎样的业绩，以此将收入目标转换为业绩目标。

第二问：问发展。这是在实现生存需求之后，可以切入的目标意义。当员工对自我发展有追求的时候，无论是专业维度的发展还是管理维度的发展，都是有目标的表现。而管理者就是要根据他们的发展目标，为其设立关键指标。

比如员工的发展需求是"成为团队最专业的营销人"。那么怎么来界定这个"最专业"，我们可以帮助员工为自己设立"客户数量""客户质量""客单价""客户复购率"等指标，将这些指标融合在团队目标中。

第三问：问愿望。如果员工满足了生存需求，但对个人发展没有过多期许，或者觉得自己成长已经实现阶段性突破了，没有找到新的发展目标时，我们可以帮他们去"造梦"。新的一年对生活的愿望、对家人的愿望等，大到未来的养老生活，小到奖励自己的包包饰品……再通过 5W2H 剥洋葱的方法，将他们的目标具象化、指标化。比如员工的愿望是"希望让孩子快快乐乐，以后能对人生有自主权，不做自己不想做的"。那么我们可以帮助员工去澄清，做到哪些就相当于实现了愿望。再层层深入、客观剖析，现在员工要做到哪些动作，最后可以延伸到财力的积累、渠道的资源、时间的分配等，由此再同团队目标进行融合。

在企业中流行一个词叫"意义塑造师"。所谓"意义塑造"，顾名思义就是赋予某一事物深刻的意义，并将意义清晰、生动地描述出来。身为管理者的我们，就需要让自己肩负起员工"意义塑造师"的责任，为目标赋予意义正是给员工创造满足自我、实现需要的契机。

光有目标感和热忱还不够，要想让员工对后续工作充满斗志与信心，管理者还需要做到"三问一析"中的"路径分析"。通过对员工现状的梳理，找到业绩差距，定位业务障碍，制订行动计划。

比如：帮助员工进行客户开拓分析。每位员工服务客户的风格和特点都是不一样的，有的人擅长跟女性客户打交道，有的人擅长跟创业型人员打交道，有的人擅长跟白领打交道。梳理盘点：员工的客户大多属于哪一类，该员工在哪一类型客户中的成交率更高。梳理清楚后让员工找到客户群中有影响力的人，借由转介绍等方式去挖掘更多的潜在客户。

再比如：帮助员工进行易售产品分析。看一看员工在哪方面更专业，哪些产品特征和业务了解得更加全面，哪些产品是能快速产生收益的。盘点产品让员工对现有产品的情况有更清晰的了解，便于对客户进行相关产品的配置，促进业务达成。

管理者要带领员工进行达成路径的规划，采取相应的行动，才能使员工做正确的事、正确地做事，让目标进入员工的真实生活和工作。如此，才是完成了与员工就团队目标的心理契约签订。

敲黑板

共识目标、共谋方略、共启行动仅仅是对团队目标的管理阶段而言，真的要做到"使命必达"还需要在工作推进的过程中构建完整的绩效价值链。通过对业务关键资源的支持及方案设计支持去帮助团队解决业务障碍。与此同时，管理者也要注意在业务推进的过程中，提炼关键业务场景，对绩效场景设计如"常见客户异议处理"等提供解决方案。通过"实战＋演练"等战训结合的方式，提升员工技能，助力其目标达成。

第四节　一向四驱，职能效力加倍

假设这样一个场景：

A公司召开新一年管理工作部署会议，一季度的工作目标为：加大新客户开发投入，实现产品销售较去年同期提升25%，利润提升18%；打造专业团队，提升客户满意度。

人力资源部仅把部门工作和打造专业团队联系在一起；财务部仅把工作目标与利润提成联系在一起；客户服务部则只把提升客户满意度作为对公司战略的部门支持……

通过前文讲述，我们已经知道职能团队的目标设定和实施策略一定要从公司的全局性和系统性考虑，要在BSC（平衡记分卡）的财务维度、客户维度、内部运营维度、学习成长维度四个层面去确定。在按照"三步九阶"得出各职能团队要做的重要工作（浅用OKR）后，出现了一个与营销团队一样的问题，那就是团队目标如何走进员工的真实工作与生活中？

其实职能团队管理者所面对的这个问题比营销团队管理者所面对的问题相对更难一些。因为职能工作本身具有一些特质。首先，很多职能性工作跟公司效益不直接相关，多为过程性工作，成果不易显化。其次，具体工作内容不固定，临时阶段性工作较多，工作不易衡量。最后，职能团队内岗位职责清晰明确，但随着新项目或者新环境的要求容易出现岗位的职能空白。总体来说，职能团队很难像营销团队一样，团队成员个人绩效的叠加就是组织绩效。职能团队中个人绩效与组织绩效之间不是部分与整体、分解与整合的关系。如果想要员工的个人绩效和组织绩效相匹配，需要清晰员工的任务，规范员工的职务行为，规范工作的流程，促进员工学习成长等一系列的目标管理动作。让职能团队目标传递到员工，转化为员工个人目标，我们可以通过"一向四驱"的方式进行操作。

在了解"一向四驱"之前，我们先来认识一下"福格行为模型"，如图 3-5 所示。"福格行为模型"是指：行为的发生，需要动机、能力和提示三大要素同时发挥作用。当动机、能力和提示同时出现的时候，行为就会发生。该模型表述为：行动 = 动机 + 能力 + 提示。动机是指做某件事情的欲望或意愿。动机有三个"核心激励因素"，对人的体验最为重要，分别是感觉、期望和归属。能力是指具有做某事所需要的技能和方法，能力的概念范围是从"易做到"到"难做到"，而不是人们一般认为的能力从低到高。而提示也是刺激，指某些外在的（例如闹钟）或内在的（例如从咖啡店走过），能够触发或暗示人们采取行动（在闹钟的提醒下结束会议；走进咖啡馆点了一杯咖啡）的因素。想要行为的发生，以上三者缺一不可。

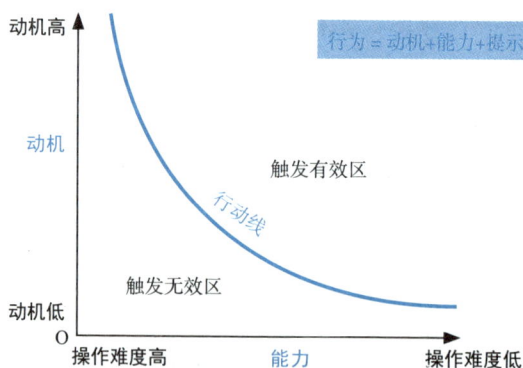

图 3-5　福格行为模型

那么福格行为模型对我们职能团队管理者对员工进行目标传递行为的启示是什么呢？

第一，当我们尝试给员工设计新行为时，最好以真正容易做到的事情为刺激，并且最终要减少对于高度动机的依赖。也就是说从较为简单的事情开始，就可以不用过度依赖动机。

第二，虽然每个人是独一无二的，即每个人都会有不同的动力、愿望和需求，但成功的关键在于行为匹配：要得到正确的行动，就要有正确的动机、有能力和触发条件（要完成这件事）。

第三，当一个人开始新行为时，如果得到鼓励，动机增强，就能帮助在行为发生上产生更大的作用，解决更难的问题。

综上所述，我们可以推导出对职能团队员工进行目标传递，推动战略落地的时候需要做到以下几点：

第一，让员工正确做事，即需要有正确的行为发生就要具备与正确行动匹配的动机、能力和触发条件。

第二，尽可能让员工任务的起步是容易的。

第三，尽可能帮助员工做他本来就想做的事。

第四，帮助员工获得成就感。

第五，要有触发条件：做这件事的意愿。

"一向四驱"中的"一向"就是建立正确的动机，而"四驱"分别是：任务驱动、授权驱动、成就驱动、效率驱动。

"一向"指的是以服务价值为根本原则。这里的服务价值既指直接服务于公司战略的价值，更指服务业务营销团队的价值。职能团队本身对营销团队具有指导、服务、管控、支持等多重身份，只不过部门属性不同，身份比重不同。但往往有些职能团队会将指导和管控身份扮演充分，而忘却了应有的服务身份。如案例场景中财务部严格财务报销充分行使了费用管控职能，其实该团队还有让报销员工知晓操作要点，就像可以通过给予报销模板等方式令他们实现顺畅、快速报销的服务职能。

职能团队管理者在与团队成员进行共启行动环节的时候，可以先按照服务价值导向去衡量岗位工作任务侧重点。对经营目标或营销团队产生正向作用的可以列为重要紧急事项；产生延迟作用的可列为"重要不紧急"事项；产生负向作用或流于表面忙碌却不产生任何绩效价值的，可列为"不可做"事项。这个环节要注意的是，重要不紧急的事情是关键切入点，绝不可令"重要不紧急"的事情发展成"重要紧急"的事情。

不是仅有营销团队有客户需要服务，每个职能团队都有对营销团队或其他职能团队服务的角色需要承担。职能团队管理者需要将以下以服务价值为根本原则的表现与员工工作任务的执行相结合。

一是从内心真正尊重客户，外化的言谈举止也体现着对客户的尊重。

二是善于换位思考，能够替客户着想，并真心为客户服务。

三是以赢得客户满意为使命，致力于开发符合客户需求的产品，并持续努力为客户提供快捷、周到和便利的服务。

四是关心客户的发展，及时向客户提供可能的支持和帮助。

任务驱动：当员工不知道对于团队关键工作从何处着手的时候，管理者可以将其难而大的工作分解成简单的、员工可控的小任务进行布置。例如，公司一个"加强培训，提升营销人员产出"的关键工作，我们可以进行任务拆解，见表3-2。

表 3-2　提升营销人员产出驱动案例

任　务	实施人	涉及部门 （助力或需求）	涉及事项 （助力或需求）	项目说明及进度
新员工培养跟进	营销管理部	新员工业绩更新（每周一次）	1. 业绩跟进与发布：每周将更新的业绩、明星选手、黑榜选手发群 2. 下网点面谈，进行职业测试，学员转正前完成 谈话内容：①困难 ②需要的支持 ③团队氛围 ④管理风格 ⑤合理化建议 目的：通过谈话了解新员工业绩及思想状态，辅导员辅导情况 3. 临近转正人员："转正加油站"视频培训 4. 新员工入司必学文件的统筹安排：由拟文部门负责将需知文件发至人事岗，安排入职人签署 5. 组织新员工晨夕会 ①每周二 8:30 晨会：每次安排 2 名学员进行 PPT 演讲和点评。可选范围：研报、时事热点解读、经验和业务分享等 ②每周四 16:30 夕会：每次安排 1～2 个案例分享。可选范围为：通话录音案例、营销案例（失败和成功均可）
讲师团招募与成立	×××××	1. 商榷"讲师授课积分与工作量兑换方案" 2. 沟通季度大会安排，嵌入讲师授勋环节	（一）前期准备【时间安排：×月上旬】 1. 讲师评级（评级前形成标准的评级表） 2. 讲师授课积分与工作量兑换方案 3. 定制勋章（提前 15 天） （二）讲师培训【时间安排：×月下旬】 1. 讲师培训（浓缩课程），一个下午完成 2. 准备物资：信件、康乃馨、席卡 （三）成立仪式准备【时间安排：×月全员季度大会】 1. 设计背景墙、勋章 2. 流程确定、主持稿确定
"向日葵"辅导员计划	/		辅导情况测评、评优、筛差，第二次双月沟通
尖兵班	×××××	届时向×××部征询对奖励方案初稿的意见，保证尖兵奖励方案与业绩奖励方案并行但不冲突	【主旨】××月份举办，为业务启动做准备 1. 参与规则：发通知，营销人员报名参加 准入条件：入司 1 年以上，业绩良好（如有新员工希望加入，业绩良好，通过面试可参与） 2. 奖励方案：尖兵津贴＋个人/团队资金 3. 前 10 名擂主，第 10～50 名攻擂，挑战→个人战＋团队站

授权驱动：如果在共启行动环节，员工对于团队关键工作开展有想法的话，可以优先按照员工的方法和思路去推进，不一定要让员工必须按照我们

管理者的工作思路开展。在心理学和经济学中，这种行为可以用一个叫作"承诺升级"的概念来解释。主要是因为人们想证明自己最初的决定是正确的。哪怕方法稍微笨一点或者效果慢一点，我们也要鼓励员工去实施。如果管理者的方案较员工方案有绝对的效率或者效果优势，管理者可采用引导的方式，引导员工找到这个构想方案。授权驱动一般更多针对高意愿及有能力、有解决思路的员工来实施。

成就驱动：一方面要给员工的工作任务按照重要和紧急程度进行排序，可用"☆"的多少表示事项的重要性。按照工作任务清单，员工选择"☆"越多的任务，完成后就越有成就感。另一方面，要根据员工个人成长规划和特长进行任务安排，如此便可带领员工往他自己想挑战的方向承担工作。即便遇到困难，其高意愿也能推动他的目标达成。如果根据其特长进行工作安排，员工做擅长的事情更容易获得成就感。

效率驱动：将时间作为行动的触发器，要在每个任务行动中明确任务开始时间和计划完成时间，以此强化任务行为的发生。没有最后期限，一定没有生产力。

敲黑板

职能团队管理者与员工的共启行动，需要让员工感受到他们所做的看似"碎片化"的工作与组织整体产生连接，清晰了解自身行动所能带来的一连串结果。而当管理者给员工投入更多的信任和期望时，就产生"信任共鸣"，员工也就得以发挥出最大的主观能动性，创造出最佳的工作业绩，找回属于自己的远见力。

以人才为中心，缔造高效能组织的关键力量

第四章

凝聚人才，构建基础执行力

如果管理者把实现组织目标作为自己管理工作终点的话，很容易出现"不走心"的流程化、制式化管理。而让身处团队的员工觉得自己仅仅是"领导达成绩效的工具"。以组织目标为终点的管理者，通常关注的是计划、预算、控制、进度、解决问题。管理者的热情与真心既没有替代物，也很难量化，却是团队完成目标和任务的催化剂。

高效能组织的管理者是以组织与员工共赢作为管理终点，关注的是员工的尊严、员工的价值、员工的潜能、员工的激励和发展。管理者首先要做到热爱自己的工作，通过用心对待成员，以成就员工来成就自己，达成团队目标，进而实现组织和员工成长共赢的结果。

第一节 五大陷阱，让蓝图变拼图

组织能够持续成功，有两个关键因素：战略及组织能力。两个因素之间是相乘关系，而不是相加关系。好的开始是成功的一半，战略圈定出"做正确的事情"就为组织实现目标迈出了成功的第一步。但一个组织想成功仅有正确的战略而没有与之匹配的组织能力，也是不行的。正确的战略方向还必须依靠强有力的团队执行才能确保其真正落地达到效果。而恰恰是组织能力才是决定组织能否成功的根本原因。因为战略很容易被模仿，但组织能力难以在短期内模仿。组织能力是由员工思维、员工能力和员工治理三个方面共同组成，其三者的平衡与协同在长期磨合中才能发挥极大的效力。这就是著名的"杨三角理论"，表达公式如图4-1所示。

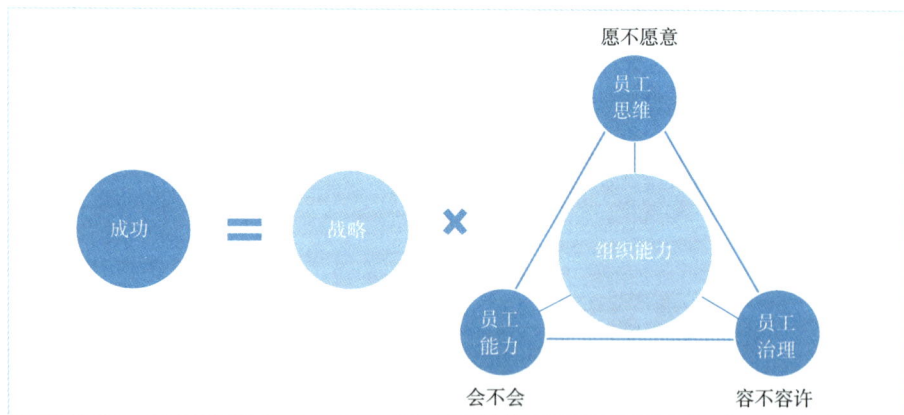

图 4-1 "杨三角理论"

员工思维主要聚焦的是员工"愿不愿"，需要解决的是员工的意愿问题，本质上取决于组织的文化和激励制度。解决的关键点在于：

> ▶ 员工需具备的认知、思维模式和价值观？

> ▶ 如何建立和落实这些认知、思维模式和价值观？

员工能力主要聚焦的是员工"会不会"，需要解决的是员工知识结构和相关技能的问题，本质上取决于组织的培训和赋能。解决的关键点在于：

> ▶ 要打造所需的组织能力具体需要怎样的人才？

> ▶ 他们必须具备什么能力和特质？

> ▶ 如何选、用、育、留符合组织特质的人才？

> ▶ 目前人才储备的主要差距在哪里？

员工治理主要聚焦的是环境"许不许"，需要解决的是战略目标实现的土壤问题，本质上取决于组织内部氛围、机制与环境。解决的关键点在于：

> ▶ 如何设计支持组织战略的组织架构？

> ▶ 如何平衡集权与分权以充分整合资源，把握机会？

> ▶ 如何建立支持组织战略的信息系统和沟通交流渠道？

> ▶ 组织的关键业务流程是否标准化和简洁化？

如果说本书在上篇第二章及第三章重点分享的是如何制定好组织战略的内容，那么在中篇的所有章节要分享的就是如何打造好"组织能力"的内容。

通过共识目标、共谋方略、共启行动三大步骤，我们已经拿到了一张组织的战略蓝图。可是战略落地的管理是一个过程，只有存在好的过程，才可能得到好的结果。那么就需要管理者在带领团队成员推进战略的过程中，步步为营，一旦落入以下五个管理陷阱，就会使得蓝图变拼图。

陷阱一：做一个"万能"的管理者。

很多时候管理者都觉得，自己一定要给出员工指导方法和指导思路。当员工说："领导，这个年会我不知道该从哪里开始，你能指导我一下吗？"

领导一般说："行，等我把手里的事情安排完了之后，咱们就坐下来分析。"然后又有员工说："领导，我有一个客户需要去拜访，但是在跟客户沟通谈判这方面我还是不行，你能不能陪我去拜访一下？"领导说："行，没有问题。"类似以上的情况，领导其实是在被员工支配。管理学上有个非常有趣的管理理论"背上的猴子"，来比喻责任和事务在管理者及员工之间的转移。很多时候的管理问题是管理者背了过多本应员工自己背的"猴子"，而导致管理效能降低，团队绩效下降。

避险指南：

拒做全能型领导，学会引导员工思考。一个全能型的领导反而会让团队成员产生惰性思维。想象一下，当你的领导习惯性地将"我知道"挂在口边的时候，你还愿意主动思考吗？员工会逐渐产生依赖心理，希望上级直接给到他工作上的指令或者解决办法，失去了自主学习、自主思考、独立解决问题的能力。管理者不要觉得，说"我不知道""我不清楚"，让自己没有面子。管理者要敢于说"我不知道"，给员工抛出问题，无形中的压力会触发员工的思考热情，让他自己想办法去解决问题，如此一来逐步会形成一种良性循环，团队会形成一种自主思考的氛围，团队成员自然也会越来越优秀。我们要发挥的管理职能之一就是要让员工掌握解决问题的知识、技能，学会自己解决背上的"猴子"。只有这样才能让员工得到锻炼，以不断突破自己的能力上限，创造真心向往的结果。

避险工具：问题解决七步法。

陷阱二：讨厌员工"怼"自己，惧怕团队冲突的出现。

传统组织结构是金字塔形的，层级关系决定了员工与组织之间是服从关系，也因此造成了管理者习惯将"听话"作为员工执行力的一个衡量标准。这也在一定程度上解释了，为什么众多管理者给出了"90后""00后"的新生代"难以管理"的评价，其表征之一就是"不听话""不服从"。如果管理者想要的是"听话的士兵"，那么一旦有员工发表了不同于管理者执行方案的意见时，管理者第一时间的反应不是思考员工的建议有没有可取之处，而是下意识地认为，员工的做法是在挑战权威。而管理者接下来的做法往往就是坚持自己的观点，因为要"树立权威"。久而久之，团队会失去创新力，在僵化的执行中消磨斗志，丧失战斗力。

避险指南：

深度沟通，耐心陪伴。新型组织结构是网状的，组织变得扁平与多边。这就要求管理者不能停留在层级的权威之上，依靠"肤浅的沟通"去命令员工，而是需要为员工提供更多与"信息"关联的机会与平台。其实员工与管理者不一致的观点或者意见，归根到底是来自双方接收信息的缺失或信息不对称造成的。管理者与员工建立深度的沟通，员工才能客观全面地了解任务，才能使其"做自己情绪的主人"，以积极的态度去对待共识后的工作任务。

避险工具：FIRE（facts、interpretations、reactions、ends，事实、解读、反应、结果）沟通模型。

陷阱三：管理的终点是实现"组织目标"。

如果管理者把实现组织目标作为自己管理工作的终点，很容易出现"不走心"的流程化、制式化的管理模式，从而让身处团队的员工觉得自己仅仅是"领导达成绩效的工具"。以组织目标为终点的管理者，通常关注的是计划、预算、控制、进度、解决问题。管理者的热情与真心既没有替代物，也很难量化，却是团队完成目标和任务的催化剂。

避险指南：

以组织与员工共赢作为管理终点。管理者的管理工作应该始于热爱，合于价值，成于目标，终于成长。管理者首先要做到热爱自己的工作，通过用心对待成员，以成就员工来成就自己，进而实现组织目标达成和员工成长的共赢结果。以员工和组织共赢为终点的管理者，通常关注的是员工的尊严、员工的价值、员工的潜能、员工的激励和发展。

避险工具：人文关怀全览图、个人发展计划。

陷阱四：高效率的团队就是做好团队的时间管理。

面对工作中应接不暇的任务，管理者力求按照重要和紧急程度，将个人工作和成员工作的时间，无间隙排满，以为这样可以最大限度利用好时间，更多地完成工作，产生绩效。

可是时间是一种有限的资源，在恒定的 24 小时内，可以以时间为单位分配任务，决定要在什么时间做什么事情，却很难控制做事情时的状态和产出的效果。

避险指南：

精力管理先于时间管理。相信不少人都有过这样的体会，当精力很旺盛时，可以连续处理好很多事情；但如果精力不济，想把一件事做好都变得困难。因而管理者需要以自己和团队成员的精力、能量为基础分配任务，以此让大家有足够的精力、能量，高效高质地完成要做的事情。

避险工具：任务清单、日程清单、进程清单。

陷阱五：所谓赋能就是使员工具备胜任岗位工作的能力。

不少管理者认为，赋能就是教会员工做事。通过系统的知识培训和岗位技能的反复训练，使员工胜任自己的岗位工作。给员工提供更多的学习机会以及给予必要的指导和建设性意见，帮助他们更快地成长，成为组织需要的人才，就是对"赋能"工作的解读。

避险指南：

赋能，重点在"赋"，要将传统的"管控"转变为"激活"。真正的赋能是让员工产生目标感、支持感、认同感、参与感、获得感，以此激发员工内驱力和高自我效能。赋能是让员工在工作场景中能感受到信任与合作，能安心付出，并愿意为他人作出贡献，在完成团队目标的同时成就更好的自己。

赋能还是通过启发与引导，让员工主动地去提升自己；提供学习和实践的平台，并指导他们如何更为有效地工作。赋能更是重视培训和职业发展通道的设计，协助员工进行职业生涯规划，使得员工有更大的成长空间。

避险工具：成长地图、许愿卡、盖洛普敬业度调查、沟通视窗、头脑风暴会、授权。

总体来说，想要打造高效运行的团队，管理者要强化团队认知升级，提高团队创造力；强化团队文化塑造，提高团队凝聚力；强化沟通信任氛围，提高团队融合力；强化团队激励机制，提高团队战斗力；强化学习型组织创建，提高团队生命力。

敲黑板

杰克·韦尔奇说，"在你成为领导以前，成功只同自己的成长有关。当你成为领导以后，成功都同别人的成长有关。"时代瞬息万变，组织想在变化中得以生存，要学会为员工赋能，关注人的成长，引导员工更好地发挥自己的价值，让组织成为价值型组织。真正的管理者，都在帮助员工成长。

第二节　持续精进，点燃团队希望

部门工作例会上，人力资源经理让招聘岗小乔汇报一下校园招聘工作的进展情况。只听小乔一脸委屈地说道："经理，我上周出差整整一周，马不停蹄地跑了三个好大学，结果呢，招聘说明会三场加一起一共才来了七十多个人。说明会后，收到的简历也才二十几份，我连筛都没敢筛，全都面了一遍。选出六个不错的候选人，还没来得及向您汇报，就已经收到三位候选人的电话，他们说已经准备去同业公司了。我也问了一下原因，大致是说对方的福利待遇比咱们好。您说，咱们公司要名气没名气，待遇还比不上同业。我觉得自己做了充足的准备工作，从会前与校方沟通到面试小组成员分工；从物料准备到入场小礼品配备；从简历收集到签约安排……可以说，能想的全想到了。为了保证效果还拉列了一个流程清单呢，每一项都做了，但得到的却是这个结果。唉，我真的是尽力了……"说着，小乔把校园招聘工作流程清单递到了部门经理面前。

经理接过清单一看，小乔确实对于此次校园招聘工作做了细致准备。他将整个工作分别按照前期筹备、过程执行、后续安排做了如下三份任务清单。

校园招聘工作前期筹备清单见表4-1。

表 4-1　校园招聘工作前期筹备清单

日　期	时　长	完成时间	项　目	任　务	工作内容	物　料
×月	30天	宣讲前1个月	前期准备	确定宣讲会行程、院校、场次、大概时间安排	1. 联系院校招生就业处，了解大四课程情况、学生是否在校、宣讲会申请流程 2. 调查20××年学校大四生源情况，确定目标院校及专业、人数	×××大学大四生源一览表
提前1个月	30天	宣讲前1个月		申请宣讲会时间、地点	在学校官网注册、申请宣讲会时间、确定地点	营业执照副本（盖章版）
提前15天	5天	宣讲前7天		宣传准备	1. 物料修改：20××年校园招聘宣传海报、宣传单张、展架、横幅 2. 物料下单：宣传海报、单张、展架、横幅，根据学校目标专业人数预估	宣传海报、宣传单张、展架、横幅
提前15天		宣讲前7天		请学校就业指导中心协助	工作内容： 1. 在学校张贴企业宣传海报、拉横幅（食堂、公寓、教学楼等） 2. 通知院校辅导员老师发群宣传 3. 将校招计划转发至微信公众号及学校论坛	宣传海报、宣传单张、展架、横幅

日 期	时 长	完成时间	项 目	任 务	工作内容	物 料
提前7天	5天	宣讲前3天	前期准备	宣讲会礼品	签到有奖礼品：便利贴 有奖竞答礼品：U型枕 现场抽奖：一等奖（拍立得），二等奖（移动电源），三等奖（小米音箱）	签到礼品、竞答礼品、抽奖礼品
提前7天	5天	宣讲前3天		宣讲会PPT	宣讲会PPT修改，现场宣讲流程的确认	PPT、暖场音乐、宣传片
提前5天	1天	提前3天		酒店+车票	预订酒店，购买往返车票	招聘小组成员身份证号码
提前3天	1天	宣讲前2天		前期材料准备	1. 现场签到表 2. 应聘登记表 3. 抽奖标签 4. 抽奖软件 5. 翻页笔 6. U盘 7. 回形针 8. 公文夹 9. 签字笔 10. 麦克风/小蜜蜂 11. 电池（翻页笔、麦） 12. 面试评价表	签到表（5份）、登记表（50份）、抽奖标签（0~100）、翻页笔（1个）、U盘（1个）、回形针（1盒）、公文夹（1盒）、签字笔（1盒）、小蜜蜂、电池、面试评价表（5份）
提前1天	1天	宣讲前1天	面试通知及确认	确认到场人员	1. 将邮箱已投递简历录入Excel表格，逐一电话通知，并确认是否到场，优先安排面试 2. 打印确认参会人员名单（优先安排面试）	优先面试名单

校园招聘工作过程执行清单见表4-2。

表4-2　校园招聘工作过程执行清单

日 期	时 长	完成时间	项 目	任 务	工作内容	物 料
提前1个小时	1小时	宣讲前1小时	宣讲会现场	会场布置	招聘小组及校园大使提前至少1小时到达现场（带好所需物品）	/
					准备签到表、基本信息表	签到表、应聘信息表
					用物料进行会场布置（场内外横幅、海报张贴、X展架）	横报、海报张贴、X展架
					会场设备调试（笔记本、投影仪、音响设备、视频资料、PPT、遥控笔）	视频资料、PPT、遥控笔

日 期	时 长	完成时间	项 目	任 务	工作内容	物 料
提前 0.5 小时	0.5 小时	宣讲 前 0.5 小时	宣讲会 现场	学生接待	安排 1 名人员在门口维护秩序，引导陆续到达的学生进行签到，填写应聘者基本信息表，收集简历，发放入场小礼品	签到礼品
				简历分类	按照岗位进行分类	/
				适度控制 现场人流	注意现场秩序维护，尤其人数过多时，要引导学生在会场后排站立，不应堵塞门口	/
提前 15 分钟	/	/		确认开始 时间	正式开始前约 15 分钟，播放暖场音乐	/
宣讲	1 小时	宣讲开始		宣讲	主持人进行宣讲会讲解及答疑，中间穿插抽奖环节	竞答礼品、抽奖礼品
				拍照	1. 招聘小组成员拍摄宣讲会照片 2. 开始后，将大门半闭保持室内安静，嘱咐所有工作人员和学生将手机静音；所有工作人员尽量不要随意走动，保持会场安静	/
面试	2 小时	/		一面	1. 优先已投递简历人员面试，现场投递者按照简历顺序面试 2. 隔壁教室作为面试室，分 2~3 组同时进行（安排门口 3 人待面试，保证不间断），自带简历进场，面试 10 人左右，公布一次面试结果，面试通过者在教室待复试	/
面试	2 小时	/	宣讲会 现场	二面	一对多面试：确认好复试人选，面试完 3 人后，公布一次结果，并发放录取直通卡，加入实习直通群	录取直通车
结束	0.5 小时	/		现场整理	收拾宣传物资，整理现场，摘下横幅，拆下易拉宝等	简历、物料、易拉宝

校园招聘工作后续安排清单见表 4-3。

看完这份工作清单，如果你是人力资源部经理，你会怎么跟小乔沟通呢？是称赞一下小乔认真细致的工作态度，安慰他"别气馁，有付出一定会有收获，下次继续努力"？

还是告诉他"那一定是什么环节出了问题，你要好好找原因，下次不要犯同样的错误"？

表 4-3　校园招聘工作后续安排清单

日　期	时　长	完成时间	项　目	任　务	工作内容	物　料
3 天后	3 天	宣讲 3 天后	后续安排	录入资料	1. 将简历分类：参与面试人数、通过一面人数、通过二面人数、录用人数 2. 录入每个面试人选简历数据	应聘简历、应聘登记表
				确认后续培训及实习	签订三方时间、培训计划、实习安排、实习补贴	/
				电话通知	电话正式通知录用人员，并确认意向、可签订三方协议时间和是否可参加培训计划	
				录用通知书	1. 确定录用通知书模板，约定三方签订时间及入职前获取相关资格证书和毕业证书 2. 发放录用通知书至邮箱	录用通知书
10 天后	5 天	宣讲 10 天后	确认意向	回执	约定时间内回收回执	录用回执

再或者是一眼发现了关键问题在"前期的引流宣传"上，而后直接给他指出来？

如果我们仅仅是语言上的安慰，也许会在一定程度上缓解小乔的情绪，但是这种挫败感会给他的心里泼洒上一大盆冷水，甚至浇灭他对未来工作的热情之火。我们前文提到过，凡是现实情况没有达到预期，就证明这里面出现了问题。可是如果一味地把问题丢给员工，让他们自己去想办法解决，员工的束手无策会让他们觉得自己孤立无援，周遭充斥着"冷漠"，久而久之"无助感"会促使他们脱离团队。但直接将我们的建议和盘托出，也并不是很好。当员工提出了问题，一旦管理者总是立刻给出一个直接的解决方案，员工自己就很难再去动脑，逐渐直接拿答案就变成了一种习惯。与其成为一个能解决任何问题的全能型领导，不如培养一批善于解决问题的员工。如果我们给一些选择或者提示，让员工学会自己去做判断和决定，以培养其独立决策的能力，初衷是好，但实施起来既费时又费力。想要摆脱这种困境，我们就要从根本上解决问题，不是一事一议地引导员工主动思考，而是改变他们的认知，通过构建结构式思维，建立清晰、稳定、有序的思考结构，高效快捷地完成自我问题的解决。

要想让员工改变自己的认知是非常难的，需要"用魔法打败魔法"。这个"超级魔法"就是"解决问题七步法"。

"解决问题七步法"是一种思考和分析问题的结构化方式，通过按照系统结构构建思维，将知识与实践在结合的过程中不断强化，并形成内化的模型，进而影响和改变人。这个思维工具可以帮助我们保持团队成员的创新性，提升成员独立自主解决问题的能力以及多思路解决问题的能力。

我根据多年的实践经验将该工具改造为人人都可用的问题解决工具。这七个步骤分别为：界定问题、分解问题、找出关键问题、明确现状、关键性分析、确定方案、行动计划。

第一步：界定问题。

想要解决问题，首先是清晰地界定问题。顾名思义，界定问题指的是回答"我们到底在解决什么问题""为什么要做""解决什么需求"。在这个过程中，我们要将情绪剥离出来，才能让真正的问题变得清晰。如案例中小乔的表述看似问题出在了"同业公司薪资高""公司知名度小"上，实际甄别之后发现，真正的问题应该界定在"如何招聘到更多合适的员工"这个问题。

第二步：分解问题。

将第一步得到的大问题，进行细化，就能抽丝剥茧找到核心的问题。

▶ 将问题分成几个部分，使问题分成能够解决的几个部分。再将不同部分按轻重缓急区分，将岗位责任制执行到人。

▶ 保证完整地解决问题。将问题的各个部分解决好，即可解决整个问题。所分问题的各个部分各不相同，而且包括了各个方面（即没有重复和遗漏）。

▶ 分解问题的方法有许多，比如逻辑树、流程、分类等。处理角度不同，分解方法就不同。

文中案例可以按照工作流程的宣传阶段、面试阶段、签约阶段去分解，得到"如何让更多学生参加说明会""如何让更多学生知道公司实力""如何打造公司吸引力"三个问题。

第三步：找出关键问题。

识别关键问题，理解本质变化非常关键。如果陷入解决问题的困境中，问题就会层出不穷，导致我们忙于应对问题，而丧失了真正破局的机会。通过进行系统分析，甄别出来"关键问题"，作为主要解决的突破点。同时也可以将多个问题联动起来，辨识哪些可以产生协同效应，一并在过程中解决。通过漏斗分析法，可以知道案例中"如何让更多学生知道并参加说明会"是最关键的问题。而"让更多学生知道公司实力""公司较同业吸引力"都可以在宣传的过程中一并解决。

第四步：明确现状。

确定问题现状的环节，我们需要搞清楚，要解决的问题是怎么发生的？问题发生的背景与原因是什么？要针对问题提出适当的疑问，不断探索深层的问题。对文中的案例进行梳理发现，问题的发生在于：

▶ 学校就业指导中心和院系辅导员精力有限，无法更广泛、更深入地帮公司进行活动宣传。说明会信息的触达率过低。

▶ 用于前期宣传张贴的海报，信息承载过少，学生无从深入了解。

▶ 对学校的筛选上一味求"好"，只看学校名气，没有和公司实际情况相匹配，缺少"没有最好的员工，只有最合适的员工"的匹配性思维。

▶ 宣讲内容没有把薪酬空间展示出来，也没有做同业调查，以挖掘公司优势。

第五步：关键性分析。

有疑问才有解决办法，针对问题进行横向、纵向的思考，确定关键要素。

案例中"说明会信息触达率"是最为关键的要素，问题解决要从这里下手。同时没有去挖掘公司优势，不能在说明会讲述的过程中打动学生是第二个关键。最后，在增加宣讲可信度和拉进学生与公司距离感上也是可以下功夫的。

第六步：确定方案。

在"关键性分析"环节，分析的维度越多就越能提供更多的解决方案。这个环节不但要考虑在关键要素中重要性次序，还要考虑整个关键要素的逻辑链条，找到可以紧密耦合的关系链，以求取得最大收益。在充分排除环境因素之后，从关键要素切入，直击要点，突破瓶颈。

以案例为例，在将关键要素耦合之后，小乔决定通过招募"校园大使"的方式，深入走进学生群体，对招聘信息、公司优势进行充分宣传。同时在目标学校选择上，可以先盘点公司内部员工相关情况，如毕业院校、工作履历等，选最有代表性的人员作为说明会的助力官，在说明会中加入其与学生交流的环节。

第七步：行动计划。

在确定方案后，按照执行逻辑，逐层、完整地拆解出来任务动作及操作要点。明确时间、执行人等相关信息，拉列行动计划。

通过以上分析，小乔找出了问题解决方案及关键动作，在层层拆解后，形成了如下的行动计划。校园招聘宣传阶段行动计划见表4-4。

表4-4　校园招聘宣传阶段行动计划

日　期	时　长	完成时间	项　目	任　务	工作内容	物　料	负责人
×月	30天	×× ××	校园招聘方案	确定总负责人、宣讲会院校、预算、流程等	1. 分析现有团队员工、高管人员的学校、专业数据，进而明确目标院校 2. 招聘整体思路及框架确认 3. 宣传方式及所需物料确认 4. 预算确认	/	乔

日 期	时 长	完成时间	项 目	任 务	工作内容	物 料	负责人
×+1个月	30天	宣讲前1个月	前期准备	确定宣讲会行程、院校、场次、大概时间安排	1. 联系院校招生就业处，了解大四课程情况，是否在校、宣讲会申请流程 2. 联系公司校友了解学校具体情况：大四课程、宣讲会最优时间、是否认识可靠师弟师妹（担任校园大使）、是否认识就业处老师、宣传安排 3. 调查20××年学校大四生源情况，确定目标院校及专业、人数	×××大学大四生源一览表	乔
提前1个月	30天	宣讲前1个月		申请宣讲会时间、地点	在学校官网注册，申请宣讲会时间，确定地点	营业执照副本（盖章版）	乔
提前15天	15天	宣讲前15天		宣讲会学生群	1. 建立宣讲会群 2. 2天左右互动，发宣传文案，提醒发简历至邮箱，修改群名片等	/	乔
提前15天	5天	宣讲前7天		宣传准备	1. 物料修改：对20××年校园招聘宣传海报、宣传单张、展架、横幅、直通卡（学校不同）修改年份、岗位、联系方式、宣讲会群二维码–单张版、宣讲会时间、宣讲会地点等 2. 物料下单：宣传海报、单张、展架、横幅、直通卡，根据学校进行专业人数预估 3. 设计校园招聘宣传文案	宣传海报、宣传单张、展架、横幅、直通卡原稿+成品	乔
提前20天	5天	宣讲前15天	前期准备	校园大使的确认	1. 撰写校园大使招募计划 2. 确定校园大使：通过公司校友介绍寻找应聘的该大学的大四学生，发大学就业群、兼职群寻找 3. 确定校园大使的奖励方案	/	乔
提前15天		宣讲前7天		校园大使工作内容	工作内容 1. 在学校张贴企业宣传海报、拉横幅（食堂、公寓、教学楼等） 2. 针对大四重点院系学生派发宣传单 3. 微信转发就业群、年级群、院群、班群、通知群等 4. 将校招计划转发至微信公众号及学校论坛 5. 各学校小助手再制定因地制宜的宣传方案	宣传海报、宣传单张、展架、横幅；宣传文案	校园大使

日期	时长	完成时间	项目	任务	工作内容	物料	负责人
提前15天	3天	宣讲前15天		校园大使工资机制	按到场参加面试且是大四学生的数量计算服务补贴，以团队为单位发放服务补贴： 1. 人数≤30人，×元/人 2. 人数30<人数≤50人，×元/人 3. 人数50<人数≤80人，×元/人 4. 人数>80人，×元/人	/	乔
				成立工作小组	确定校园大使，让校园大使找2个左右团队成员，成立工作小组，建群，开会，确定工作内容和宣讲会细节	/	乔
提前10天	3天	宣讲前7天	前期准备	校园大使宣传方案	让校园大使根据学校特色制定宣传方案	《×××院校宣传方案》	乔、校园大使
提前7天	3天	宣讲前5天		物料寄往学校	将宣传物料打包寄给学校校园大使	宣传海报、宣传单张、展架、横幅	乔
提前7天	5天	宣讲前3天		宣讲会礼品	签到有奖礼品：便利贴 有奖竞答礼品：U型枕 现场抽奖：一等奖（拍立得），二等奖（移动电源），三等奖（小米音箱），可直接寄到学校校园大使处	签到礼品、竞答礼品、抽奖礼品	乔
提前7天	5天	宣讲前3天		宣讲会PPT	宣讲会PPT修改、现场宣讲流程的确认	PPT、暖场音乐、宣传片	乔
提前5天	1天	提前3天		酒店＋车票	预订酒店，购买往返车票	招聘小组成员身份证号码	乔
提前3天	1天	宣讲前2天	前期准备	前期材料准备	1. 现场签到表 2. 应聘登记表 3. 抽奖标签 4. 抽奖软件 5. 翻页笔 6. U盘 7. 回形针 8. 公文夹 9. 签字笔 10. 麦克风/小蜜蜂 11. 电池（翻页笔、麦克风） 12. 面试评价表	签到表（5份）、登记表（50份）、抽奖标签（0~100）、翻页笔（1个）、U盘1个、回形针（1盒）、公文夹（1盒）、签字笔（1盒）、小蜜蜂、电池、面试评价表（5份）	乔

日 期	时 长	完成时间	项 目	任 务	工作内容	物 料	负责人
提前1天	1天	宣讲前1天	面试通知及确认	确认到场人员	1. 将邮箱已投递简历录入Excel表格，并逐一电话通知，并确认是否到场，优先安排面试 2. 打印确认参会人员名单（优先安排面试）	优先面试名单	乔

校园招聘面试阶段行动计划见表4-5。

表4-5 校园招聘面试阶段行动计划

日 期	时 长	完成时间	项 目	任 务	工作内容	物 料	负责人
提前1个小时	1小时	宣讲前1小时	宣讲会现场	会场布置	招聘小组及校园大使提前至少1小时到达现场（带好所需物品）	/	招聘小组、校园大使
					准备签到表、基本信息表	签到表应聘信息表	乔
					用布置物料进行会场布置（场内外横幅、海报张贴、X展架）	横幅、海报张贴、X展架	招聘小组、校园大使
					会场设备调试（笔记本、投影仪、音响设备、视频资料、PPT、遥控笔）	视频资料、PPT、遥控笔	乔、学校电控室
提前0.5小时	0.5小时	宣讲前0.5小时		学生接待	安排1～2名人员在门口维护秩序，引导陆续到达的学生进行签到，填写应聘者基本信息表，收集简历，确保入场同学扫码关注公司微信并赠送一个入场礼品，并由专人发放	签到礼品	校园大使
				简历分类	按照岗位进行分类	/	校园大使
				适度控制现场人流	注意现场秩序维护，尤其人数过多时，要引导学生在会场后排站立，不应堵塞门口。	/	校园大使
提前15分钟				确认开始时间	正式开始前约15分钟，播放暖场音乐	/	乔

日 期	时 长	完成时间	项 目	任 务	工作内容	物 料	负责人
宣讲	1小时	宣讲开始		宣讲	主持人进行宣讲会讲解及答疑，校友或助力官发言，中间穿插抽奖环节	竞答礼品、抽奖礼品	乔
				拍照	1. 负责拍摄宣讲会照片（校园大使） 2. 开始后，将大门半闭保持室内安静，嘱咐所有工作人员和学生将手机静音；所有工作人员尽量不要随意走动，保持会场安静	/	校园大使
面试	2小时	/		一面	1. 校园大使负责引导：已投递简历人员优先面试，现场投递者按照简历顺序面试 2. 隔壁教室作为面试室，分2~3组同时进行（安排门口3人待面试，保证不间断），自带简历进场，面试10人左右，公布第一次面试结果，面试通过者在教室待复试	/	招聘小组、校园大使
面试	2小时	/	宣讲会现场	二面	一对多面试：确认好复试人选，校园大使安排复试顺序，并安排面试室3人待面试，3个面试官集中面试，面试完3人后，公布一次结果，并发放录取直通卡，加入实习直通群	录取直通卡	招聘小组、校园大使
结束	0.5小时	/		现场整理	收拾宣传物资，整理现场，摘下横幅，拆下易拉宝等	简历、物料、易拉宝	招聘小组、校园大使
				校园大使服务补贴	根据现场参与面试人员核算补贴，发给校园大使负责人	/	乔

校园招聘签约阶段行动计划见表4-6。

表4-6 校园招聘签约阶段行动计划

日 期	时 长	完成时间	项 目	任 务	工作内容	物 料	负责人
3天后	3天	宣讲后3天	后续安排	录入资料	1. 将简历分类：参与面试人数、通过一面人数、通过二面人数、录用人数 2. 录入每个面试人选简历数据	应聘简历、应聘登记表	乔
				确认后续培训及实习	签订三方时间、培训计划、实习安排、实习补贴	/	乔

日 期	时 长	完成时间	项 目	任 务	工作内容	物 料	负责人
3天后	3天	宣讲后3天	后续安排	电话通知	电话正式通知录用人员，并确认意向、可签订三方协议时间、是否可参加培训计划		乔
				录用通知书	1. 确定录用通知书模板，约定三方签订时间及入职前获取相关资格证书和毕业证书 2. 发放录用通知书至邮箱	录用通知书	乔
10天后	5天	宣讲10天后	确认意向	回执	约定时间内回收回执	录用回执	乔
?月	7天	三方下发后7天内	签订协议	签订三方协议	学校下发三方后，待学生填写相关信息寄回公司盖章，约定时间统一收集	三方协议	乔
次年3月	30天	4月前	"实习生"培训	培训实习	确定培训计划、培训行程及现场组织安排	身份证、学生证、三方协议	乔
次年6月	5天	6月中旬	招聘效果	校园招聘效果分析	撰写20××年度校园招聘效果分析报告	/	乔

可以看到，小乔在找到问题解决方案后，不但把校园招聘工作任务的全流程进行了更仔细梳理，同时他还在收尾处增加了"实习安排"和"招聘情况回顾分析"。此刻的他已经开始摩拳擦掌，对下一次的校园招聘工作跃跃欲试。

这个解决问题的思维工具，可以适用于各种团队。文中以招聘为案例，是因为本书以从目标管理到人员赋能，再到复盘升级的工作闭环作为脉络，在人员赋能中讲的是现有团队基础上的"用""育""留"环节，而"选"这个话题未能有契机提及，因而以案例方式"见缝插针"地进行浅表。

敲黑板

员工的责任感是在不断挑战自我，获取独立解决问题的成就感中持续生发出来的。好的管理者抓关键，懂放手，恰当之时给予指点。除了让员工在不断试错前行的过程中学会独立成长，更重要的是让员工建立起"不惧怕问题"的信念，让他们在未来的人生中，心怀希望，去体会相信的力量！

第三节　客观积极，解决团队情绪

"公司关于日常管理的新规要求比之前严格了很多,估计大家会有情绪,干脆就直接发邮件通知团队成员,要求他们按照新规执行就好。"

"小李最近工作状态不太好,数据分析的时候错了好几个地方,这么马虎怎么能做好工作呢?我得找个老员工代我批评提示他一下。"

"新的考核方案,可能对老员工来说比较难接受。老郑是名老员工,还是个刺儿头,正好明天他请假,那我就选明天开部门会进行宣讲。"

"小张上个月整体绩效产出在团队倒数第一,看他天天坐在那里给客户打电话,头都不抬,这么拼就不找他谈话了,不忍心多说他。"

…………

以上种种管理者的内心想法,在某种程度上是可以理解的,因为管理者也渴望被认同、被支持、被员工喜爱,希望通过建立融洽的关系,打造一个温馨和谐的团队氛围。又或者有管理者认为,凡是冲突出现,只有争赢了才能体现权威,为了不在争辩中处于被动,就尽可能减少产生冲突的机会,但是冲突本就无处不在。组织在发展的过程中,部门与部门之间、部门内部的人员之间不论是思想认知还是任务安排,抑或是利益分配都难免带来不少冲突。

虽然这些冲突是我们并不希望看到的,因为它们貌似打破了和谐的氛围,挑战了管理者的权威。但是隐瞒自己意见与真实的想法,甚至不给"异议"以发声的机会而得到的融洽,是一种虚假的融洽。虚假的融洽一旦出现,其危害将是巨大的。团队成员虽然不敢当面表达出不同意见或者没有机会表达异议，但他们可能会在背后进行更激烈讨论，生发出更多质疑，吞噬成员之间的信任，使得大家不愿意再为团队目标去投入热情，这对团队的伤害比任何争吵都大得多。

冲突产生究其根本无外乎利益不均、信息缺失与认知差异。

首先，组织内部成员之间很多冲突都是由于资源分配不均。德国社会学家达伦多夫认为，社会在基本上是一种不均衡权力分配的组合体。支配的角色者与被支配的角色者必然相继组织具有利害关系的利益团体，每一个社会里必然含有各种冲突的因素，因此社会冲突是无可避免的。而各类组织的集合组成了社会，所以组织本身由于管理需要，天然存在冲突因素。

其次，由于组织内部缺少规范流程与机制或内部相互信任程度不高，会造成内部不同业务、职能系统的工作信息不畅通，因沟通了解不充分而产生冲突。最后，由于我们每个人所处的家庭环境、成长经历、工作经历等的不同，形成了不同的认知能力和个体差异，因而会使得对各类事情的发生有自己的认知判断，在处理事情的过程中采用不同的方法。

目标的冲突、行为的冲突、利益的冲突、关系的冲突……既然冲突的发生本身就是难以避免的，我们就不能把冲突视为"洪水猛兽"。冲突可以作为团队成员关系的"晴雨表"。也可以作为成员接收到任务、制度等，其内心潜在执行程度的"显示剂"。这些冲突可以让我们得到非常多的信息，帮助我们快速找到问题背后的关键原因，对解决问题是非常有利的。所以冲突甚至可以视为战略任务落地推进的"加速器"。

管理者需要以一颗客观之心迎接"冲突"，将成员"破坏性情绪"转化成"建设性情绪"，理解每一份情绪背后的意义，去获取消极情绪的积极作用，而不是去尝试"消灭"消极情绪，畏惧冲突，逃避冲突。

要想化解冲突，一方面组织内部需要建立有效的沟通机制，固化一些交流模式，让各项业务的上下游环节，信息通畅紧密联系。另外一方面管理者需要在与团队成员拉通战略目标的基础上，强化文化与价值观的拉通。在战略目标拉通的这个环节，本书也分享了较多的内容，从公司层级战略目标的共识发起，到明确战略的工作主体再由各团队管理者结合自身的业务场景，去进行具体目标的传递。真正使得战略目标不是一个口号或一句话，而是深入到各团队的业务流程、执行任务当中，并与团队成员的个人目标相互耦合，深入每一位成员的毛细血管，成为所有人为之奋斗的期待。在文化、思想、价值观的拉通上，管理者既需要克制不对任何人、任何事轻易做出价值判断，拥有善于发现各类冲突信息背后的合理性的心胸，又要有创新、灵活的思维方式，协同需求与要求，为双向沟通创造良好的、宽松的组织氛围。

想要实现以上目标，需要管理者做好两个动作：换位思考与关键对话。

换位思考，是协同过程中的一个重要原则，让我们尽可能从对方的角度去分析他们的行为和立场，而不单单从自己的角度出发。换位思考也是一个双向同频的过程。我们看一下图 4-2 这张牛奶盒的图片，大多时候因为站位的不同，看到的事物也是不一样的。站在 A 位置的人，看到的是"鲜牛奶""净含量 500 毫升"……而站在 B 位置的人，看到的是"营养配方""贮存条件"……两个不同位置的人看到的都是对同一个事物的描述，每个人的描述都是对的，争论点在于大家只看到了自己所见或者自己想见的那面。

换位思考，不仅是管理者要站到他人的位置上，同样也要让他人看到我们所面对的景象为何。保证大家探讨的内容，时刻都在同一个"频道"，要转换频道也要保证同一时刻一起转换。

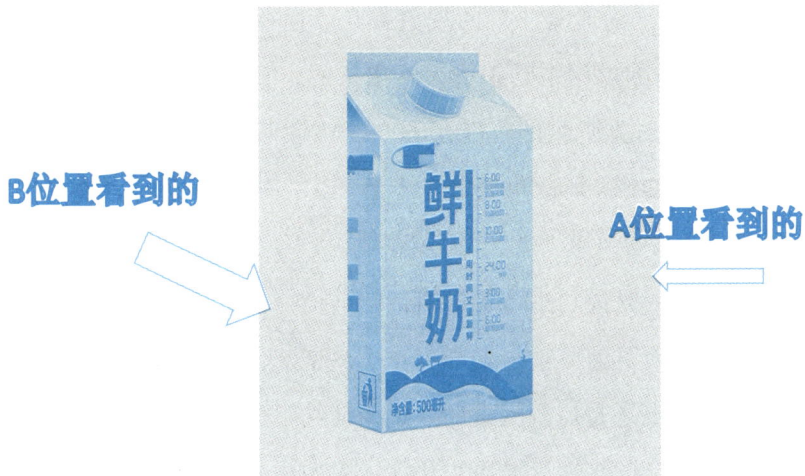

图 4-2　鲜牛奶 A 面和 B 面示例

换位思考是对管理者自身心理建设的要求，要真的做到同频转换就需要通过"关键对话"来实现。其实"冲突"本身就是一种沟通方式，关键对话也是一种沟通方式，两者是匹敌的。要想在沟通本身中"握手言和"，将冲突化解并转化为团队积极的能量，就要遵从沟通的"合作原则"。"合作原则"是著名语言哲学家格莱斯于 1967 年在哈佛大学的演讲中提出的。他认为会话受一定条件的制约。人与人之间的交谈要想成为一连串互相连贯的话，就需要参加交谈的人共同朝向一个目的（或一组目的）相互配合。这个需要共同遵守的原则，就称为"合作原则"。简单来说，合作原则理论分为四点：

第一，数量原则：说出的话应尽可能多包含需要的信息。

第二，质量原则：言语要真实，不要说假话，同时不要说缺乏足够证据的话。

第三，相关原则：话语要切题，切忌文不对题，更不要顾左右而言他，回避重要话题。

第四，方式原则：说话清楚、明了，避免晦涩难懂，尤其避免歧义的产生。

第一个原则看似简单无足轻重，实则是谈话中的首要障碍。因为在沟通过程中有一个"沟通漏斗"的现象存在。简单来说就是，心里所想的是100%，但在沟通的过程中真正能表达出来的，只是所想的80%，而由于干扰因素的存在，对方听到的可能是60%，吸收听懂的只有40%，最终能转化成行为的只有20%。所以重要信息不是"说三遍"，而是可以说"十三遍"，乃至"三十遍"。

"合作原则"是成功进行关键对话的前提，但不是起点。关键对话有效性的起点是管理者的"尊重与真心"和"不辩驳不指责"。要想做到这一点，听着简单，实际上还是比较困难的。因为情绪、偏见、偏差往往是我们的本能，它们会比自己的理性思维更加快速地表现成语言和行为。因为"快思"总想跑在"慢想"之前，为了阻隔这样的本能反应，我们需要一个"慢想"工具，帮助对话双方实现：自我抽离。这个工具就是"FIRE 模型"，它能通过用事实说话，帮助双方同频转化，理性解决冲突矛盾。

事实（fact）、解读（interpretation）、反应 (reaction) 和结果 (end) 四个步骤构成了 FIRE 模型。

其中，事实（fact）是指确实存在发生的事情。在呈现的时候注意做到具体、公正、客观、及时、不带感情色彩。这里特别需要注意的是，就事论事，不要翻旧账。以事实为沟通的第一步是为了避免双方情绪的产生。

解读（interpretation）是指根据前面发生的事件，我们由此得出的对事实进行目的或意义的理解。这些解读是建立在个人的认知上，也许会和事实本身存在差异，但我们需要就"是否存在差异""存在哪些差异"去进行确认。

反应(reaction)是指根据解读表述，对话方会产生相应的情绪反应。注意，情绪的来源往往不是事实本身，而是源自对事实的错误解读。

结果（end）指的是在经历情绪反应后，便知晓了情绪背后所期望产生的某种结果。

简单来说，"F"是事实，聚焦于"你听到 / 看到了什么"。"I"是解读，聚焦于"你如何解读这些事实"。"R"是反应，聚焦于"你有什么情绪感受"。"E"是结果，聚焦于"你需要什么？希望得到什么"。FIRE 不是一个单一的沟通结构，而是可以作为一场完整对话循环使用，具体见表 4-7。在双方沟通的过程中，对于每个沟通的信息，管理者通过秉承四个要素的表达，可以让对方更清晰。同时管理者在倾听提问的过程中，也可以通过四个要素的逻辑架构，澄清谈话人的信息。以此完成信息的充分、话题的同频、理性的沟通，在此过程中，反复磨合、融化冲突。

表 4-7　关键对话 FIRE 模型使用

	环节	管理者表达注意	管理者倾听注意
	事前准备 设定沟通目标 预备可能的争执 数据、案例等的准备		
沟通过程循环往复	F 事实聚焦于"所听 /看到了什么"	具体、公正、客观、及时、不带感情色彩 特别需要注意的是就事论事，不要翻旧账	有效提问，是否能明确、具体地提供实例 积极聆听 及时确认 事实是谈话的基础，它使谈话双方保持冷静，不被负面情绪影响
	I 解读聚焦于"如何解读这些事实"	"是否存在差异" "存在哪些差异"	给发出信息者以充分的时间 开放式态度 先不要下定论 准备聆听与你不同的意见 从对方的角度着想，是否具有平衡、积极、正面与建设性，是否具有判断性
	R 反应聚焦于"有什么情绪感受"	真实反馈	尝试了解真正的含义 确认需要澄清的信息内容
	E 结果聚焦于"需要什么，希望得到什么"	集中于可以改变的行为	引导对方"身份对换"，重新把事情按照管理者的身份去进行新一轮的 FIRE 沟通
	结束	赞美、祝福、肯定、期许	—

敲黑板

一个想做"好好先生"，不敢面对冲突，与员工停留在"肤浅的联络"层面的人，很难成为一个称职的管理者。因为应对不同类别、不同程度的冲突恰恰是增长管理智慧，提升领导魅力的机会。真正的管理者敢于迎接冲突，从"心"开始，以彼此的尊重为基础，以目标为导向不断去化解冲突，取得实现组织目标的最大公约数，以将冲突转为组织发展的推动力。

第四节　员工关怀，凝聚团队力量

曾在网上看到一份调研报告。该报告从新生代员工自由自主的个性特点与现有管理方式之间存在矛盾、个人发展规划、工作状态、培养需求、晋升周期等多个维度，以员工端和企业端对比的方式进行了呈现。

其中有一个非常有趣的调研结果，是关于"离职原因"的。员工端和企业端所分析出的离职原因存在巨大的差异。虽然调研结果显示，无论是员工端还是企业端，"薪资缺乏竞争力"是新生代员工离职的首要原因，但这个因素在企业端的比重高达 62%，处于众多因素中的绝对地位。而该因素在员工端的比重仅为 37%，也就是 1/3。在企业端，新生代员工离职的次要因素是"外部有更好的机会""缺乏晋升机会"及"工作内容本身"，其中"外部更好机会"占比 51%，超过了半数。反观，新生代员工端反馈的离职原因，次之的是"不认同公司发展前景"和"不认同公司文化"，而且分别占比 26% 和 21%，数值逼近首要原因。具体数值如图 4-3 所示。

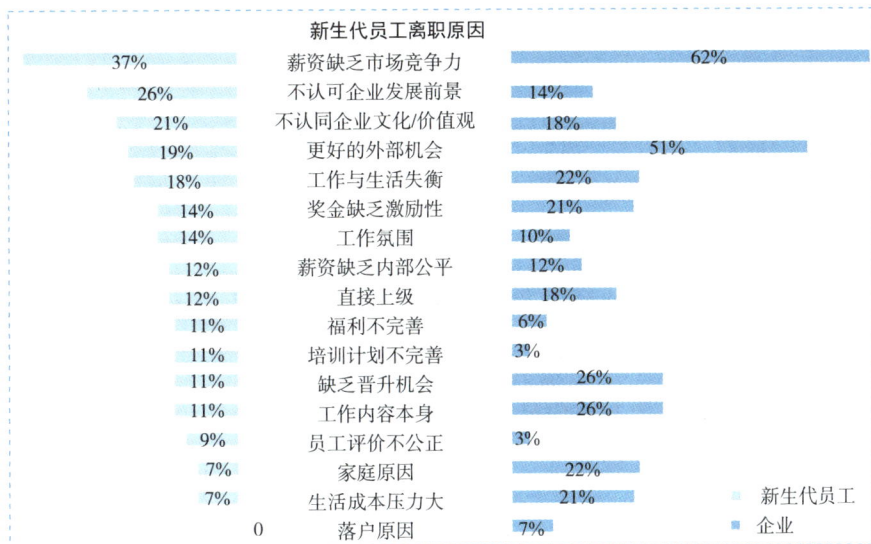

新生代员工离职原因

新生代员工	离职原因	企业
37%	薪资缺乏市场竞争力	62%
26%	不认可企业发展前景	14%
21%	不认同企业文化/价值观	18%
19%	更好的外部机会	51%
18%	工作与生活失衡	22%
14%	奖金缺乏激励性	21%
14%	工作氛围	10%
12%	薪资缺乏内部公平	12%
12%	直接上级	18%
11%	福利不完善	6%
11%	培训计划不完善	3%
11%	缺乏晋升机会	26%
11%	工作内容本身	26%
9%	员工评价不公正	3%
7%	家庭原因	22%
7%	生活成本压力大	21%
0	落户原因	7%

图 4-3　离职原因分析

从上面的调研结果我们不难推断出，企业端把新生代员工的离职过多归咎于"薪酬"和"忠诚"问题。觉得员工离开公司要么是钱不到位，要么是员工"见异思迁"，发现有更好的机会时就"抛弃"公司。而从员工端我们可以发现，他们虽然也看重薪资，但一个组织的愿景、文化、价值观也是他们考量的重要因素。

新生代的员工开启了个体价值崛起的时代，他们向传统组织管理范式提出了挑战，以自己的实际行动告诉管理者"钱不是万能的"。他们需要的是一种新的管理范式，要求管理者创造共享价值的平台，让组织拥有开放的属性，让员工具有创造的热忱。

组织是否具有核心竞争力，关键在于人心向背，这也是许多组织文化所强调的"以人为本"。仅以工作为抓手，满足员工对薪酬的需求是远远不够的，让员工真正心悦诚服地为团队奋斗，要重视员工的归属感和幸福感。管理者需明白在个体价值崛起的时代，要以一颗"友爱"之心，打造一个有温度的团队。

员工关怀需要走心，以"心"换"心"才能收获人心。在实际管理过程中，可以选择的方式很多，比如，在节日给员工家属购买小礼物，附上一封感谢信，或者为员工准备一份给父母的礼物，但是由员工本人亲自书写祝福卡片。家人的支持是很重要的，这样的举措能够促进员工家庭和睦，增强员工对团队的感恩和归属感。再者，根据员工的工龄情况，设计针对不同员工的司龄嘉奖，对于工作满 10 年的，由公司高层领导亲自发出感谢信，这无疑会增强员工的自豪感和稳定性。当然，为员工提供定期的健康管理，提高员工的生活品位和情趣，帮助员工更好地平衡工作和生活，都是能够让员工体会到温暖的方式。

总之，对许多员工而言，归属感给自身带来的快乐大于金钱，归属感不仅能够激发员工的工作积极性，充分调动起他们的工作热情，还有助于增强团队的凝聚力和向心力。有时候管理者多花点心思进行员工关怀，可能会有意想不到的收获。

研究人员在针对 225 项学术研究的系统性分析后发现，对生活满意有助于实现商业上的成功。积极的心态可以：

> 将面对压力时的工作动力提高 23%；

> 将生产力提高 31%；

> 将销售水平提高 37%；

> 将获得晋升的概率提高 40%；

> 将创造力提升到原来的 3 倍。

在外部世界取得成功不一定使人们内心感到幸福，但从一开始就具备积极的心态，可以让人们在工作上同时获得幸福和成功。幸福感和业绩二者形影不离。可以说幸福感孕育了成功。

无独有偶，经济学家也早在 2014 年开展的调查中就发现，幸福感可以将生产力提高12%，缺乏幸福感的劳动者的生产力比普通劳动者低10%。也就是说，如果团队成员感到幸福，成功和团队业绩的提升自然会随之而来，不需要管理者"发号施令"。所以管理者可以通过为员工创造幸福感，提升整个组织的业绩和生产力。

对于组织成员幸福感的打造，我们可以分别从职业关怀、生活关怀、家庭关怀、节日关怀四个维度上根据团队资源、管理者权力，从实际出发去下功夫。

1. 职业关怀维度

（1）试用期关怀

➤ 入职温馨提示（员工需要提前准备的资料、物品、出行交通路线）。

➤ 欢迎会（团队介绍、其他部门介绍、工作场所参观、午餐聚餐）。

➤ 入职培训。

➤ 拜师会。

➤ 茶话会。

➤ 部门沟通会。

更多细节可以包括：

入职第一天

➤ 新员工入职前一天，为其安排好座位，配备办公用品，餐食、住宿等。

➤ 入职第一天协助办理入职手续，带领新员工参观办公区域并引领到座位上。

➤ 部门负责人安排部门欢迎会，中午带领新员工到公司附近就餐。为新员工安排资深"师傅"进行"教、带、帮"工作。

入职1个月

➤ 组织1次入职培训。

➤ 直属领导、帮带师傅至少每周1次和新员工进行沟通交流。

➤ 组织一次新员工茶话会，听取新员工的想法，关注其工作、生活等方面的进展、困难等。

试用期结束前 15 天

▶ 对新员工的表现，包括是否能达到工作要求、接受组织文化、熟悉业务流程等进行反馈。

管理者可以通过入职初期、试用期间的关注与关怀，使新员工尽快融入团队，了解企业文化，进入工作状态。

（2）工作辅导

▶ 绩效面谈。

▶ 职业发展辅导。

▶ 提供培训支持。

▶ 座谈会。

在日常工作中辅导，强化与员工之间沟通，给予员工受重视、被关注的感受。通过绩效面谈，指出员工个人能力及工作尚需提高之处，明确发展方向，激发工作热情。打通职业发展通道，共享能力提升资源，使员工在工作中不断提升、有所收获，加深对团队的归属感。

（3）司龄嘉奖 / 入职纪念

▶ 入职一年。

▶ 入职三年。

▶ 入职五年。

▶ 入职十年。

入职一年，可以在纪念日为员工送上致谢卡和一份纪念礼物；入职三年，征集周围人对其评价连同致谢卡及纪念礼物一起在纪念日送给员工；入职满五年和十年的，可邀请高层领导撰写感谢信，收集周围人对员工的评价祝福，制作成视频加上礼物，在纪念日送给员工。通过司龄纪念日活动，加深员工对团队的归属感，促进价值共建与共享。

（4）离职关怀

➤ 欢送会。

➤ 欢送宴。

➤ 纪念视频。

➤ 纪念礼物。

员工的离开并非缘分的结束，管理者需建立"人才不一定为我所有，但皆可为我所用"的理念，为未来可能的再次合作留下情感伏笔。培养离职员工对团队感恩的心，强化组织的社会品牌。

2. 生活维度关怀

（1）生日关怀

➤ 生日蛋糕。

➤ 生日贺卡。

➤ 短信 / 微信 / 邮件祝福。

➤ 生日假。

（2）健康关怀

➤ 健康体检。

➤ 健身卡。

➤ 运动比赛。

➤ 趣味运动会。

➤ 心理健康。

➤ 日常保健 / 养生。

➤ 春游 / 秋游。

➤ 年会。

可以通过发放卡券、举办讲座、开展比赛等方式，充分利用组织资源，关注员工身体健康和心理健康，为其健身、体检、心理咨询等创造条件。

（3）工作关怀

➤ 下午茶。

➤ 音乐播放。

➤ 办公区域放置冰箱，内放饮品雪糕。

➤ 咖啡／茶包。

➤ 工装。

为员工提供一个温暖和谐、正能量的工作环境，增强员工幸福感。

（4）日常生活

➤ 帮扶津贴。

➤ 法律援助。

➤ 生活情趣（烹饪比赛、茶道、高尔夫练习、马术、花艺等）。

关心员工的个人生活，帮助员工解决实际困难，提高员工的生活品位和情趣，陶冶情操。

3. 家属维度关怀

（1）子女关怀

➤ 儿童节。

➤ 亲子活动。

➤ 希望基金（子女考学祝福红包）。

➤ 宝妈特别休息区（还在哺乳期的女性员工需要私密整洁的空间）。

➤ 教育支持（无论是上学资源信息还是日常兴趣班资源，都可在团队能力范围内帮助员工向更好的或者更省钱处给予支持）。

➤ 加班陪伴区（员工的孩子接送是生活的实际问题，在提高员工工作效率的同时可以设置陪伴室，内置小桌椅及图书玩具，供小朋友等待父母时使用）。

（2）老人关怀

➤ 父母体检。

➤ 节日慰问 / 礼物 / 慰问卡（重阳节、春节、母亲节、父亲节）。

➤ 探亲假。

➤ 成就回馈（将员工获得奖项送至父母家）。

➤ 家属联谊会。

➤ 家属日（参观公司、出游活动、宴会）。

（3）伴侣关怀

➤ 鹊桥会。

➤ 节日助攻（情人节 / 七夕主题餐厅餐券、电影票等礼物）。

➤ 幸福基金（员工结婚祝福红包）。

➤ 纪念假期（员工纪念日 / 领证日提前两小时下班）。

➤ 家庭活动日（聚餐、游戏、烧烤等）。

将关怀对象延伸至员工家庭成员，关注员工的家庭及情感状态，促进家庭和谐融洽，建立员工幸福感。

4. 节日关怀维度

➤ 元旦（新年许愿、团建活动）。

➤ 春节（在岗员工慰问、主题年会、特别员工家属慰问）。

➤ 三八妇女节（主题活动、礼品、观影、男员工送花和门迎）。

➤ 五一劳动节（员工慰问）。

➤ 五四青年节（主题活动）。

➤ 母亲节（员工家属慰问、主题活动）。

➤ 六一儿童节（礼品、主题活动）。

➤ 父亲节（员工家属慰问、主题活动）。

➤ 教师节（兼职讲师表彰会、兼职讲师授勋仪式、主题活动、礼品）。

➤ 国庆节（在岗员工慰问）。

➤ 中秋节（在岗员工慰问、主题联欢会、特别员工家属慰问）。

▶ 重阳节（家属慰问、退休老员工慰问）。

以上是管理者可以对员工表达关爱之心的切入点汇总。这仅是形式的框架，框架里需要盛放管理者的用心。给员工一个平价但是具有特殊意义的东西，远比给他一个昂贵但平庸的物件要有意义得多。比如送员工新年礼物，可以利用契机与热点让大家"拆盲盒"，又或者通过日常观察员工兴趣爱好买瑜伽服、书籍、饰品、跑步腰包……努力打造一个有温度的团队，用心点燃员工的热情。

敲黑板

如果管理者只关注与员工形式上的联系，认为收入、指标、绩效是一种平等交易，而忽略员工对于幸福感的追求，就缺失了与之深层次的连接机会。走心的管理能让员工体会到认同感，激起与团队共同成长进步的热情。当我们与员工之间建立了心与心的连接，必将会凝聚起坚不可摧的巨大力量。

第五节　慷慨给予，助推团队成长

日常管理工作中管理者与员工的感受总是相左。

之所以在团队中，管理者与员工总出现相左的感受，是因为管理者忽略了员工的期望管理。要知道，只有做好员工的期望管理才能真正与其达成心理契约，获得员工对组织的认同，进而激活个体内驱力，实现价值创造。虽然员工与公司签订了劳动合同，达成了约定，但这仅仅是一个经济契约而已，只是关于员工工作内容和报酬的约定。想让员工积极主动投身组织建设与发展，指哪儿打哪儿，全力推进各项工作，则需要管理者促成员工与组织心理契约的签订，也就是员工期望中自我期望与组织期望相一致。

图 4-4 是管理者与员工的迷思，能把二者的信息不对等展示出来。

管理者的迷思	员工的迷思
· 为什么员工总是犯同样的错误？ · 为什么员工一年以来没有做出亮眼的成绩？ · 为什么员工能力提升速度这么慢？ · 为什么员工平时都好好的，突然提出离职？ · ……	· 为什么领导老是揪着一个问题反复说？ · 为什么年底给我的评价不如我的预期？ · 为什么我工作这么久领导还不给我升职加薪？ · 为什么等我都在外面找好了工作提出离职之后领导才关心我，说本来给我规划了一个好的发展前景？ · ……

图 4-4　管理者与员工的迷思

某全球知名综合性人力资源服务机构曾对"员工流失十大原因"做过专题报告。他们研究发现，学习机会和员工的敬业度密切相关，且有近75%的人被提升的机会所驱动，如果组织内部无法获得这些机会，员工便会去别处寻找。所以管理者若还是应用以往管理模式，习惯性地要求个体为组织付出，那么屈从带来的僵化是无法创造出组织的高绩效的。随着外部环境的变化，管理者要从关注组织目标的实现，提升到兼顾组织当中人的利益，关注员工的长期效能。管理者要以一颗"给予"之心，帮助员工找到合适的岗位，谋定生存发展的路径，并以实时反馈及调整，帮助员工取得绩效并共同发展。

在"给予"之心的注入下，管理者还需要借助"IDP"的力量，才能为团队成员勾勒组织愿景，让员工在组织发展的过程中发挥自己的特长，看到优秀的事物，不断进化个人的认知，激发核心人才的技能和创造力，进而驱动业务目标的完成。

IDP（individual development plan 的缩写），即个人发展计划。听起来感觉和"职业生涯规划"类似，但两者既有相关性又有差异性。职业生涯规划是对职业生涯乃至人生进行持续、系统计划的过程。是在对员工个体的主客观条件进行测定、分析、总结的基础上，确定个人最佳的职业奋斗目标，并为实现这个目标做出一系列行之有效的安排。一个完整的职业规划由职业定位、目标设定和通道设计三个要素构成。员工的职业生涯规划可由员工自己主导设计并实施。IDP 则是实现长远、宏大的职业目标的路径计划，一般贯穿全年，每年的计划也大都只集中 2～3 项重点进行发展。虽然职业生涯规划和 IDP 个人发展计划的实施主体都是员工本人，但是 IDP 的制订和实施离不开组织的支持，它是结合组织发展需要和个人意愿，为提高员工能力或绩效，而制订的系统发展计划。

现在已经有越来越多的组织开始重视 IDP 在员工期望管理中的作用，但"实施推进"和"产生效果"之间，管理者需要攻克三大障碍。

第一大障碍：IDP 的主导实施是人力资源部的事。

IDP 能真正发挥作用和价值的关键之一在于，只有管理者才有可能将员工能力发展与其工作本身建立起联系，同时根据目标与现状之间的差距，帮助员工分析工作绩效原因、调整工作安排、设置挑战任务、教练业务技能，由此把指导职业规划、明确发展目标、支持个人发展、评估发展成效构建成一个完整的闭环。如果 IDP 由人力资源部作为主导，因为不能深入了解员工的情况，实时把脉员工能力发展进程，无法实施真正的有效干预，更不可能营造出教练式的氛围，帮助员工实现能力提升和绩效改进。看似什么环节、什么流程都完备，但无法发现员工真正的问题，解决问题就无从谈起。如果管理者想提升员工的敬业度，激发业务增长，让组织在招聘困难的环境中脱颖而出，就需要肩负起 IDP 的主导工作，而不是以协助配合的姿态"帮助"人力资源部门完成员工相关表格的填写与谈话。

第二大障碍：IDP 的制订完全从组织目标出发，缺乏与员工个人目标的联动性。

在员工培养项目中，管理者找到组织中的明星人才，对之进行精细化培养，通过对核心能力的打造，进而驱动业务目标的完成，这也确实是实施 IDP 的初衷。但很多组织把服务战略发展的人才需求标准作为员工个人发展计划的模板，让员工按照模板中的胜任力标准去进行自我塑造与自我成长。这样就失去了 IDP 的核心要件——员工本人的兴趣、特长、潜力及发展目标。只有具备个性化、差异化的个人发展计划才可称为 IDP。

第三大障碍：IDP 的实施过程与工作任务割裂，更多以培训方式进行人才培养。

IDP 可以看作是一个工作能力提升的系统计划，它由两部分组成，一部分是学习计划，还有一部分是工作计划。制订 IDP 时，需要遵循 70/20/10 原则框架，多渠道、多元化进行开展。70% 在与目标相匹配的工作中积累经验，如安排轮岗、制定工作任务、参与重大项目等；20% 在与主管领导、同行、客户或行业专家的交流中获取知识与智慧；而正式课堂学习最多只有 10% 的安排。这也正是为什么各式各样的培训项目往往被视为花拳绣腿，想要真正提升员工能力，关键在于员工的实践与实际工作任务的挑战。员工只有在新的挑战任务中才能实现快速成长，进而将优势转化为组织需要的能力。

如果整个大组织的人力资源部门发起了 IDP 项目工作，那么管理者只需要转换角色将自己作为项目的主导实施人去开展员工期望管理工作。如果所处的大组织没有相关工作安排，管理者可以通过五个简单动作自行开展 IDP 工作，轻松实现"简化不减效"。

动作一：面谈热身，充分准备。

这是 IDP 的导入环节，管理者需要事先向员工说明 IDP 的重要性，表达出自己希望能帮助员工在组织发展的过程中助力其个人成长的初衷。在正式进行"自我认知"共识之前，管理者可以先将"自我认知检视表"（可参照表 4-8 示例）给员工，请其认真填写。在收到反馈表之后，管理者需要全面了解员工呈现的信息内容，再开始真正的面谈沟通，并提前就谈话内容进行准备。

表4-8 自我认知检视表

自我认知检视表						
基本信息						
姓名		部门		岗位		出生年月	
入司时间		兴趣		特长		填表时间	
工作经历						
职业素养						
综合能力素质						
业绩贡献						
渴望发展	升职发展、技能发展、跨职能发展、横向发展、兴趣发展、丰富能力发展方面思考					

发展潜能评估（以下仅为举例）				
潜力级别	沟通/协调能力	规划/思维能力	组织/领导能力	学习/创新能力
潜力一般	有与人沟通的意愿，基本能表述清楚	思考问题时条理清晰，并能把握轻重缓急，排列优先次序	有临时项目的领导经验，基本得到认可	学习能力基本满足岗位知识和技能更新的需要；偶尔用新理念或方法，并对工作有一定的积极作用
潜力良好	有良好的沟通技能，能考虑对方特点，进行有针对性的说服和解释	能从整体角度来考虑局部/近期工作，以推动达成工作目标	有一定的组织领导经验，曾带领团队顺利完成工作	能学以致用，经常用新理念或方法，对本职工作起到明显改善作用
潜力突出	具备极佳的沟通能力，有很强感召力，能取得充分的支持和协助	能看到未来的发展趋势，并能分析关键要点以推动达成工作目标	有较多的领导经验，能组织带领团队完成复杂任务	能将学习到的新知识和技术在实际工作中创造重大价值，总能在实际工作中运用新理念或方法，给所在组织/团队创造重大价值
评价	潜力良好	潜力突出	潜力良好	潜力突出

动作二：达成"自我认知"共识，确定发展目标。

启动正式面谈，通过双方坦诚沟通，对员工的"自我认知"达成共识，在此环节可以减少员工的认知偏差，提高其参与度。在员工渴望的"升职发展、技能发展、跨职能发展、横向发展、兴趣发展、丰富能力发展"六个维度中寻找结合点使之与组织业务发展的需求一致，明确员工发展目标，激发动力，去追寻下一个更好的自己。

动作三：明确关键差距，聚焦挑战要项。

在了解员工发展目标之后，与员工根据组织的实际需求，探讨现状与目标的关键性差距，而后将可能弥补差距的能力项进行拉列，选出优先要解决的 2 ~ 3 个要项。特别注意：一般在一年里 IDP 计划只会集中解决 2 ~ 3 个要项，这样反而可以集中资源寻求到真正的突破，如果解决要项设立过多，那么就会出现"面面俱到即面面不到"的尴尬。

动作四：共识计划书，确定资源支持。

员工根据"自我共识"的面谈成果，先自行设计个人的发展计划书（可参考表4-9），而后管理者在此基础上给予指导，探索更多可能性，结合支持资源，确定最终计划。

表 4-9　个人发展计划书

个人发展计划书					
姓名		岗位		发展目标		直线领导 / 指导人	
职业发展目标：					
一、个人能力分析					
职业优势		待发展项			
1. 工作目标导向感强，富有责任心、具有很好的执行力 2. 亲和力强、有较好的人际相处能力		各部门工作沟通及协调，沉稳度及抗压能力			
二、技能发展重点					
1. 工作规划能力 2. 高效沟通及资源协调能力 3. 抗压能力					
三、发展计划（请参照培养计划书培养方式介绍，针对技能发展重点，制订发展计划）					
1. 培训计划					
课程名称	计划开始日期	计划完成时间	效果评价		
项目管理	20× ×/7/1	20× ×/9/1	有效进行 × × 项目运作实践		

2.其他发展计划（培养方式包括辅导人指导、轮岗锻炼、项目锻炼、挑战性任务、扩大职责范围、推荐阅读等）

培养方式	主题	目的	地点	计划开始时间	完成时间	效果评价
挑战性任务	搭建运营体系	××××	××××	20××/4/1	20××/6/1	运作平稳……
项目锻炼	大型促销活动承办	××××	××××	20××/10/1	20××/10/1	促销活动有效完成，实现目标利润
四、计划审核意见						
计划制订人				日期		
指导人				日期		

动作五：承诺行动，定期指导。

可以用小小的"签约仪式"作为员工的行动承诺。管理者需要帮助员工从经验中学习、与他人互动或通过正规培训等多元方式，尤其是在实际工作安排及挑战任务的设立上，支持其 IDP 的执行，并定期（一般是 3 个月）进行绩效反馈，指导改进。

敲黑板

IDP 的制订和实施离不开组织的支持，但它并不是要帮助组织打造万能选手，而是基于员工自身的优势或潜质、结合组织发展需要，引导他们选择最适合自己的发展方向。IDP 是一个结合员工职业发展意向和组织需求的双向沟通的过程，是一个融周期持续性、职业发展地图、个人意愿主导、资源支持等多要素的结合体。

第五章

四类清单，铸就高效执行力

时间是一种有限的资源，在恒定的 24 小时内，我们可以以时间为单位分配任务，却很难控制做事情时的状态和产出效果。任何时间管理方法或精力管理方法其核心都是聚焦如何实现时间投产比的最大化。所以精力管理先于时间管理。

管理者的精力管理先于员工的精力管理。如果管理者不采取正确的方式、运用恰当的工具，创造精力资源，就会使得员工疲惫不堪并形成恶性循环……管理者需要以结构化的思维进行系统梳理，以结构化管理模式，通过程序化、流程化、标准化使团队内部形成统一的规范，辅以结构化沟通技巧，让员工与公司朝向一致目标，全员集中精力，高效行动，完整落地，才有望达成组织目标。

第一节　精力管理：让团队不焦虑不疲惫

不知道你有没有过这样经历，自己明明在临睡前把明天要做的工作进行了细致的计划安排。结果，第二天上午好不容易搞定了一位客户对员工的投诉之后，自己便觉得身心俱疲，再没有精力去做别的事情了，任由前晚的计划静静地躺在工作簿上……

为了爬出混乱的事务泥潭，大家都变着花样用各种时间管理方法去试图掌控自己的生活和工作。可时间久了我们便会发现，事情只是在一定程度上得到了改观，更多的时候我们想做的事情根本做不完，甚至做不好，整日被焦虑、忙乱、疲惫填充得满满当当，毫无成就感和掌控感可言。其实除了时间管理外，我们更应该学会精力管理。精力就像是人体的"电池"，它是我们完成任务必需的能量。那什么是能量？心理学家托尼·施瓦茨认为："对于人类来说，能量主要来自四个源泉——身体、情绪、思想和精神。"精力管理也可称为能量管理，这是一套快速让人体恢复"电量"的方法。

我们每个人的每一天都有一个能量电池，晚上休息就是在给能量电池充电，如果没有良好的休息，第二天的能量自然是不满的。但是我们在保证电量充足的情况之下，每一次的思考，每一项任务的完成都会消耗我们的能量，区别在于消耗多与少。刚才提到的较难处理的客户投诉问题，就会大量消耗我们的能量，于是我们再去做别的事情时，就会觉得心有余而力不足。所谓精力管理就是在"提高电池带电时长"与"优化电池使用效率"上下功夫。

"提高带电时长"就是绝不在不必要的事情上消耗精力。那些影响着我们，而我们无法对事物本身进行改变的"关注圈"，绝对不要在里面投放一丝一毫的精力；可以影响走向，但无法掌控的"影响圈"，要适当投放"电量"；要把精力更多地放在我们可以掌控的"控制圈"。做好情绪管理是节省"电量"的关键操作，当我们可以很好地控制情绪的时候，就将"电量"的无效损耗降至了最低。具体如图 5-1 所示前文讲到的例如 ABC 方程式和 FIRE 沟通模型这一类的"模型"化思考与沟通都能够管理情绪，节省精力。

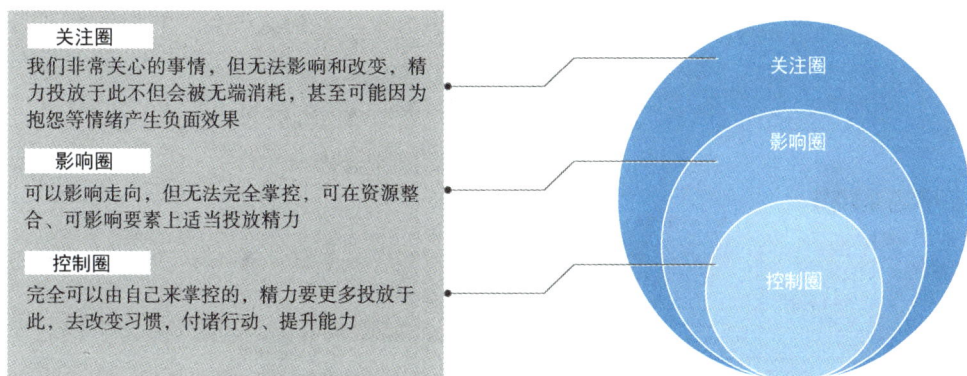

关注圈
我们非常关心的事情，但无法影响和改变，精力投放于此不但会被无端消耗，甚至可能因为抱怨等情绪产生负面效果

影响圈
可以影响走向，但无法完全掌控，可在资源整合、可影响要素上适当投放精力

控制圈
完全可以由自己来掌控的，精力要更多投放于此，去改变习惯，付诸行动、提升能力

图 5-1　人生的三个"圈"

查理·芒格说过："要想成为一个有智慧的人，必须拥有多个模型。模型是对现象世界的高度抽象和表达，模型可以用于描述、预测、干预，甚至控制。"所以管理者应该在日常工作中学会用模型思考，善用模型沟通。除了经典的思维模型与沟通模型，管理者还可以根据经验及实际情况自行总结、归纳，凝练出属于自己的"模型"。以营销岗位的招聘面试为例，如果你是营销团队的管理者，你会花多长时间，与应聘者沟通哪些问题？

曾经有位管理者向我求助，希望我能帮忙面试一位候选人，原因是他与面试者聊了两个多小时，聊得很开心也很投缘，但对于适不适合岗位工作，管理者无法给出明确结论。也许这个例子较为极端，但也可以看出，如果没有沟通结构作为支持的话，很多时间和精力都是白白损耗。营销岗位面试也可以进行模型化，用两层构建：行为习惯层包括过往业绩、过往行为；核心竞争力层包括圈层力（也就是社交能力）、内驱力等。为了剖析候选人目前所具备的实力，我们主要剖析三个层面：离职原因、营销经历、薪酬构成。具体操作可参照图 5-2 结构面试法。

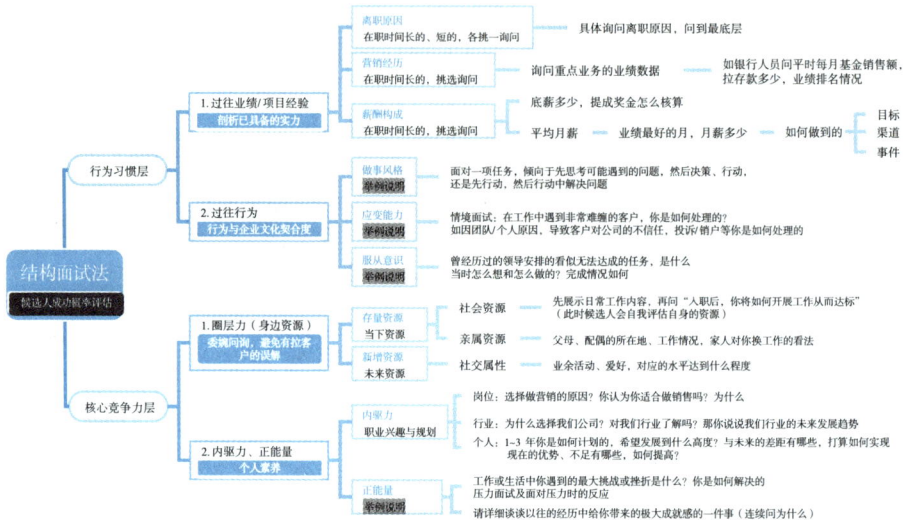

图 5-2　结构面试法

如果能按照上面的沟通结构进行营销岗位面试，面试人不出二三十分钟就可以对应聘者是否适合岗位工作，得出准确的判断。

"优化电池使用效率"是指通过科学的方法提升做事的能力和状态，使得低能耗完成任务。想达到低能耗状态就需要将时间、行为习惯化，将技能、任务自动化。心理学家托尼·施瓦茨认为："通过形成特定的习惯，让以上每个源泉都能为人类系统地增加并定时补充能量。所谓特定的习惯，就是有意识地按照严格的时间表进行日常活动，并尽快使它们转变为无意识的、自动自觉的行为。"我们的每一天，都是由千千万万的"决定"组成的，大到工作决策，小到吃饭睡觉。每一个决定都会或多或少消耗能量，当我们把行为或时间固化成习惯的时候，就节约了相当多的电量。对管理者来说，最大的痛苦可能是时间不够用。本来打算去拜访客户，结果有员工要跟我们来面谈绩效，计划全被打乱了，这种现象频频发生，却是非常容易规避的。如果我们提前制定好自己的时间表，计划周一和周三陪同员工去拜访大客户，所有要进行的绩效面谈均安排在周五。这样一来，管理者自己的计划能够稳步进行，而其他所有的成员也都会逐步根据管理者的时间表来进行"填空"。

对于员工管理而言，以营销团队为例，我们可以将营销活动按照时间维度制作年历表，见表5-1。既是给员工的工作建议，便于更早更好地充分准备，保证活动效果，同时也是对营销习惯的行为养成，极大节省了团队能量的使用。

表 5-1　营销活动年历表

营销活动年历表		
月　份	节日及重大事件	营销活动组织
1 月	元旦（1月1日）	小型跨年（以互动式游戏为主）
	腊八节、除夕、春节	送"福"送对联、送年历、原创祝福
	元宵节	小区组织包元宵、猜灯谜
	寒假	寒假亲子活动、压岁钱规划大赛
2 月	"情人节"（2月14日）	答题赠送玫瑰花、巧克力
	新学期开学	"收心"益智竞赛（中高龄学生）
3 月	妇女节（3月8日）	小区派花、插花等
	植树节（3月12日）	组织公益植树
4 月	清明节	包青团、免费送水
5 月	国际劳动节（5月1日）	组织VIP客户一日游
	青年节（5月4日）	骑行、竞走等健身活动
	国际家庭日	以家庭之爱为主题开展家庭游戏（类）活动
	母亲节（5月第二个星期日）	健康体检
	端午节	小区组织包粽子
6 月	国际儿童节（6月1日）	小型游园会
	父亲节（六月第三个星期日）	健康体检
	中考／高考	考点附近摆摊、送水、送伞

营销活动年历表		
月　份	节日及重大事件	营销活动组织
7 月	建党日（7 月 1 日）	参观历史博物馆、观影等
	七夕	赠送玫瑰花、巧克力
	暑假开始	暑期特训营
8 月	八一建军节（8 月 1 日）	国防、军事专题知识竞猜
	国际青年日（8 月 12 日）	骑行、竞走等健身类活动
9 月	教师节（9 月 10 日）	为教师客户组织插花、茶艺、手工制贺卡等活动
	中秋节	赏月、茶话会
	重阳节	登高采菊
	新学期开学	研学活动
10 月	国庆节（10 月 1 日）	组织 VIP 客户一日游

而对于新的技能或任务来说，我们需要使之达到自动化输出的状态。这种状态的形成与大脑的工作方式有关。储存我们工作（或短期）记忆的前额皮质是非常忙的，它忙于搞清楚任务是如何完成的。但是一旦我们熟练了，我们的前额皮质就会得到休息。事实上，这能够释放 90% 的能量。一旦实现了这一点，我们就可以自动地执行某个技能，进而让我们的意识集中在其他事情上。这种水平的表现被称为自动性，达到这个水平取决于心理学家所说的过度学习或过度训练。也就是说我们实现精力管理的重要任务之一就是让一项技能或任务实现自动化输出。

对于技能可以用实际场景的模拟强化训练来实现自动化输出。例如营销团队可以把客户开发或产品销售环节关键沟通方法萃取归纳，实景化再现，以角色扮演的方式反复演练。当员工在与客户沟通中遇到类似问题的时候，就可以实现训练成果的自动化输出，轻松解决客户问题。

而对于任务则可以借助"清单工作法"，通过累积"输入"，实现成果化"输出"。

当然"清单工作法"对于技能自动化输出也有非常大的效果。后文将会用更为具体的案例进行详细阐述。

总体来说，要想做好精力管理，就需要管控情绪，杜绝在不必要的事情上消耗精力，以模型化的思考方式和沟通方式减少精力损耗，"提高电池带电时长"。同时将时间和行为习惯化，将技能和任务自动化，通过提高效率，改善释放效能的方式，"优化电池使用效率"。

敲黑板

精力管理先于时间管理。管理者的精力管理先于员工的精力管理。如果管理者不采取正确的方式，运用恰当的工具，努力提高团队成员的精力水平，创造精力资源，就会使得员工精力无效消耗，注意力下降，疲惫不堪并形成恶性循环……管理者需要以结构化的思维进行系统梳理，以结构化管理模式，通过程序化、流程化、标准化使团队内部形成统一的规范，辅以结构化沟通技巧，让员工与我们朝向一致目标，全员集中精力，高效行动，完整落地，不折不扣地实施，才有望达成组织目标。

第二节　任务清单：让员工听话变简单

"小赵，欢迎你加入我们团队。你刚刚入职，先从熟悉环境和业务开始吧。要多学多问，先把专业知识和基本技能搞懂。同时尽快跟同事打成一片，有什么不清楚的及时向其他同事请教。当然有什么事也可以找我，我办公室的大门随时向你敞开……"

"小李，下周末咱们部门搞季度表彰会，这次很隆重，不但内容丰富，还特别请到公司领导过来给大家鼓劲儿，所以我们要把这次活动做一个完整的记录。一方面是我们团队的剪影留念，另外一方面我们也可以发发朋友圈让客户感受一下咱们积极向上的状态、丰富多彩的文化，说不定还能吸引新伙伴的加入呢！所以你要好好地把过程记录下来，到时做成一个回顾小视频……"

"欢迎新员工并安排入职任务"又或者"给团队成员安排一项较日常的工作"，都是管理者常态化的工作内容。当我们如上述案例去布置工作的时候，结果往往都很未知，因为跟实际执行人对任务的理解、内在的态度、做事的风格和相关的能力有着很大的关系。当我们验收工作成果的时候，如果问到新员工业务工作要点，对方不知道或者其本人性格内向没有主动去联络同事时，往往会被管理者贴上"不听话"的标签。如果我们收到活动回顾视频后，发现画面质量差，关键活动画面缺失，整体框架逻辑混乱，那么是不是又会给这位员工贴上"能力差"的标签呢？

让我们看一看，要是换个思路重新安排以上两项常态化工作又会得到怎样的结果。

关于欢迎新员工入职并安排近期工作任务

"小赵，欢迎你加入我们团队。你刚刚入职，为了能更快熟悉环境开展业务工作，你要在三个月内完成九个任务。任务清单和配套资料给你，有不清楚的可以向同事请教。我很期待你拿着十二个项目的打卡清单，去找我兑换神秘礼品哦……"

▷ 任务一：请在入职一周内，熟记公司企业文化及规章制度（提供相关制度文件）。

▷ 任务二：请在入职一周内，熟知公司组织架构及职能部门职责。

▷ 任务三：请在入职一周内，熟悉使用公司办公系统。

▷ 任务四：请在入职三周内，熟知公司各项业务范围。

▷ 任务五：请在入职一个月内，完成人力资源部门安排的学习课程。

▷ 任务六：请在入职一个月内，完成 × 次客户拜访。

▷ 任务七：请在入职一个月内，完成 × 个潜在客户的名单梳理。

▶ 任务八：请在入职一个月内，完成表 5-2 所列十二个项目的打卡。

表 5-2　新同事打卡清单

作为新同事，你必须打卡的 12 个项目			
序　号	项　目	完成情况	打卡盖章
1	结识一位客户服务部同事	同事姓名	
2	结识一位营销管理部同事	同事姓名	
3	结识一位人力资源部同事	同事姓名	
4	结识一位财务部同事	同事姓名	
5	结识一位行政部同事	同事姓名	
6	结识一位市场部同事	同事姓名	
7	添加所属部门所有同事的微信	完成时间	
8	参加一次同事聚餐	完成时间	
9	与同事参加一次团队活动	完成时间	
10	与部门所有同事进行一次经验获取的交流	完成时间	
11	了解部门同事的一项爱好	爱好	
12	向部门主管反馈一次部门管理或公司运营的合理化建议	主管签名	
备注：请在每一项完成后填写完成情况，并到直属领导处盖章获取积分，全部完成后可到部门负责人处兑换一份神秘礼物			

▶ 任务九：请分别在入职的第一周、第五周、第九周，持面谈表（见表 5-3）找部门负责人进行沟通。

表 5-3　新员工三次面谈表

被面谈人	姓名：	面谈时间	第一次：
	岗位：		第二次：
	入职时间：		第三次：
首次面谈内容（第一个月的第一周）			
面谈人对被面谈人的期许（三个月）		面谈人与被面谈人达成的任务绩效共识（第一个月）	

二次面谈内容（第二个月的第一周）	
被面谈人的优劣势	面谈人与被面谈人达成的任务绩效共识（第二个月）

三次面谈内容（第三个月的第一周）	
被面谈人的劣势改进情况	面谈人与被面谈人达成的任务绩效共识（第三个月）
被面谈人签名：	面谈主管签名：

　　看完这个任务布置，我们会发现"熟悉环境和业务、先把专业知识和基本技能搞懂"是具体的七项工作任务。"尽快跟同事打成一片"是如游戏般的十二个项目打卡，比如结识每个部门的一名同事，是为了新员工开展工作时便于向相关部门求助或咨询。而部门聚餐、同事爱好则是无论新人性格是否外向，都可带着"任务"和"话题"去自然而然地走近团队每一个人。"当然有什么事也可以找我，我办公室的大门随时向你敞开"一般都是管理者向新员工表达热忱态度的常用话语。

　　但在实际工作中，新员工大都选择不去"麻烦领导"，而管理者本身也是事务繁忙，很难时时关注新员工状态，了解其学习及工作进展。新员工的三次面谈交流的任务，结构化地呈现了每次谈话的要点，也可以让新员工提前自我关注和总结入职三个月内自己的状态。

　　通过"任务"的方式，让新员工主动去找管理者，既可以节省管理者的精力投入，又可以及时关怀员工成长，还可以聚焦新员工的精力投入方向。通过新员工的任务清单，把抽象、模糊、笼统、大而化之、似是而非的要求变得非常明确且具体，有效防止抽象化和模糊化带来的人际理解偏差和解释偏差，让员工"听话"就变得简单了。

关于给员工安排一项较日常的工作

对于较日常的工作，尤其是常态化的工作，管理者需要责成相关人员进行沉淀和总结，把工作思路、工作技巧都以直接切中核心问题和问题要害，以最易于理解的方式把关键点呈现出来。例如活动回顾视频，无论是在文化建设，还是客户服务，再或者是品牌宣传方面都已经成为"必须性"要素。如果我们花一定时间将视频、摄影工作进行如下梳理，拉列成任务清单，则既能保证工作效果，也可以大大节省员工精力。

1. 框架设计

▶ 人物照片

记录活动中的重要人物，例如领导、发言人、主持人、员工、工作人员等人的照片。

▶ 物品照片

记录活动现场的物品，例如聘书、奖品、奖杯、桌面上放置的桌旗、彩旗等。

▶ 重要环节

记录活动的重要环节，例如会前筹备、热身游戏、提问与回答问题、小组展示、颁奖、发放纪念品、宣誓、授旗、喊口号等。除了拍照之外，还需注意可同时以小视频形式记录。

▶ 排布逻辑

一般按照活动开展的环节顺序排布，例如：领导发言—主持人—发言人—其他重要环节（筹备、互动等，参考上述重要环节）—小视频—大合照。

▶ 注意：领导讲话可放在活动记录环节的最前面；中间可适当穿插工作人员筹备照。

2. 正式剪辑七步走

（1）导入素材：所有图片、视频先按合理逻辑顺序导入，避免后期作不必要的调整。

> 注意：导入时请勾选"高清画质"。

（2）调整背景色：在配合会议风格的前提下选择合适的颜色，如公司标识颜色色系、莫兰迪色系、米白等高级且舒服的颜色。

（3）添加文字与logo：文字内容可选择活动的主办单位、口号、主题等；logo请选择与背景色匹配的logo样式。

> 注意：标语、口号需在"文字"中调整；标识需在"画中画"中调整；调整好以上元素长度，确保视频中的每一帧出现。

（4）调整素材大小：以文字和logo作为定位标准去调整素材的画面大小。

（5）添加动画和特效：在动画及转场特效中设置，同样需要注意元素的时长。

（6）调整所有元素的长度：做已有元素的长度调整，除了文字、logo、动画等的时长需控制，还需依据照片数量来决定每张照片定格的时间长度。

（7）插入音频：选择激昂、有活力的活动音乐，注意添加音乐淡入淡出效果。

3.注意事项

> 画质注意事项：插入素材时切记要选择高清画质；视频导出时一定要选择1 080P；为了保证视频的流畅度可以选择60频率。

> 发布注意事项：测试文件格式是否可以发朋友圈；超过15秒的视频，可以通过微视发布；将小视频发送到微信群时，请不要直接通过手机发布，需要通过电脑发布原视频才能较高清地展现。需要注意音频的时间长度；如有小视频插入，注意将小视频音量拉满，适当将背景音乐调小。

只是让员工埋头干活是远远不够的，大家整天面对和处理的事情非常多，甚至还有各种紧急状况，就像陀螺一样。而任务清单可以在千头万绪的工作中，把各种问题、各个关键环节梳理清楚，让人一目了然、心中有数，保证了必备技能及良好成果的"自动化输出"。

任务清单的制作非常简单，根据任务目的倒推出可能的工作任务项，然后对任务项进行分类及筛选，圈定关键任务。如果是具体的工作任务，便将选定的工作任务拆解成工作流程、常见问题、支持任务所需要的知识、支持任务所需要的技能。具体如图 5-3 所示。

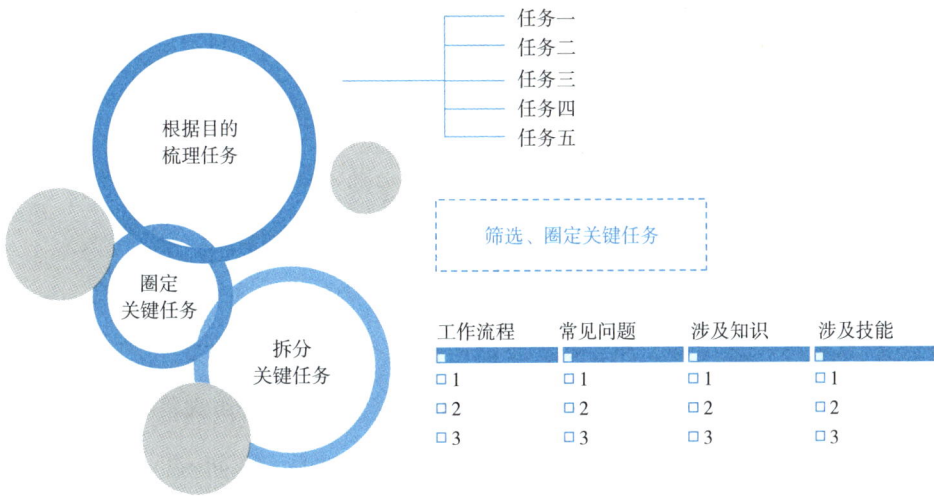

图 5-3　任务清单制作

任务清单的表现为简明扼要地指明问题的关键和核心所在，具体、确切击中要害，体现的是经济、精准的理念，能有效提高员工行为的准确性和成果效益。抽象化、模糊化的管理要求和任务安排很容易在员工理解层面出现偏差，任务清单式管理因其具体明确，具有极强的可操作性，就会让员工"听话"变得很简单，真正实现管理者想要的"事事有着落，件件有回音"。

敲黑板

精心设计的任务清单，不但能保证技能掌握或工作成果的"自动化输出"，而且能帮助员工大大节省脑力，释放更多精力去处理其他任务。但任务清单也不是灵丹妙药，需要根据实际变化进行不断改进，只有持续改善，才能让"任务输入"项始终确保正确和稳定，正确的"输入"才会有正确的"输出"。

第三节　日程清单：治好员工的"拖延症"

古希腊哲学家亚里士多德对于"习惯养成"有着这样的见解："人的行为总是一再重复。因此，卓越的不是单一的举动，而是习惯，人是被习惯所塑造的，优异的结果来自良好的习惯，而非一时的行动。"

精力管理和时间管理的区别是什么？时间管理的观念里，生活就是一场马拉松，放松就是在浪费时间，行为是由回报驱动的，依靠个人的自律来敦促自身。而精力管理认为，生活是一系列的短跑冲刺，每一个阶段都是一个冲刺期，放松是有效产出的时间，它是由目标驱动的，依靠的是习惯而不是自律。

为什么习惯的力量如此之大？那是因为我们的大脑是最神奇的东西，在我们人脑的构成当中，脑前额叶的面积占到了 1/4，它是人类最复杂的心理活动的生理基础，负责计划、调节和控制人的心理活动，对人的高级的、目的性行为有重要作用。所以在我们做计划和思考判断的过程中，它是相当活跃的。它消耗的能量非常之大，但是一旦我们形成了一系列的行为习惯，那它便不再消耗我们的能量，若是按部就班地去执行一项又一项任务，这时候我们的能量自然也就积攒下来了，可以去处理其他更多的事情。

这也是为什么，想做好精力管理除了要尽可能将技能、任务自动化输出，更需要将时间、行为习惯化。

分享一名优秀管理者的日程习惯，他在一家信托公司工作，每天的日程安排为：每天早上六点半起床，做一套"体操"，这里的体操不是身体的锻炼，而是对一系列财经新闻的了解。用早晨的时间段来看公众号的财经资讯和公司资讯，并且在一天的早中晚三个时间段转发相关资讯，分时间段转发的目的在于，判断朋友圈内客户的活跃时间点，也是他所说的"资讯一起来，但我攒着发"。另外，每天早晨关注员工生日、客户生日和重大节日信息，梳理客户资料，是否存在资金即将到期的情况，是否可以再为客户进行相关的资金配置。他每天的工作量见表5-4。就这位管理者的日常习惯而言，已经完全形成了制式的打卡，不用过多思考事项安排，而是充实高效地进行完整的闭环工作。

表 5-4　一个营销团队管理者的日程清单

时　　间	日　　　程
6:30–8:00	财经体操 + 生活感悟
8:00–12:00	员工生日、客户生日、重大节日
	客户资金一周内到期通知，到账资金安排，争取打一笔款
	发 2 ~ 3 条朋友圈广告
	0.5 ~ 1 次面试（大概三天安排两次的频率）
	员工工作处理
	工作群互动 3 ~ 4 次
	拜访 2 个客户
12:00–18:00	发 2 ~ 3 条朋友圈广告
	与 3 ~ 5 个潜在人才微信互动（时间紧，任务重，穿插进行，各种工具同时展开）
20:00–22:00	复盘一天资讯、文件、未回复信息、明日工作安排

日程清单可以解放我们的大脑，优化大脑工作效率。清晰的工作表单，使工作简单化、可视化，清晰化，将多线工程转化为阶段时间内的单一任务，保证可以更专注地做好每一件事情，为大脑腾出更多空间进行深度思考。同时，日程清单使得目标更清晰，便于屏蔽干扰信息，在任务切换中快速进入心流状态（人们全身心投入某事的心理状态），在一种身心愉悦的"成就感"中完成工作。再加上时间段的设置，让人处于一种"时间投资"的状态，时

间单位的计量可以产生最后时间限期的意识，激发效能，打败拖延。

只要留心就会发现，工作做得出色的人，大多有着相似的日程安排习惯。一次组织效能提升工作坊训练的会议集结了近二十位地区行业营销高手。他们在就"高效营销日程主题"进行头脑风暴的时候，惊奇地发现，大家的工作日程安排有着惊人的相似性。他们把一天的精力状态分成三个类别进行投入，即专业自动化输出、关键任务突破、系统深度思考，分别用于跟客户持续沟通、重点客户或渠道突破、工作思路及方法的优化。通过精力管理，养成好习惯，再以好习惯，"养出"好业绩。

营销型工作可能每日的工作安排较为固定，方便行为习惯和时间习惯的养成。职能型工作细致、琐碎，要么是阶段的项目制工作，要么是临时的突发安排。项目制工作，可以用"进程清单"去实现精力管理可参照表5-5。而临时性突发安排也大都有规律可循，比如前文提到的"突然有一个视频摄制及制作"的工作安排，完全可以通过"任务清单"高质量完成。那对于职能型工作的常规内容，则可以根据内容重复周期的不同，来进行不同的日程清单设计。

表 5-5　营销团队绩优者达成共识的日程清单

时　　间	日　　程
7:30–8:30	了解最前沿的行业资讯
8:30–9:00	晨学会
9:00–9:30	发信息给重点客户
9:30–15:00	拜访重要渠道（移动办公）
	发信息给客户，回答客户问题，约客户面谈，电话回访客户
	中午约客户吃饭等，把重点渠道作为移动办公室（一天面见 2 ~ 3 个客户）
15:00–17:00	主要跑合作关系黏度不高的渠道
19:00–21:00	复盘总结，制订明日计划

如果常规工作周期在一周内的，可以以"周"为单位，拉列每日必做任务。还可以每周打印一份日程清单，每做一项打个"√"，就会令员工获得

满满的成就感，日程清单就在一定程度上记录员工的"成绩"，完成任务打卡的快感，不但能提升员工的自我价值感，也能提升其自控能力。

如果常规工作周期较长，如一个月或以上，可以以任务周期为单位，进行必须完成任务时间点的确认，标出某某时间前必须完成哪些任务工作。若是常规预定时间赶上周末，就要求当月的任务时间点前置。表 5-6 是财务板块周期工作清单，可以参照此表制定职能型工作清单。

表 5-6　职能型工作清单案例之财务板块长周期工作清单

星期一	星期二	星期三	星期四	星期五	星期六	星期日
		1 号	2 号	3 号	4 号	5 号
6 号	7 号	8 号	9 号	10 号	11 号	12 号
		完成薪酬原始数据收集		完成审计自查；完成电子档案归档	前移 ⬅	完成增值税缴纳；完成个税缴纳；完成印花税缴纳；完成企业税缴纳
13 号	14 号	15 号	16 号	17 号	18 号	19 号
完成确定分析项目	完成数据收集	完成薪酬数据计算；数据汇总及流程	制作分析报表	前移 ⬅	完成工资条	
20 号	21 号	22 号	23 号	24 号	25 号	26 号
完成分析报告	完成纸质凭证归档					
27 号	28 号	29 号	30 号	31 号		

一份能进行精力管理的日程清单，但无论是以"天"为周期，还是以"周""月"乃至"季度"为周期，都需要做到以下三点：

第一，凡事有量化目标。即每天做哪些任务，所做的任务应达到什么可以量化的标准，都必须有明确的数字。而在设定目标的时候，可以设定三种层次的目标：确保目标——无论如何都必须完成的量化目标；进阶目标——通过改进方法或提升效率可以实现的目标；挑战目标——借助资源或外力支持加之自身投入有可能实现的目标。

第二，明确任务时段。"没有最后一分钟，永远完不成任务"，这便是克服"拖延"的核心要义。明确的时间能增强紧迫感，适当的压力是聚焦精力与专注工作的引发条件。这里要注意的是，任务安排的顺序尽可能具有逻辑性和缜密性。细化的时段、连贯的动作、专注的投入，便可实现绩效的产出。

第三，日程安排是必做的任务，而不是想做的计划。凡是拉列在日程清单中的工作安排，都是"无论如何"必须完成的任务项。只有任务"目标"的设立才有"确保、进阶、挑战"之分。日程清单有效的关键在于将想做的计划事项进行 80/20 原则的筛排，挑选重要核心事件作为必做工作任务。同时计时周期内，整体的任务安排不宜过满，要留有一定时间空隙给予必做任务项之外的工作或其他突发事件。

我们的精力就如同人体的肌肉一样，如果能按照一定行为习惯模式进行持续训练，就会形成"肌肉记忆"。每次同一时段的相同事件触发"低精力消耗"模式，哪怕任务本身再困难，压力再大，都有足够充沛的精力投入解决问题。想让团队成员也能拥有超强的精力，能够在工作中全情投入，每天都能量满满，迎接各种挑战，就要帮助他们对每日、每周、每月的工作任务制作成日程清单。如果员工不知道该从哪里开始，如何进行日程设计，不妨以同岗位高绩效产出人员的日程安排作为参考，先模仿，再刻意练习，而后根据个人实际情况再进行修订、调整与完善。

一天工作的不变形才能保证一周工作的高产出，一月工作的不变形才能保证一年目标的实现。日程清单工作法，轻松打败拖延症，让小日程实现大目标。

敲黑板

时间面前，人人平等。时间效力的高低才是决定绩效大小的关键。任何时间管理方法或精力管理方法其核心都是聚焦如何实现时间投产比的最大化。"多即是少"，所以切忌在同一个时间段里给自己提出多个目标，这样会分散精力和资源，目标的单一性，才是聚焦精力和聚焦资源的关键所在。高绩效的产出是目标单一性与多重任务逻辑性累加的结果。

第四节　进程清单：时间成果，一手在握

心理学家米哈里和他的研究团队在他们的书中提出了一个新词"心流"。心流是指一种专注到忘我的状态，在这种状态下，我们的视觉、听觉和嗅觉都变得格外敏锐，思维会非常清晰，我们沉浸于其中甚至都感觉不到时间的流逝。而等到完成这个事情，还会产生一种极大的愉悦感与成就感。心流不仅是一种美妙的主观感受，更是一个严谨的积极心理学概念。

心流是一种非常强大的心理状态。在心流状态下，我们的工作效率极高，而且感觉兴奋、快乐、满足，好似我们根本不必强迫自己努力工作，而是工作在自动进行，并产出一个满意的结果。心流状态是内在动力的"源代码"。当我们达到心流状态时，大脑的奖励机制会给予我们"最强劲的化学物质"，所以心流也被称为这个世界上"最令人上瘾的状态"。相信这种自动、自发、高效率、高质量的工作状态是很多管理者渴求在团队员工身上看到的。但是，为什么心流状态很难出现呢？

米哈里提出使心流发生的活动有以下特征：

▶ 注意力完全专注于任务。

▶ 让人专注一致的活动。

▶ 有清楚目标的活动。

▶ 有立即回馈的活动，体验本身就是奖励。

▶ 有对任务尽在掌握的控制感。

▶ 在从事活动时我们的忧虑感消失。

▶ 主观的时间感改变，例如可以从事很长时间的工作而不感觉时间的消逝。

▶ 挑战和能力之间达到了平衡。

可能我们看过一些使个体进入心流状态的方法，包括听音乐、冥想、适当咖啡的摄入等，其实除了身体状态的调节，我们还可以聚焦任务工具本身，去引导我们进入心流状态。

只要工具能让我们尽可能排除外在干扰，同时让内心不焦虑、不恐慌、不迷茫，目标清晰，有掌控工作的信心与实施方案，建立心理秩序，不断获得成就感，就能很大程度让我们产生"最优体验"。比如"进程清单"，通过对关键环节的研究，找到问题关键和症结所在，并理清问题之间的相互关系，有针对性地制定具体解决措施，将工作内容进行细化、量化，形成清晰明确的清单。清单中把要做的事情或不准做的事情——罗列出来，列示目标、进度节点、时间节点、责任人，并辅以考核监督。这是一种有效的以结果为导向的"动态式"过程管控手段，完成一个完整的工作闭环。进程清单之所以能使复杂的工作变得简单，模糊的工作变得清晰，繁杂的工作变得顺畅，让工作有效率、有效能、有效果地开展是因为具备以下五个特质。

特质一：以目标引领任务部署。进程清单是从任务目标开始，通过关键问题拆解及方案提出，使工作的方向、具体的做法更加清晰明确，工作变得明了简单。

特质二：以专项任务逻辑性破题解难。进程清单中内嵌逻辑严谨的任务清单的实施，可以使瓶颈问题得到有效化解，从根本上保证了目标的实现。进程清单真正强大之处在于能够看到任务之间的依赖关系并确定关键路径。

特质三：以执行关键，强化落实。进程清单中关键操作、标准、要求细致明确，提升了执行者的执行力，能促使员工立即干、做细节、有回音，工作效率和效果得到有效保障。

特质四：以责任约束"不作为"。进程清单中责任明确，关系人清晰，这就成为约束员工推诿扯皮等"不作为"的良方，倒逼员工勇于担当、勤勉工作。也便于激发执行人的主动性、创造性，保证工作高效运转。

特质五：以时间红线杜绝"慢作为"。进程清单中的时间节点，作为推进落地动作的红线底线，很大程度上杜绝了员工的拖延行为，通过一个个时间点的任务打卡，激发员工的成就感。并以此形成良性循环，越做获得感越多，体验到更多成功的幸福感与快乐心情，激活内驱力。

我们不难发现，以上进程清单的五个特质，其实也正是制作进程清单的五个步骤及要点，如图 5-4 所示。

除此之外，进程清单还具有将任务"可视化"的功能，便于团队成员发现问题、沟通反馈与协同作战。虽然可视化与强沟通也是甘特图的特质，但是进程清单涵盖了甘特图的使用功效，却并不需要像甘特图一样以专业软件来制作使用，也不需要对颜色做特意的区隔。

步骤一：以目标引领任务部署

从任务目标开始，通过关键问题拆解及方案提出，使工作的方向、具体的做法更加清晰明确，工作变得明了简单

步骤三：以执行关键强化落实

进程清单中关键操作、标准、要求细致明确

步骤五：以时间红线杜绝"慢作为"

进程清单中的时间节点，作为推进落地动作的红线底线

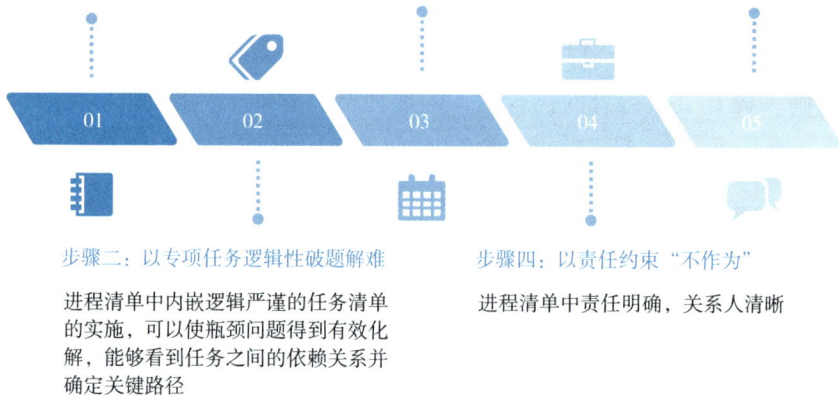

01　02　03　04　05

步骤二：以专项任务逻辑性破题解难

进程清单中内嵌逻辑严谨的任务清单的实施，可以使瓶颈问题得到有效化解，能够看到任务之间的依赖关系并确定关键路径

步骤四：以责任约束"不作为"

进程清单中责任明确，关系人清晰

图 5-4　进程清单的五步骤

　　进程清单还能作为一个"敏捷看板"，将甘特图更多用在"大而长"的项目，不能对"短而小的变化"的缺点进行补足，让"计划永远能赶上变化"。

　　进程清单是多类别的，它可以是公司层面或者较大的组织层面进行战略实施的工作清单，保障战略任务及目标的有效落地，见表5-7。

　　进程清单也可以是系统性的多任务模块的日常推进，见表5-8。把纷繁复杂的问题理清理顺，将重点执行任务项分条落实，多问题线解决。

表 5-7　进程清单

战略方案	行动计划	达成目标	时间节点	一季度			二季度			三季度			四季度			相关人员			
				1	2	3	4	5	6	7	8	9	10	11	12	执行人	负责人	汇报对象	需知会的相关人员
战略目标	战略目标落实到部门，公司高管清楚 20×× 年工作目标	分解完成	×年×月×日	■	■														
	根据公司的战略目标和年度预算，制定高管责任状	完成制定	责任状签订一周后	■	■														
	高管责任状的签订完成、人力资源部存档	完成签署	×年×月×日	■	■														
	成立绩效管理委员会，制定公司绩效管理的制度	形成绩效管理制度	×年×月×日	■	■														
绩效考核与激励——绩效考评	绩效管理制度制定和绩效部门的全员宣讲解	全员宣达	×年×月×日				■												
	完成工作计划的沟通	签字完成	月底之前			■													
	用平衡计分卡开发公司的关键指标和目标值	开发和测算完成	×年×月×日																
	开发绩效系统数据课件	完成课件	×年×月×日																
	针对高管团队进行培训并考试	培训完成并考试合格	×年×月×日																
	针对绩效数据进行逐月的数据积累和反馈	月度报表完成	每月 5 日前完成																
绩效考核与激励——业绩考核	从年度预算中，确认业务部门的关键业绩指标，纳入业绩考核范围	关键业绩指标确定	×年×月×日										■	■					

战略方案	行动计划	达成目标	时间节点	一季度 1	2	3	二季度 4	5	6	三季度 7	8	9	四季度 10	11	12	执行人	负责人	汇报对象	需知会的相关人员
绩效考核与激励——业绩考核	完成业绩考核指标的目标值测试、形成制度。总经理签核下发	完成测算形成制度	×年×月×日		■														
	分部门做业绩考核指标的培训、宣讲	完成宣讲	×年×月×日			■													
	对门店员工做月度考核指标的培训和宣讲	完成宣讲	×年×月×日			■													
	针对业务部门的业绩考核执行情况和目标值设定做考核回顾和修正	会议召开并有下一步计划	×年×月×日					■	■										
绩效考核激励——荣誉、激励成就	确定金牌店长的评选标准、制订评选计划	按时完成	×年×月×日			■													
	金牌店长和金牌采购政策下发和宣讲	完成宣讲	×年×月×日				■												
	根据金牌店长和金牌采购计划，进行评选、评选结果公示	选出金、银、铜牌	×年×月×日										■	■					
	年底公司表彰大会、表彰金牌店长和金牌采购	表彰到位	年度表彰大会具体时间												■				
	制定月度优秀员工评比标准和奖励制度	签核完毕	×年×月×日	■															
	优秀员工工看板公示和宣讲完成	宣讲完毕	×年×月×日										■						
	员工岗位达人大赛	按计划进行	×年×月×日								■	■							

表 5-8 单体任务的敏捷看板

×× 工作会议餐饮接待工作安排

日期	时间节点	涉及机构/部门	用餐人员	用餐地点	餐标（菜单）	用餐路引	落实时间	注意事项	会务组餐饮	执行人	负责人	图片示例
T-5天	预计18:00	……	合计×人		人均×（提前五天确认菜单）		T-5天	所有围餐均需提前确定座次并群内电子图片展示。提前确认访客是否有饮食禁忌及喜好，预定单独房间。酒店房间摆放欢迎点心、水果、饮料及欢迎辞卡片	接待人员陪同用餐			
×年×月×日	预计18:00	……	合计×人		菜品明细		×月×日	所有围餐均需提前确定座次并群内电子图片展示。接待人员每桌一位陪餐，做好解说的工作	向会务组提供面包、牛奶等简易早餐			
	预计7:30	……	合计×人		酒店自助早餐		T	安排接待人员陪餐				
T+1	上午中场休息	……	合计×人		人均50元：少量蛋糕饼干、坚果、矿泉水、咖啡（黑咖啡+方糖、奶球）、茶饮（红茶/绿茶）、热水、水果、干湿纸巾、一次性杯、搅拌勺、叉子、陶瓷杯、垃圾桶		T+1	茶歇布置落有致，方便取用，食物及饮品搭配得当，不至于拥挤取用，节约会场休息时间	会务组预定外卖快餐			
	预计12:00	……	合计×人		菜品明细		T	两顿以上自助餐会以上述菜单进行调整，避免重复，提前1小时前任用餐区，监督出菜时效及是否有用餐品，餐券在早上签到时一并发放，快到下午场开始时间的前20分钟，在用餐区进行温馨提醒，指引返回会场	会务组预定外卖快餐			

××工作会议餐饮接待工作安排

日期	时间节点	涉及机构/部门	用餐人员	用餐地点	餐标（菜单）	用餐引路径	落实时间	注意事项	会务组餐饮	执行人	负责人	图片示例
T+1	下午中场休息	……	合计×人		人均50元，少量蛋糕饼干、坚果、矿泉水、速溶咖啡（无糖/含糖）、茶饮、热水、水果、干湿纸巾、一次性杯、搅拌勺、叉子、陶瓷杯、垃圾桶		T+1	茶歇布置错落有致，方便取用，食物及饮品搭配得当，不至于拥挤取用，节约会场休息时间，按实到人数预定特色小吃；咖啡包含美式、拿铁（热/少冰）、卡布奇诺（热/少冰）	接待组陪同用餐，会议现场工作人员预定外卖快餐			
	预计18:00	……	合计×人	同上	同上		T	同上				

……根据实际时长持续列进程安排

进程清单还可以是单体任务的敏捷看板，见表 5-9，优化流程，明确列出任务要素，专注注意力，锁定关键动作，确保高质量产出。

进程清单更可以是营销管理的利器，让团队成员始终保持明确的目标，设立个人阶段里程碑，在每一场冲刺、每一场胜利、每一场挑战的循环中，达成团队目标。

年度任务进程清单举例见表 5-9。

表 5-9　年度任务进程清单

照片 / 资料			
	生日		
	爱好		
	入职时间		

目标	上半年	下半年
收入目标		
荣誉目标		
成长目标		
生产目标		

月份	潜在客户	开发客户	客单价	产品1销售额	……	产品件数	成长计划	计划收入	实际收入
1 月									
2 月									
3 月									
4 月									
5 月									
6 月									
7 月									
8 月									
9 月									
10 月									
11 月									
12 月									
年度									

月度任务进程清单，见表5-10。

表 5-10　月度任务进程清单

3月

周一	周二	周三	周四	周五	周六	周日
1	2	3	4	5	6	7
8	9	10	11	12	13	14
15	16	17	18	19	20	21
22	23	24	25	26	27	28
29	30	31				

	目标	成绩	得分
指标			

项目	目标	成果	评价
1.			
2.			
3.			
4.			
5.			
6.			
7.			
8.			
9.			
10.			
11.			
12.			
13.			
14.			

周重点工作	月工作清单

工作主线：

团队		
个人		

3月工作总结

做得好 / 不好	下月经验

　　其实，工作本身就具有产生"心流"的特质，工作就是有目标、有回馈、有游戏规则与挑战的。只是用进程清单，能更容易以掌控感、信心力、成就感、闯关游戏感去触发全神贯注、浑然忘我的状态。

敲黑板

　　一旦人们体验过心流状态，便会动力十足地去完成能够带来心流状态的各种事情，以求更多地体验这种状态。身为管理者的我们，不妨在工作设计上，多花心思使工作任务更接近心流活动的特质，一旦我们为员工启动了体验的开关，就仿佛为他们激活了自己"小宇宙"的能量，自此踏上追求心流体验的征程，一发不可收。

第五节　GTD清单：让"想到"成"得到"

禅宗六祖慧能大师最开始拜五祖弘忍为师时，弘忍天天叫他去砍柴、挑水、做饭。时间一久慧能就忍不住了，不解地问弘忍："您证道之前，做什么？"

弘忍回答：砍柴、挑水、做饭。

慧能又问：证道之后又做什么？

弘忍回答：砍柴、挑水、做饭。

慧能迷惑地再问：这两者有什么区别吗？

弘忍说：我在证道之前，砍柴时惦念着挑水，挑水时惦念着做饭，做饭时又想着砍柴；在证道之后，砍柴时就是在砍柴，挑水时就是在挑水，做饭时就是在做饭，这就是得道。

分享这个故事并非要与大家参禅论道，而是想说"专注当下""心无旁骛"的状态是很难达到的，我们很难控制自己的大脑，比如正在跟员工谈着话，脑子却盘算着下午会议资料需要再准备哪些内容；有时我们正在听着培训课程，脑子却惦记着要给客户打电话，沟通一下新产品的上线。

即便我们很努力地克制自己想同时段处理多任务的欲望，保证在一个时间只做一件事情，但总是难免去追求单一任务的效率，迫切希望"快一点、再快一点"。学习上，希望1小时掌握Excel技能，30天流畅讲英语，45

天就能考研成功。工作上，希望 1 天内把 2 天的任务完成，1 个月干出 2 个月的业绩，学会 5 招就能做好管理者……莫名地追求效率，总觉得"还可以再高效一点"，结果很可能被所谓的"优化"困住了。因为压迫感下，大脑无法喘息，所有的信息与任务线都堆积在一点，精力就过度损耗了……

效率压力不是来自任务本身，而是过多任务在大脑里的塞积，造成心理的焦虑和抵触。想要实现精力集中，我们需要做的是给大脑喘息的时间，逐一清点盘绕在其中的事务，将所有未尽事宜通通捕获并收集在大脑之外的文件系统中，放在专项的时间处理。

GTD 就可以将大脑及时清空，聚焦当下任务，又能保存曾出现在脑海里的所有"念头"，在适当的时候逐一解决或实现。它就像一张"认知防护网"，能够弥补记忆不完整和注意力不集中，网住那些需要我们记住的东西，避免我们有遗失和错误。同时以清单工具的检查方法，帮助我们不断检查和复盘，从而保障高绩效的产出和"必有回响"的实现。GTD 是 getting things done 的缩写，GTD 的核心理念是将所想的所有的事情都写下来，然后安排好下一步的计划，如此大脑才能松绑放空，我们就能够心无挂念，全力以赴地做好眼前的工作，专注之中自然而然提升了效率和质量。

在这里给大家分享一个"GTD 清单"工具，只需要一个活页笔记本和一支笔就能轻松搞定，发挥 GTD 的全部效力。

一个完整的 GTD 清单操作需要收集、立项、整理、执行与回顾五个步骤。

第一步：收集在我们大脑中出现的所有想法和任务。

在做"任务清单"的时候，我们要求的是只写"必须做"，不能写"想做"。在做"GTD 清单"的时候，一定要把闪现在脑子里的所有想法，无论成熟与否，全都罗列出来。可以是做的事情，可以是想去的地方，也可以是想买的东西……无论大小，无论多少，全部 100% 以清单的方式放进"收集箱"——活页笔记本。

第二步：将活页笔记本按不同类别进行立项。

"立刻做"清单：这个清单包含所有需要尽快完成的事情，这类事情一般耗时不足两分钟。戴维·艾伦提出了一个"两分钟原则"，即如果要做的事情花的时间少于两分钟，那么马上就去做。他表示，两分钟是一个分水岭，这个时间和正式地推迟一个动作所花的时间差不多。

"日程安排"清单：这个清单记录的是当日需要做的事情。其中既包括简单的任务，也包括由多个环节组成的项目清单内容。

"等待他人做"清单：这个清单中的所有内容均为需要委托他人去做的事情，或者等待他人完成的事情，用此清单进行核查和反馈。

"将来某时做"清单：这个清单用于存放不需要马上行动，但在某天或者某时段需要做的事情。

"资料归档／愿望"清单：这个清单用于存放最新获得的信息、资讯，可供日后查询；也可以把脑海中产生的"想做"的愿望，比如想看的电影、想去的城市、想吃的美食等归类。

清单类别既可以在活页笔记本以不同颜色进行区隔，也可以给每个清单模块贴上标签以示区隔。

第三步：将放入"收集箱"中的所有事项，按照以下步骤进行放置归类。

（1）"是否需要马上行动"。如果"是"则进入（2）。如果"否"，需要再判断，"是否是一时兴起"，"是"则删除。如果"否"，则根据情况归类到"将来某时做"清单和"资料归档／愿望"清单。

（2）"是否需要两分钟内完成"。如果"否"则进入（3），如果"是"，则整理进"立刻做"清单。

（3）"是否可以委托他人"。如果"否"则进入（4），如果"是"，则整理进"等待他人做"清单。

（4）"是否是一个具体行动"。如果"是"，则将该行动以"动词＋事件＋关键人物＋截止时间＋关联相关资料"的形式整理进"日程清单"。如果"否"，则需要进行"××项目"的立项，拉列出项目清单之后再以关键任务的形式放入"日程清单"。

所以通过"整理"环节，就把之前的所有想法归于两大类：一类是行动的，一类是暂不行动的。行动类别中包括"立刻做"的两分钟小事，"日程安排"囊括任务项及项目类工作，"等待他人做"是委托或跟进他人的事情。"暂不行动"类别中删除了一时兴起的想法，也可以是拒绝别人的不合理的要求。将剩余的事项归档或放入愿望清单。

第四步：可按照时间管理四象限的原则，对清单内容进行执行。

执行的过程中，可以用不同颜色的笔对事情完成情况进行不同的标注。同时完成一项工作就从清单上删减一项的成就感，会让我们体验到成功累积的快乐。

如果清单上的执行项没有完成，就要考虑一下，是否在制作任务清单的时候没有强调时间、数量，又或者任务描述不够具体清晰。

第五步：至少以星期为周期，定期定时回顾所有清单模块，尤其对"将来某时做"清单中的任务进行仔细盘查，看是否可发展为"日程安排"清单。同时对于"愿望清单"也可以进行系统的整理回顾，把想做的事情按照时间轴拉列，在适当时间进行插入完成。

敲黑板

当今时代时间尤为宝贵，人们已经比较习惯"碎片化"，或者太多的新鲜事物碎片化了我们的时间。这一方面意味着时间被更多地分割，另一方面意味着长时间专注变得更难。GTD 清单不仅仅是个工具，它也可以成为一种习惯，或是一种生活的态度。让自己尽量不去做 GTD 系统以外的事情，就能最大程度让我们避免外界的干扰。确认自己"想要的"，并为之不懈地努力，终有一天会得到。

第六章

"五感"打造，成就卓越执行力

杰克·韦尔奇说，"在你成为领导以前，成功只同自己的成长有关。当你成为领导以后，成功都同别人的成长有关"。时代瞬息万变，组织想在变化中得以生存，要学会为员工赋能。

赋能，重点在"赋"，要将传统的"管控"转变为"激活"。真正的赋能是让员工产生目标感、支持感、认同感、参与感、获得感，以此激发员工内驱力和高自我效能，在工作场景中能感受信任与合作，愿意为他人作出贡献。真正的赋能，需要通过启发与引导，让员工主动地去提升自己；提供学习和实践的平台，并指导他们有效地工作；重视培训和职业发展通道的设计，使得员工有更大的成长空间。

第一节　成长地图和许愿卡："目标感"要双管齐下

无论是"一张画布讲故事"让成员共同构筑团队梦想，还是通过 KGI、OGSM 等工具把团队目标解码成员工的行动目标，都不能称为完整的"目标管理"。目标管理不是一个组织目标传递分解为个人目标的结果，而是一个使"目标"升华成"目标感"的动态过程。难道"目标"和"目标感"是不一样的吗？

"目标"跟"目标感"是不同的。目标是对行为活动的开展所能产生的一种结果设想，是一个单点状态的结果。它能指明一个努力的方向，但是能不能让行为实施者注意力都在这个"点"上，并为达到这个"点"而采取一系列的行动并为之奋斗，这些都是未知的，也是"目标"本身所不具备的。目标感 = 目标 + 感觉。目标感的核心不是"目标"而是"感觉"，目标感是方向意识，也是以达成目标为导向的思维意识，是意识上知道自己真正想要的是什么并以此为行动指引，全力以赴向目标靠拢。

如果说管理者作为"意义塑造师"让组织目标、个人目标、员工三者之间产生了联系，赋予了"价值"，让员工目标的集合融合成组织的愿景。那么我们还需要承担一个角色——"意义管理人"，让员工在实现目标过程当中产生满足感、成就感、自豪感。虽然目标感只是一种感觉，但正是这种正向激励的反馈，才是促进员工排除外界干扰、一往无前奔向目标的原动力。

如何使"目标"与"感觉"在员工的心里建立起连接呢？答案是将目标

进行视觉化。思想总是先于行动，视觉化目标让心中的想法不再是空洞的文字或者数字，而是变成员工渴望的生活场景或明确的事实存在。这是一个将"目标"输入潜意识的过程。一旦潜意识记住了这个目标，它就会引导员工所有的行为去配合目标，并且将它实现。如此便可以利用"视觉"创造出"感觉"，然后利用"感觉"去引导员工行动。

目标"视觉化"是分为两步进行的。先视觉呈现目标，再反复以观感刺激，使达成目标的成功感被显现出来，被体会到。苏轼在《文与可画筼筜谷偃竹记》中说道："故画竹，必先得成竹于胸中，执笔熟视，乃见其所欲画者，急起从之，振笔直遂……"意思是画竹，一定要心里有完整的竹子，拿着笔凝神而视，就能看到自己心里想要画的竹子了。这时快速地跟着自己的所见去画，去捕捉看到的形象……视觉呈现目标的方法也大致如此，以"实际的存在"去细化目标的每一个细节直到它能呈现出一个完整的画面。"实际的存在"可以是存在于我们工作或生活中的任何场景、物品、标志等一切真实的东西。把这些与目标相关的东西，在现实中先拼凑成目标中的样子，以此来将目标视觉呈现。

值得注意的是，这仅仅是视觉呈现了目标，要想让目标"视觉化"还需要后期不断地进行观感刺激，才可以将目标实现后的成功感觉或幸福感觉呈现出来，进而在脑海中建立一幅明确而具体的心理景象。心理景象一旦建立就意味着我们已经成功地将目标植入了潜意识，它调动着精力，让人们的注意力都在目标之上，也让所有的行动都为目标服务。

了解了目标"视觉化"的过程和原理，我们就可以借用很多工具去帮助员工建立目标感，比如"许愿卡"和"成长地图"。

许愿卡的制作很简单。我们先采买一个硬纸板作为卡片底板，可以用剪贴图画或者打印粘贴的方式去把个人的目标（愿望）视觉呈现。许愿卡的信息至少要包括：姓名、许愿时间、具体愿望、愿望达成日期。最关键的是愿望的呈现要真实而具体。

比如愿望是"考取××学校××专业的在职研究生"，那就可以在网上把该学校学位证书图片下载下来，抹去证书中的名字及年份等信息，把个人真实信息填上去，而后贴到许愿卡上。同时也可以把意向学校的校徽贴到一起。

个人目标可以具象化、实景化，选择最能打动内心，最接近目标愿望的图片去呈现。许愿卡看似简单，却可以达到目标视觉化的效果。管理者可以在跨年、入职周年、团队成立周年、员工生日等契机根据实际情况，以年度的时间频率去举办。同时管理者在使用许愿卡去建立员工目标感的时候，还要保证员工们的愿望在一年之中常被"看到"，时被"提及"，终被"回顾"。

员工对于组织的需求无外乎生存需求与发展需求。生存需求先于发展需求，但发展需求高于生存需求。对于意义驱动的组织管理而言，就是要使组织的成员感受到未来的召唤，使他们相信自己所在的组织能够给自己提供施展才华的平台，有足够的上升空间，有具体的上升通道。但想赋予员工对未来远景的想象力，使其对组织目标的实现不遗余力并坚守承诺，就需要让员工真实"看到"平台，"看到"空间，"看到"通道。所以，除了"许愿卡"，管理者要为员工建立目标感还要派"成长地图"出马。

何为地图？没有走过它，却能看见它，就是地图！完整的"成长地图"是由三张图合拼而成，即人才地图、学习地图、知识地图。

通过人才地图（如图6-1），可以使员工对个人发展方向有更准确的认识。因为员工了解了组织对各岗位的要求，就能根据自己的实际情况更有效地进行职业规划，确定自我发展，而不会迷失在"没有发展空间"的抱怨之中。

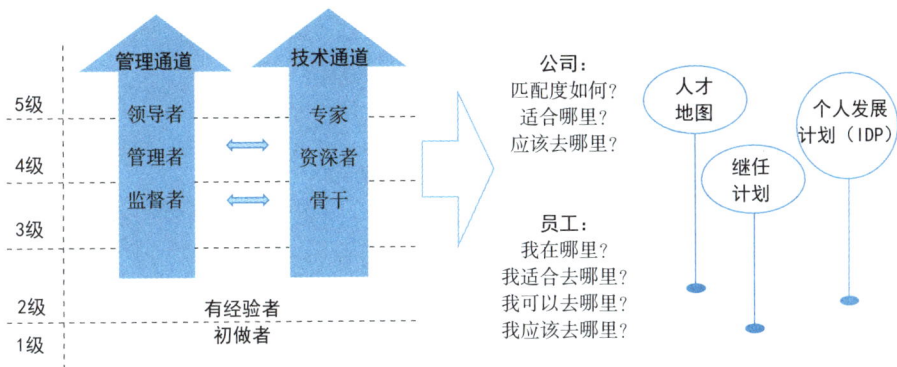

图 6-1　人才地图

通过学习地图（如图 6-2），员工可以找到一名新员工在进入组织后，根据个人不同发展路线而设定的不同学习路径，业务路径上从小白到资深，管理路径上从新任到高管，都能一目了然，清晰明确自己的每一步学习计划。

新人训练	在职训练			内部讲师	自我启发
	管理职能	专业职能	核心/通用职能		
				公司讲师训练	
	非凡/成就卓越				语言训练/自我进修/读书会
新人入职训练星火计划与繁星计划		部门专业训练课程	核心职能	部门讲师训练	
		专家俱乐部			
	飞跃			现场讲师训练	
	破茧	向日葵			
		标兵班	通用工作技巧		
		上岗证训练			
		尖兵班			
	铸就卓越				

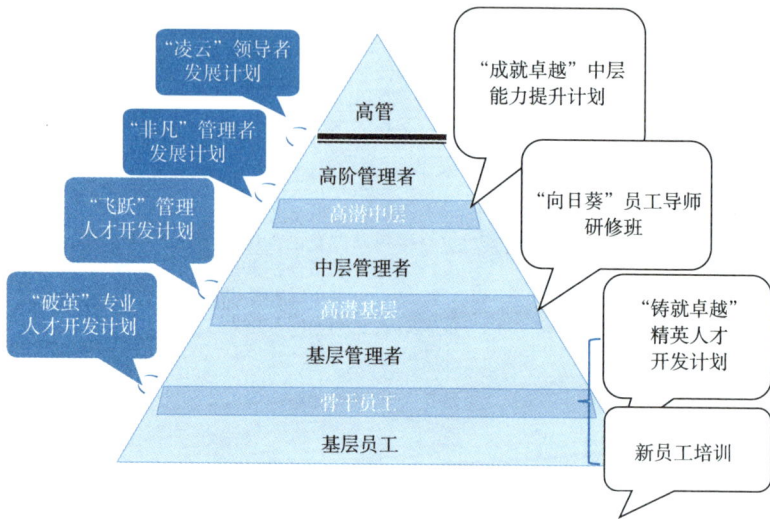

图 6-2　学习地图

通过知识地图（如图6-3），员工可以在知识爆发性增长和时间"碎片化"交织的现实中，既能捕捉岗位或职能所需求的知识，又能为自己找到最优的学习路径，精准找到学习定位，快速提升能力以胜任角色。

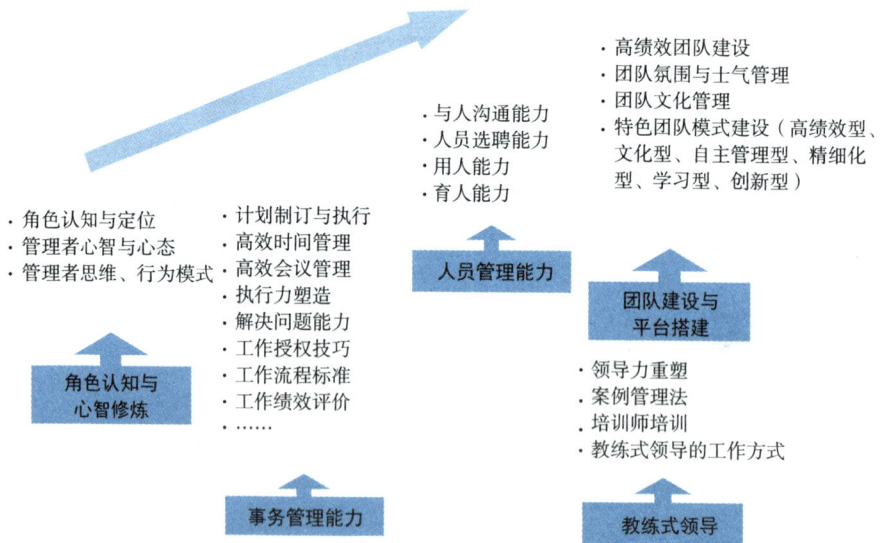

图 6-3　知识地图之管理技能提升

如果所身处的组织中暂未有成型的人才发展规划，系统培训课程，或者岗位知识体系，管理者可以采用"岗位架构+共识成长计划"的方式，以简单的四步操作为员工绘就一份简版"成长地图"。

第一步：确定目标。

将行业或公司或团队发展愿景及未来岗位架构组成向员工进行清晰呈现。岗位架构可以包括职能线、专业线和管理线。岗位描述包括：岗位做什么、业务标准、需具备的技能。根据员工个人发展意愿确定目标岗位，具体如图 6-4 所示。

第二步：自订计划。

员工根据目标岗位发展意向，将现阶段自身知识、技能与目标岗位所需知识、技能进行分析，寻找差距，制订成长计划。

第三步：修订计划。

管理者可结合团队实际业务发展需求，对员工成长计划进行完善与修订。可将促进业务发展内容作为员工优先成长项，也可以为员工具象化成长内容，再或者为其确定成长标准。

第四步：跟进反馈。

管理者定期对员工成长计划的实施情况进行跟进了解，并问询其学习成长障碍。与员工共同就成长障碍的克服、成长计划的调整再做探讨。

简版的"成长地图"与前文内容中的 IDP 是不同的。IDP 是针对员工在组织内部发展的需求而提升岗位能力的一年短期规划。成长地图则更偏向于职业发展规划，会从知识、素养、技能多个维度长时期设定安排。员工规划时，不仅限于组织本身的环境因素，还可以从目标岗位所在行业发展趋势去筹谋。管理者通过为员工提供共享的价值取向与意义驱动，让员工产生只要自己足够优秀、足够努力、足够有成就，就一定会有光明未来的信念。

图 6-4 所示为职能线、专业线和管理线图例参考。

管理线		职能线		专业线	
序列	职级	序列	职级	序列	职级
1.01	副总经理级			6.01	首席顾问
1.02	副总经理级			6.02	首席顾问
1.03	副总经理级			6.03	首席顾问
1.04	副总经理级			6.04	首席顾问
1.05	副总经理级			6.05	首席顾问
2.01	总经理助理级			6.06	专家顾问
2.02	总经理助理级			6.07	专家顾问
2.03	总经理助理级			6.08	专家顾问
2.04	总经理助理级			6.09	专家顾问
2.05	总经理助理级			6.10	专家顾问
3.01	总监级			6.11	顾问
3.02	总监级			6.12	顾问
3.03	总监级				
3.04	总监级				
3.05	总监级				
4.01	资深经理级	5.01	资深经理级专员		
4.02	资深经理级	5.02	资深经理级专员		
4.03	资深经理级	5.03	资深经理级专员		
4.04	经理级				

图 6-4 职能线、专业线和管理线图例参考

管理线				职能线				专业线						职级
序列	职级	序列	职级	序列	职级	序列	职级	序列	职级	序列	职级	序列	职级	
				4.05	经理级	5.04	经理级专员	6.13	顾问			6.16	助理顾问	
				4.06	经理级	5.05	经理级专员	6.14	顾问			6.17	助理顾问	
						5.06	经理级专员	6.15	顾问			6.18	助理顾问	
						5.07	主管级专员					6.19	助理顾问	
						5.08	主管级专员							
						5.09	主管级专员							
						5.10	专员							
						5.11	专员							
						5.12	专员							

图 6-4　职能线、专业线和管理线图例参考（续）

"成长地图"与"许愿卡"一个是长期发展规划，一个是阶段里程标志。二者相辅相成，长远方向的清晰与短期成就的喜悦，造就了员工对未来的信心与期望，让他们深切地感受到"明天会更好，未来有盼头"。这是支撑员工工作选择与日常行动的重要激励因素。

敲黑板

管理者要通过增强目标管理，建设支持系统，以视觉化引导为员工创造目标感，来激励每个人为自己努力的同时也是为组织努力。当团队中的个体为了组织的目标共同奋斗的时候，凝聚力和向心力会让团队产生巨大的能量，这股力量将带领所有人跨越一切障碍，最终抵达胜利的彼岸。

第二节　盖洛普敬业度：每一份"支持感"都在里面

逢年过节很多团队都会为员工准备一份节日福利，比如中秋节送月饼、端午节送粽子，希望能够通过这种方式团结力量、凝聚人心。恰到好处的福利政策能在体现组织关怀的同时，增强员工对组织的忠诚度，但越来越多的情况却是这样的：准备的福利和奖励，奖不到员工的心坎上，大家渐渐"看不上"团队发放的福利。但即便如此，若是哪次节日福利没有及时发放到员工手中，大家倒有些抱怨。这种现象并不少见，那为什么明明是"看不上"的东西，还一定不能缺少呢？

赫兹伯格的双因素理论或许能够解答这个问题。双因素理论，又称"激励保健理论"，该理论认为影响人们工作积极性的因素有两个，激励因素和保健因素，具体内容如图 6-5 所示。所谓激励因素，是指与工作相关的，能够带来积极态度和激励作用的因素，如工作中获得的成就、他人的赞美、工作赋予的责任感和挑战性、个人的成长与发展等。而保健因素则是容易产生消极行为的因素，如公司的福利状况、工作环境和条件、公司的政策等，假日福利就是典型的保健因素。双因素理论的核心观点是，只有激励因素被满足，才能对员工产生激励作用，让员工有"满意"的感觉，感受到了组织的"支持感"。而保健因素被满足只会消除"不满意"的感觉，维持原有的工作效率，并不会产生积极的效果，但保健因素并没有被满足时，会产生不满情绪甚至对抗行为，员工会觉得失去了组织的"支持感"。

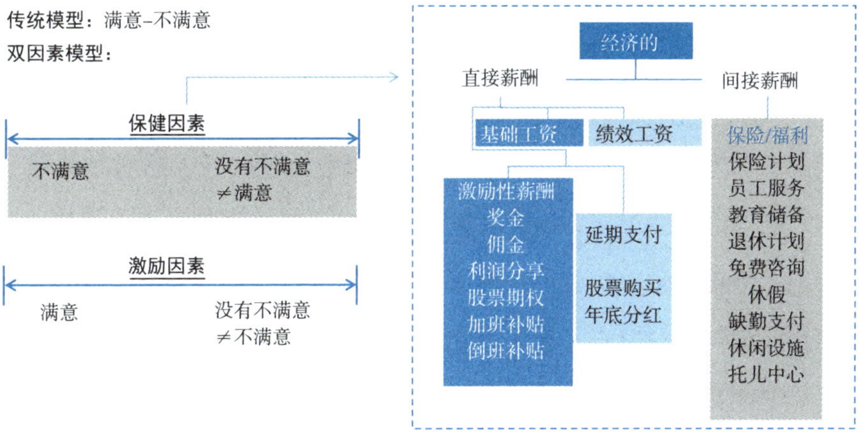

图 6-5　双因素理论

　　"支持感"就是员工对组织如何看待他们的贡献并关心他们的利益的一种总体知觉和信念。员工对组织是否关注其福利的感受以及员工对组织是否重视其贡献的感受共同构成了组织的"支持感"。研究表明，组织支持感与员工工作投入以及工作绩效产出存在显著的正向相关，说明高组织支持感能够显著地提升员工对其所从事的工作的认同感，且员工呈现的工作绩效和工作质量也相应越好。

　　但因为保健因素与激励因素对员工"支持感"感受度影响的不同，管理者就要合理地运用双因素理论去针对性地调动员工的积极性，为团队和组织赋能。在过去的管理实践中，大多数组织重视保健因素，忽略了真正能够从根本上起到作用的激励因素，只是以用"薪"的粗放式管理，去解决员工"为什么在这里工作"的问题。高效能组织要求实现员工的全情投入与全心付出，要想解决员工"为什么在这里努力工作"的问题，就要重视激励因素的作用，去用"心"的精细化管理。

　　首先，要防止激励因素变为保健因素。心理学上有个概念叫"适应性偏见"，这是一种以时间为转移的惯性变化心理，简单而言，是指人们的喜好、兴趣和对外界环境刺激的反应随着时间的推移会逐渐减弱。以发奖金来说，组织长时间执行相同的绩效管理制度，员工每次都拿到差不多水平的奖金，那么即便奖金是激励因素，这项措施对员工的刺激久而久之也会因为用得太多而变成了保健因素，起不到原本的激励效果。打破"适应性偏见"很重要的一点，是"变化的东西"。顾名思义，通过不断变化的东西，起到持续强化的作用，维持刺激的效果。告诉员工怎样做能够获得额外的奖金，并利用不断变化的绩效奖励措施，让员工产生一种"意外的获得感"，让员工能保持工作热情和积极性，避免了"激励因素"沦为"保健因素"。

　　其次，升级保健因素变激励因素。也就是把员工觉得"应得的"变成员工通过"努力才能获得的"。若员工将组织的福利都当作是自己"应得的"，那无论组织付出了多少成本，对员工的激励都是无济于事的。所以，关键在于将员工认为"应得的"部分，转变成努力才能够得到的东西。组织在制定激励方案的时候，尽量选择多样化的激励措施，并结合员工的绩效水平给员工提供许多福利，如定期体检、定期培训、健身卡、团建等，并将每项福利赋分，如体检是 100 分，带薪休假是 500 分。在年底的绩效考核中，每个员工都会获得自己的评分，并根据绩效得分在福利池中自行选择福利，绩效分越高，能够选择的空间和兑换的福利自然也就越多。如此一来，福利政策不再是人手一份的普惠政策，原本的"保健因素"也升级成了"激励因素"。这种福利自选的方式，代表着组织对员工工作能力的认可和奖励，无形中增加了福利政策对员工的价值，对员工的积极性也能起到极大的鼓舞作用。

最后，以聚焦员工"敬业度"影响员工"满意度"。"员工为什么在这家公司工作"体现的是员工满意度。"员工为什么要在这家公司努力工作"体现的是员工敬业度。对于管理者来说，哪一个是激励员工的关注圈，哪一个是激励员工的影响圈？显而易见，员工敬业度是管理者对员工激励的影响圈范围，而员工满意度是关注圈范围。如图 6-6 所示。因为人的欲望、人的要求是多样的。让员工完全满意基本是不可能实现的。我们都知道可以通过采取一定的动作或措施去扩大"影响圈"的领域，进而也就减小了关注圈的领域。所以管理者要聚焦在员工的敬业度上，以敬业度影响满意度。

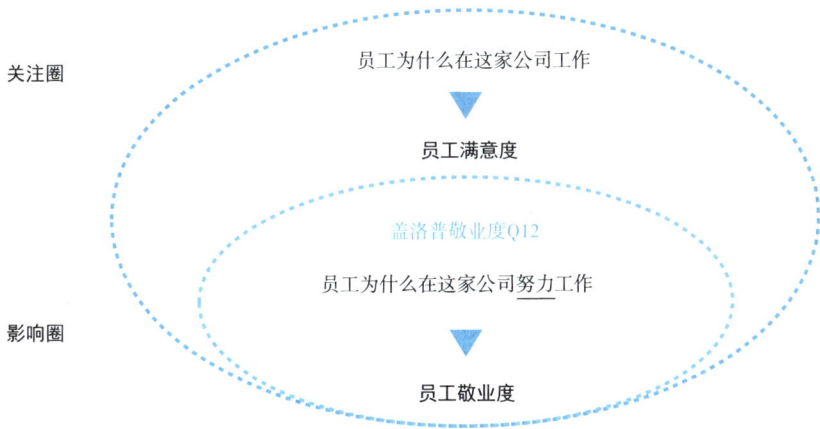

图 6-6　管理者在激励中的关注圈与影响圈

员工敬业度的研究源自盖洛普咨询公司，他们对健康企业成功要素的相互关系进行了近 40 年潜心研究，建立了"盖洛普路径"的模型。模型描述了员工个人表现与公司最终经营业绩及增值之间的路径。"盖洛普路径"可以表述为：企业根据自身发展优势，因材适用，在优秀经理领导下发挥员工所长，驱动员工敬业度，进而敬业的员工发展了忠实客户，由此忠实客户驱动可持续发展，最后实现可持续发展驱动实际利润增长，企业实际利润增长推动股票的增长。

盖洛普建立了一个模型并设计出敬业度调查问卷（图 6-7）。不妨让员工去做一份敬业度调查问卷，借助调查能够方便管理者看到员工的心理需求，更有针对性地赋能员工。

1. 我知道对我的工作要求吗？
2. 我有做好我工作所需要的材料和设备吗？
3. 在工作中我每天都有机会做我最擅长做的事吗？
4. 在过去7天里，我因工作出色而受到表扬吗？
5. 我觉得主管或同事关心我个人情况吗？
6. 工作单位有人鼓励我的发展吗？
7. 在工作中，我觉得我的意见受到重视吗？
8. 公司使命目标使我觉得我的工作重要吗？
9. 我的同事们致力于高质量的工作吗？
10. 我在工作单位有一个最要好的朋友吗？
11. 在过去6个月内工作单位有人谈及我的进步吗？
12. 过去一年里我在工作中有机会学习和成长吗？

图 6-7　盖洛普公司敬业度 Q12

做完敬业度问卷调查，可以在员工的自我审视和自我梳理中发现他们的心理诉求，找到日常管理中很多被我们忽略的地方。当知道问题出在哪里了，也就相应地找到了化解问题的方法，明确了激励的方向。通过盖洛普敬业度调查便可以对员工进行有效精准赋能，为他们送去想要的每一份"支持感"。

敲黑板

要格外注意的是，根据不同的人群特征随时调整激励措施。无论是对于"80 后""90 后"，还是初入职场的"00 后"，不同环境下成长起来的人群对刺激的感知和理解都是存在差异的。对于大多职场中的年轻人来说，满足他们被尊重和自我实现的需求，才更容易激发其工作积极性。管理者需要修炼换位思考的能力，设身处地了解和理解不同人群，捕捉员工的真实需求，是作为管理者的必修课。

第三节　沟通视窗：让"认同感"从了解开始

一次我到客户公司回访，经过市场部，正巧看见部门经理在训斥自己的一位员工。这位员工我也认识，他给我留下了深刻的印象：名校毕业两年，思维敏捷，神情中有藏不住的"自信"。虽然入职该公司不足一年，但是根据行业发展趋势，从公司客户服务角度提出了一些可行性的建议。

当时由于市场部经理的斥责声音较大，整个公司瞬间安静了下来，这名员工也是一直将头深深地垂着。会议中场休息的时候，我在茶水间又遇见了这位员工，安慰他说："你们领导专业能力强，工作业绩也很好，就是听说是个暴脾气，咱们在职场一定要能适应各种领导的管理风格才能走得更远。"不承想，他却笑着对我说："本来就是我没做好。因为我有事耽搁了时间，没有及时促成交易，客户便被同业挖走了，领导批评我那是应该的呀。不瞒您说，我们领导越看中谁，对方犯了错就批得越狠。我以前的公司领导对我们下属都客客气气的，但总觉得跟我们之间有一种疏离感……不说了，孙总，我要赶紧把咖啡拿进去，我领导还在等我，要跟我一起想办法挽留客户……"说完他便一溜小跑奔向了市场部经理的办公室。

其实类似这位员工的案例，在职场中并不少见。职场新生代敢于直面领导，也敢挑战权威，乐于发表自己的观点与感受，但他们也渴望成长与进步，渴求创造价值，实现自我。要想管理好这样的员工，我们需要在管理者与被管理者之间构建出"认同感"。这里的认同感，是指员工对自我及周围环境"有用或有价值"的判断与感受。认同感的产生是双向性的：一方面员工个体本身是渴望被关注、被认可、被称赞的，另一方面员工也需要对组织或环境肯定。

按照经济学的角度来看，认同感能大大降低组织的监督成本，组织中的个体不再在意管理者对待自己的方式，而是以"值得"去作为评判标准，听从自己内心的声音和指引去工作。而这些指引被同样的价值观统一起来，就能实现较高的工作效率与工作产出。如果员工长期处于得不到承认的境地或与组织存在疏离感，就会出现认同感缺失。根据员工实际情况予以工作的肯定相对比较容易，那让员工对组织认同又该从何做起？让员工对组织的"认同"并非指制度、规则或者工作方法上的认同，而是内在的价值认同、文化认同、情感认同，管理者作为员工与组织之间的纽带，需要真正走近员工去建立信任。

信任源于了解，了解源于沟通。杰克·韦尔奇曾说"管理就是沟通，沟通再沟通"。沟通是人与人之间传递信息、传播思想、传达情感的过程，也是一个人获得他人思想、情感、见解、价值观的一种途径，更是人与人之间交往的一座桥梁，并由此分享彼此的情感和认知，消除误会，增进了解，达成共识。

管理者想通过沟通获取员工信任和员工认同感就一定要先了解"乔哈里视窗"。乔哈里视窗是一种关于沟通的技巧和理论，也被称为"自我意识的发现——反馈模型"，中国管理学实务中通常称之为"沟通视窗"。视窗理论将人际沟通的信息比作一个窗子，它被分为四个区域：开放区、隐藏区、盲目区、未知区，如图 6-8 所示。

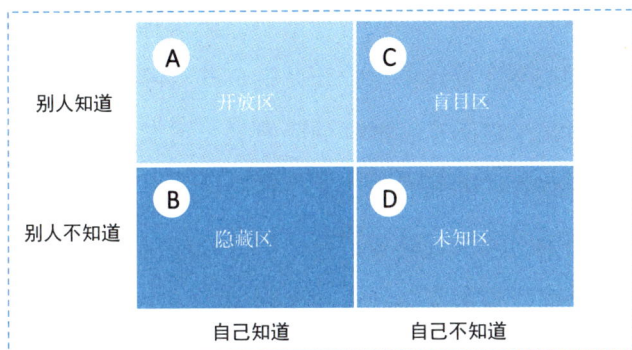

图 6-8　乔哈里视窗模型

开放区：是自己知道别人也知道的信息。所有有效的沟通都是从这里开始的。因为这里包含了个人和团队成员共同知晓的信息：形象、行为、态度、情感、认知、技能等。也包括了组织公开的制度、规章、行为守则与工作要求。开放区能激发良好的沟通与协作，最大程度避免不信任、混乱、冲突或者误解。所以管理者应致力于扩展团队内部每个个体"开放区"的领域，因为个人在开放区领域工作时最有效率和生产力，能将组织的生产力发挥到最大。

隐藏区：自己知道而别人不知道的信息。隐藏区内部还可以分为三层信息。

第一层，不可说的秘密。这里涉及个人隐私，且这部分信息往往对组织价值并不高，可以保持隐藏状态而无须公开。

第二层，不适合讲的事情。比如对同事的不满，对他人的意见。其实如果能把这样的信息进行"披露反馈"，可以增加自己和别人的"开放区"，更有利于在组织内部建立信任，而不是让组织氛围变得淡漠。

第三层，不对等的信息。因为有"沟通漏斗"效应的存在，管理者表达的与员工听到的，到听懂的，再到执行的信息衰减度极大。所以往往会出现管理者自以为大家应该知道的事情，而大家不知道，没印象。又或者管理者认为在会上已经讲过的事情，就没有必要再与相关人员单独沟通了，然而每位团队成员的理解力、认知层次、敏感意识，甚至是其所处的执行环境、执行条件都存在很大差异，而这些差异正是造成执行障碍的重要原因。

不但管理者与员工之间存在这样的隐藏区，员工与员工之间同样也会因这样的问题而产生观点不一与嫌隙。相关的隐藏信息可以通过"公开"的过程转移到开放区域中。但个人是否愿意去公开隐秘区的"自我"，在很大程度上取决于员工所在组织的文化和工作氛围。

盲目区：别人知道关于我的信息，但自己并不清楚。比如，每个人都会在不知不觉间形成一些思维模式和行为习惯，特别是面对某些情境要素会发生条件反射。这些身心反应中很多连当事人自己也不完全清楚，但与之交往的其他人却有目共睹。正所谓"不识庐山真面目，只缘身在此山中"。倘若人们能够从他人那里得到及时提醒或充分反馈，就有助于找到自身盲点，扩大自我认知度和彼此的坦诚度。特别是对于管理者来说，一定要有开放包容的胸怀，充分听取他人的见解。

未知区：自己不知道，别人也不知道的信息。这是双方都不了解的全新领域。这些未知信息有多种形式：它们可以是感觉、行为、态度、能力等，对其他区域有潜在影响。人人都有可开发的无限潜能。如果管理者过于亲力亲为、大包大揽，不懂得放权，就无法激活员工的未知区。管理者应该更多地去营造鼓励自我发掘的氛围，促进团队成员之间的自我发掘，有助于激发每个人的潜力，从而实现更大的成就，并为组织绩效作出更多贡献。

以上四种区域彼此间存在一定的关联性和可转化性。比如，通过"自我披露"隐藏区域就可以扩大双方的公开区，减少对方的盲目区；再比如，通过向对方进行"恳求反馈"就可以扩大双方公开区，减小自己的盲目区。而双方的公开区域越大越能更好地理解、信任，促进团队合作的有效性和生产力。那对于管理者而言，如何运用乔哈里视窗打造团队成员与组织之间，包括成员彼此之间的认同感呢？

方法是在团队内部，扩大开放区，打开隐藏区，减少盲目区，探索未知区。

1. 扩大开放区

用信任与透明激活组织，需要有明确的文化支撑。开放区越大，证明组织中的信息越透明。比如前文提到新员工入职之后，让他以任务打卡的方式了解团队其他成员的爱好，与大家进行聚餐或体育活动，这就是一个扩大新员工与同事之间开放区的过程。管理者需要通过扩大公开区的资讯，增强共享信息的真实性、时效性。不仅是个体信息方面，在日常管理中也要增加项目例会、定期月度会议等的召开。

2. 打开隐藏区

打开隐藏区关键是破除员工的"自我保护意识"。因为管理者需要找准位于隐蔽自我区间的、彼此都能承受的"策略信息开放点"，并选择合适的契机作为切入点，酌情适度地自我披露，以缩小隐蔽区间。同时在促进信息披露的过程中，管理者还要真诚示范，并鼓励良性的人际互动反馈，使每个人都可以从他人那里获得善意提醒或建议以缩小自我盲区。

比如管理者可以充分利用"民主生活会"的时机，袒露自己的心声，做诚恳的自我批评，当团队成员发现管理者提出的自身问题在不断改进时，就赢得了团队成员的心，也为构建组织的信任氛围打下了坚实的基础。在构建团队成员彼此之间的认同感的时候，可以举办一个"感恩之夜"的内部团队活动。找一个环境安静的咖啡店，围坐成一圈一起畅谈一下"入职以来或近期自己最感动的事或者最感恩的人"。通过这样的方式，能拉近彼此之间的距离，让每个人都更充分地了解并肩作战的伙伴。总之，只有促使员工主动说一些自己的故事，让别人更加了解自己、熟悉自己，才能在日积月累中建立大家彼此的信任感与认同感。

而在日常管理中，为了避免"沟通漏斗"现象发生，管理者对于重要的事项需要反复强调；有必要的，要形成纸质文档让成员传阅周知；关键性任务除了通过会议布置之外，要与涉及人员进行一对一再沟通。沟通方式可以采用日本企业中常用的"工作布置五步法"来消除沟通漏斗的影响，避免信息的不对称。

第一步，管理者说一遍工作要求。

第二步，请员工重复一遍要求。

第三步，问员工："你觉得布置这个任务的目的是什么？"

第四步，问员工："你觉得在完成这个任务的过程中有可能出现哪些意外？你在什么情况下向我汇报？在什么情况下自行处理？"

第五步，问员工："如果你是负责人，你有什么更好的想法或者建议吗？"

3.减少盲目区

存在盲目区的主要问题是人们对自己了解程度不够，别人也没有向其反馈。所以要减少自身的盲目区就需要坦诚与真实地去向别人问询反馈，请对方指出我们没有"看到"的地方。

比如每完成一个项目，无论成功还是失败，团队都进行一次全方位的复盘，努力找出做得好与有待改进的地方，其本质目的即是回归到减少个人和组织的盲区上。

而当身为管理者的我们要去帮助员工减少他们盲区的时候，就要注意诚恳反馈，事实说话。无论员工做得好不好，我们都不能无动于衷，没有反馈，也不能浅浅地点评"还不错""要努力"。如果员工表现好，我们要首先去肯定表现，然后描述事实，阐述行为影响，最后提出期望。如果员工做得不好，我们可以先问询其自身对任务完成情况的评价与改进点，然后对事实达成共识，聚焦行为差距，提出改进建议并表达期望。能够及时指出员工不足并帮助其成长的管理者，才是真正合格的管理者。

4.探索未知区

未知区域不像"隐藏区"那么敏感，管理者可以着力去尝试通过信息共享、项目协作和任务挑战等多种方式挖掘成员"隐藏的才华"。比如开展头脑风暴会、设计合理化建议信箱、成立工作优化小组等让员工多思考，多聆听，多实践以开发无限潜能，进而达到减少未知区域的目的。

敲黑板

在现实的管理活动中，管理者想要与员工建立相互信任的关系确实并非易事。这其中不但包含管理者的风格、员工关系背景的零和博弈、流程的模糊程度、组织文化的灵活性等因素的制约，还有时间的沉淀与淬炼，但只要管理者努力为员工营造安全合作的工作氛围，不断增大共享信息量，创造共同语言，让组织成员在共同的成长奋斗历程中实现深层的交互体验与心灵交汇，就一定能让整个组织迸发出更大的潜能与力量。

第四节　头脑风暴会："参与感"中凝练智慧

行政部召集部门所有员工就公司年会工作参加头脑风暴会。经理说道："今年的年会咱们最好搞点有特色的东西，在整体创意上要新鲜、新颖。关于年会活动形式大家有什么建议和想法都说说吧！"于是大家七嘴八舌开始讨论……

小郑："新鲜这东西还不好整，高科技啊，什么 AI、3D 啥的，高端又新颖，但是咱公司能出这么多钱吗？"

小吴："你说的那些太不靠谱了，这些东西超级贵不说，一点都不会震撼，你还不如带着大家去科技馆开呢！"

小何："为什么一定要是高科技？咱们弄点有深度的不行吗？悠悠五千年历史，博大精深难道不震撼吗？要不咱们来个梦回唐朝？"

"梦回唐朝？小何，我看你是减肥减不下去想到唐朝做美女吧？"小吴打趣道。

小张为小何鸣不平："小何别理他，咱们美着呢！而且我发现你最近真的瘦了不少，怎么减的？"

小何激动地问小张："真的呀，你觉得我最近瘦了好多？我跟你说，我现在……"

就这样好端端的头脑风暴会，瞬间变成了"茶话会"，一场无拘无束的漫谈集会就此开始……无效的头脑风暴会不止如此，有的团队在进行解决方案探讨的时候，如果第一个发言的人是领导者，往往很多人可能就不愿发表不同意见了，甚至还会附和领导。如此一来，本想萃取集体的智慧，结果变成领导者一人的智慧。还有团队的头脑风暴会上，当讨论中主导意见或者发表人较为强势的时候，很多人为了避免争论或者为了跟多数人的意见保持一致就选择沉默。以上就是召开头脑风暴会常见的三类问题：不聚焦、不反驳、不负责。

"不聚焦"的原因主要是没有明确讨论的主题，把控研讨的流程与秩序。主持人在主持会议的过程中不能及时拉回主题，制止大家无边的思绪与话题，往往只因怕团队信息分享不足，使成员发散思考的过程中错过灵感与碰撞火花。

"不反驳"情况的出现，主要因为在职场中存在着低薪员工在必须做出决定时往往会服从高薪员工的倾向。如果管理者过早发言或者过多发言，那么团队互动就容易变成走过场，也就无法激发成员去思考。

"不负责"情况的出现，并非因为员工真的不想对团队负责，而是在面对讨论、发表意见决策的时候，有三大压力压制了其表达不同观点的欲望。第一个是来自"挑战权威"的担心，怕自己的反驳得罪了"领导"或者团队

"资格老""有实力"的人。第二个是来自"合群"的裹挟，怕自己"特立独行"的意见显得与大家不一样。因为归属感是人的基本需求之一。第三个是来自"面子"的束缚，怕自己的意见得不到认同或不被采纳，觉得这样会让自己失了面子。以上种种便是与会者不愿意发表自己真实想法的原因，最后致使在执行决策的过程中出现"想法是别人的，我不用负责"的结果。

头脑风暴会本质上是一种团队群策群力的沟通方式，是以平等对话、集思广益为基础的结构化共创。管理者要通过头脑风暴挖掘出集体智慧，让每个成员都感受到，在"参与感"中共创组织未来，共启行动承诺就至少需要做好两个关键过程管控，确保三个细节操作，坚守四个发表原则。

两个关键过程

第一个是非结构化的"发散过程"，第二个是结构化的"收敛过程"。

"发散过程"就是去为问题答案找出尽可能多的可能性。在这一阶段，重点是要去挖掘每位员工的创造力，以获取更多的可能性，更新奇的想法和更多元的视角。所以讨论一定是开放式的，让每个参与者都能分享自己的想法，相互启发，也是一个组织内部充分共享信息的过程。惯常的做法是要求与会的每个人都必须发表个人观点，把大家的想法都拉列成清单，直至没有更新的想法或观点出现为止。在这个阶段对主持人的要求：一是要能及时鼓励不同人发出声音，尤其是资历尚浅或者少数意见群体；二是要明确需要解决问题的方案与目标方向一致。如果不是此次会议要解决的问题，就把相关内容放置在一张大白纸上，以备未来相关话题使用，而此次会议不再讨论。"收敛过程"重点在于讨论如何制定具体的策略去解决问题，此时需要全体成员高度聚焦，缜密思考，严谨务实，凝聚智慧去找到一个切实可行的解决方案。

在这个环节可以采用前文讲到的问题解决七步法，即界定问题、分解问题、找出关键问题、明确现状、关键性分析、确定方案、行动计划。此时不再需要多元的视角和不同的声音，而是要谋求共识。

三个操作细节

细节一：可以让与会者参会前就研讨主题先构思个人想法与建议并进行提交。如果因时间或敏感性等原因不能提前安排的，可在会议开始后，就研讨内容先给参会者十分钟的时间（时间根据研讨主题内容深浅度择情况而定），让大家把个人观点写后发表。因为将观点或建议写了下来，就可以在一定程度上避免个人在发表的时候会被其他人的观点所影响，可以把自己的第一想法都说出来。

细节二：尽可能地让资历浅的成员先说，资历深的成员后说。也可以按照座位顺序轮番发表。切记，管理者在第一阶段发散过程中，一定要最后说，且少说多听。

细节三：在第一阶段进行多角度想法挖掘拉列清单的时候，不要以发表人作为记录想法的标注，要以被发表观点的顺序序号来标记。在第二阶段收敛讨论解决问题的时候，任何发表人都只能说序号观点，而不能说"同事××的观点或想法，如何如何"。因为一旦使用发表者姓名标属观点，就给观点贴上了"标签"。发表者会习惯性地将观点等同于自己，要么为自己的观点争辩，要么因为自己的观点被反驳而徒增心理压力。

四个发表原则

信息共享是有效讨论的前提，只有参与者愿意把自己的观点、想法进行透彻分享，组织在决策的时候才能思虑更周全，参考维度更多元，后期共识出的方案也才更有效。所以非结构发散阶段的内容产出非常关键，在这个环节所有发表人都要遵守：数量越多越好，观点越新奇越好，搭便车，不反驳四个原则。会议过程中鼓励数量，不要求观点质量；鼓励发表者提供新鲜奇特的创意，而不要去考虑可行性；所有人都可以在别人发表观点的基础上去引发思维碰撞，搭他人想法的便车；发表过程中任何人都不能去批判反驳别人的观点，要尊重所有想法，均呈列在清单上。

只有把不同人的多元视角和相互差异的观点集合到一起，才能产生集体的智慧。只有多元的视角，甚至反对的意见，碰撞出新创意，才能让组织真正产生创造力。高绩效组织一定是"求同存异"的团队，他们追求着共同的目标，共同的信念和价值观；在开放包容，信任坦率，重视多样性，尊重彼此差异的基础上，共同决策，共谋发展，共创未来。

敲黑板

在群体决策的过程中，"同频共振"也会带来一定的负面效应，因为当成员的想法跟大多数人一致时，就会产生在团队中找到共鸣的感觉，这种感觉会令组织成员的自信心倍增，容易忽略风险和问题。管理者要带着强烈的问题意识，学会从最坏的角度看问题，并以数据作为客观支撑，带领组织成员在解决问题的道路上披荆斩棘。

第五节　让授权激发最大"获得感"

无论是通过目标感的建立去塑造员工的工作动机，还是通过敬业度的反馈让员工在获得感中挥洒激情，又或者是以充分沟通乃至创造性工作让员工产生超越自我的欲望，这些都只是在做一个动作——激励，一个激发人的行为的心理过程。对于员工管理的激励方式，你现在能想到哪些呢？

激励可以分为正激励与负激励。所谓负激励就是类似设置对赌条款，业绩不达标转岗，绩差者被安排再培训等。而正向奖励应该是我们日常管理中使用更多的。在这里帮大家归纳了十个细项分类：物质激励、薪酬激励、情感激励、成长激励、榜样激励、目标激励、荣誉激励、政策激励、培训激励、授权激励。

物质激励措施可以包括但不限于：

➤ 组织完成部门制定的半年度综合指标的人员进行研学活动。

➤ 愿望清单：月度达成目标的，满足其生活上的小愿望（礼品）。

➤ 制定业务达标送礼品活动方案。

➤ 每月召开颁奖会，总结优秀经验并进行奖品颁发。

➤ 团建部门内部小礼物交换、暖心行动等。

➤ 生日会等发放部门慰问、节日礼物或具有特殊意义的礼品。

➤ 设立自助餐券、旅游基金、游乐场券。

➤ 盲盒、一周早（午）餐，作为业务奖励。

薪酬激励措施可以包括但不限于：

➤ 优秀员工奖金奖励。

➤ 提前转正奖金奖励。

➤ 季度冲刺方案的参与奖励。

➤ 可按周期，按保底线、挑战线、进阶线，设立季度奖金、超额完成任务薪酬奖。

➤ 按团队与个人，按职能工作职责内外等组合设立奖金。

情感激励措施可以包括但不限于：

➤ 生日会、婚礼协助筹备。

➤ 团建，同筑梦想。

➤ 入职周年仪式。

➤ 年会。

➤ 树立团队荣誉感，培养新人"学帮带"。

➤ 对表现优异或者家庭困难员工的家属写感谢信、慰问信附赠礼物等。

➤ 特别的日子制作视频惊喜。

➤ 一对一交心恳谈沟通。

➤ 打造互助文化，一对一结对子等，建立融洽的团队氛围。

➤ 了解员工困难和需求，给予帮助和关怀，加强感情融合度。

成长激励措施可以包括但不限于：

➤ 转正、晋升、飞跃开办激励会议。

➤ 工作相关资格考试通过奖励。

➤ 入职第一个开单、第一个独立完成项目等第一次的纪念。

➤ 成长轨迹。

➤ 可自由选择跟随任意优秀员工学习。

➤ 获得素质提升庆祝与海报发布（在职研究生、注册会计师、营养师、心理咨询师等）。

➤ 拜师仪式，协助成长。

榜样激励措施可以包括但不限于：

➤ 拜师学艺，打造榜样文化。

➤ 树立对标标杆，达到榜样业绩后可与对标同事共进晚餐。

➤ 制作锦旗进行颁奖并总结经验分享。

➤ 荣誉晚宴、旅游激励。

➤ 持续优秀的特制奖杯（例如定制人物卡通形象）。

目标激励措施可以包括但不限于：

➤ 完成部门制定的单项挑战目标，负责人红包奖励。

➤ 达成短期目标每个阶段均进行团队欢庆聚会。

➤ 团队为达成个人目标业绩的成员庆祝。

➤ 鼓励设置高端电子产品、房子、车子等品质生活的物化目标。

荣誉激励措施可以包括但不限于：

➤ 制作各项荣誉证书。

▶ 每个季度、半年度总结同事们所得荣誉，开总结会表扬。

▶ 与公司领导或部门领导共进晚餐。

▶ 奖项以流动形式颁布，引起员工保、抢意识。

▶ 与评级、评优结合，从而增强员工荣誉感、获得感和使命感。

▶ 设置各类岗务奖项，如勤劳园丁奖。

▶ 打造光荣墙。

▶ 季度荣誉茶话会、百万圆桌、名片专属标签。

政策激励措施可以包括但不限于：

▶ 制定业务专项、项目立项等奖励制度。

▶ 公司基础奖励方案、竞赛方案，部门叠加奖励方案。

▶ 公司人才政策申请机会（例：公费培训、公费进修等）。

培训激励措施可以包括但不限于：

▶ 安排参与集团、公司、外部高层级培训（从某种角度说这是金钱和物质激励不能比拟的）。

▶ 给予管理人员、业务骨干特定培训机会。

授权激励措施可以包括但不限于：

▶ 担任内部讲师。

▶ 授权员工去统筹活动，然后总结表彰。

▶ 结合特长、优秀员工特质设立专项小组，任命组长。

▶ 释放相关员工权利，可自主举办活动、设计方案、对接资源等。

▶ 业务轮席主持，表现优异给予奖励。

以上激励措施只要结合员工的心理需求层级，都能在一定程度上激发员工的工作动机，点燃员工的热情。但如此众多的激励方式中，授权可以说是一种最有效的激励方式，原因有二：

其一，哈佛大学心理学家麦克利兰集中研究了人在生理和安全需求得到满足后的需求状况，提出了一种内容型激励理论——成就激励理论，也称激励需求理论。他认为在人的生存需求基本得到满足的前提下，成就需求、权力需求和合群需求是人的最主要的三种需求。合群需求在于，能与别人交流，在组织中进行活动被别人喜欢。而授权可以使得员工在组织中开展协调性工作，在与团队成员交流和管理者表扬之下获得肯定，从而满足合群需求。权力需求在于，能在与人比较中获胜，可以掌控局面乃至控制他人的行为。而授权可以使员工在更多权力下放的时候去主导一些工作，去决断与决策，要求大家协同动作，从而满足权力需求。成就需求在于，对于挑战性的渴望，保持以目标为中心，在适度冒险中解决各种问题，得到上司肯定评价。而授权可以使员工有机会不断挑战自己，超越自己，获取成就感。

其二，马克思在《1844年经济学哲学手稿》中讲："劳动本来是人的本质，是一种区别于动物的自由自觉的活动。人在劳动中肯定自己，满足自己的需要，自由地发挥自己的体力智力。而异化劳动则使劳动变成了外在于人的东西。"也就是说，劳动者在自己的劳动中往往并不能肯定自己，也并不感到幸福，不自由地发挥自己的肉体力量和精神力量。

授权通过让员工肩负原工作以外的职责，扩大其工作范围，使得工作多样化，减少了单一性的乏味。也可以通过增加工作纵深性，允许员工对工作拥有更大控制权、自主权去增加责任感。在与员工职业发展规划相一致的前提下，让员工在工作中收获进步，感受快乐，体会幸福。

管理者通过授权收获了更和谐的团队氛围、更高绩效的员工产能、更坚实的团队承诺和更充裕的管理时间。

授权也是个技术活儿，要想得到以上的良好效果一定要秉承"适人授权、责权同授、授权有度、授权可控"四个原则。

适人授权：一定要从被授权员工的自我效能（从事某种行为并取得预期结果的能力）、员工决策力、价值观及信任程度方面去综合考量，判断员工是否可以被授权，可以被授予怎样范围与程度的权力。

责权同授：一定要避免出现"你大胆干，出了事儿我顶着"的情况，当一个人只有权力没有责任的时候，往往容易冒进，使得后果很难掌控，而与此同时员工淡漠了对"责任感"的感知，容易发展成推诿、逃避的工作风格，失去了"授权"的初衷。管理者必须在授权的同时明确告知员工要承担的责任及可能的后果，以此激发员工的责任心。

授权有度：管理者授予员工的权力不宜一次性过大，要逐级授权。先要谨慎授权，以"授权＋委派"结合的方式引导员工开展工作，待发现员工取得进步，有相应能力成长之后再进一步放权，使得员工始终在挑战，既不会失去超越自我的乐趣，也不会因为权力过大而缺乏安全感。

授权可控：管理者的授权不是交给员工后就不闻不问，而是把握方向，推行目标管理的同时，沟通明确，抓大放小，抓好关键节点。比如做什么项目，要达成什么目标，如何来衡量，何时达成并要求员工定期跟踪反馈。当然授权的过程中，管理者也要给员工成长的机会，允许员工犯小的错误。

敲黑板

授权，不是委派。如何开展、具体做法、执行标准等如果都是管理者确定的，那只是在"交代任务"。我们要让员工有一定的掌控权，让员工觉得我们相信他们。在现实的管理工作中，员工因信任所产生的绩效和创造力比其他任何方式的激励都要大，甚至可以说，信任是最大的激励。其中，授权是关键的承诺。当员工自己对某项工作有掌控权的时候，就有了一种投资自己的感受，他们的承诺就会变得更加坚定。仅是这个"投资"的身份，就让他们对目标定位完全改变。他们不再困惑于需要做什么，有什么样的困难，他们只会告诉自己，要兑现自己的承诺。

以成果为标准，搭建高效能组织的生态系统

第七章

抓住关键节点，才能收获好结果

每个人都是有潜能的，每个人的想法都有积极、正向的一面，员工解决不了当下的困难，只是因为受到了某些干扰，管理者只要帮助员工去除这些干扰的因素，员工本身的潜能就会释放出来，就会推动达成目标。

管理者需要通过"参与""思考""表达""探索""承诺"五个关键环节让员工以"自己的智慧"完成精准目标，厘清现状，寻找关键价值链，确立行动目标，设计行动计划并对结果做出承诺的一系列动作，才能在不懈坚持的循环中帮助员工和组织超越环节的复杂性，以变应变，百战百胜。

第一节　戴明环"转一转"，让计划赶上变化

戴明环又称PDCA循环（以下简称PDCA），PDCA由英文plan（计划）、do（执行）、check（检查）、action（行动）的第一个字母组成。PDCA就是按照这样的一个顺序进行质量管理，是周而复始的、持续的一个科学程序。

由于PDCA的精髓在于发现问题和解决问题，所以现在也被广泛应用到工作与生活中，大到组织的经营管理，小到个人的自我管理。可是还有不少人对PDCA有效性存在质疑，总说"计划永远赶不上变化"。之所以出现这样的情况大致是因为陷入了三个使用误区，未能真正发挥出PDCA的强大效力。

首先，认为PDCA就是一个简单的工作管理循环，更甚者仅把它作为工作报告中年度方案制定或年终工作总结的逻辑框架。这类操作并不鲜见，好比买椟还珠，仅把工作任务套用了一个科学程序的外衣，而把解决问题最核心的技能弃置一旁。

其次，在计划制订到执行的过程中，不做任何干预，仅在遇到问题或者计划时间结束的时候才做检查。而那时能做的，仅是根据已经得到的结果去总结复盘，其后再调整行动。

最后，如果计划实施的结果不如预期，往往将失败归咎于检视不到位。"检查到位"是不足以影响预期结果的必然导向的。因为一个计划的实施，需要四方"守护"才可能实现目标，除了"检查到位"之外，还有我们前文

一直在分享的另外三个方面："计划到位""责任到位""激励到位"，这四者缺一不可。

PDCA的真实面目是"大环套小环，小环保大环，小环不停转，大环向上攀"。组织经营管理的目标实施是一个PDCA的大环，组织内部的分支团队或个人本身的目标实施是在大组织之下的一个小循环。大循环是小循环的母体和依据，而小循环则是大循环目标分解和落地的保证。无论是大循环还是小循环都不是在自我起点的同一水平上高度不变的循环，而是每循环一次就解决一部分问题，每取得一分成绩，工作水平就上升一个台阶。就像爬楼梯一样，一个循环的结束，工作产出效能就提高一步，未解决的问题进入下一个循环，再运转，再提升，再前进，阶梯式上升永无止境。如图7-1所示。

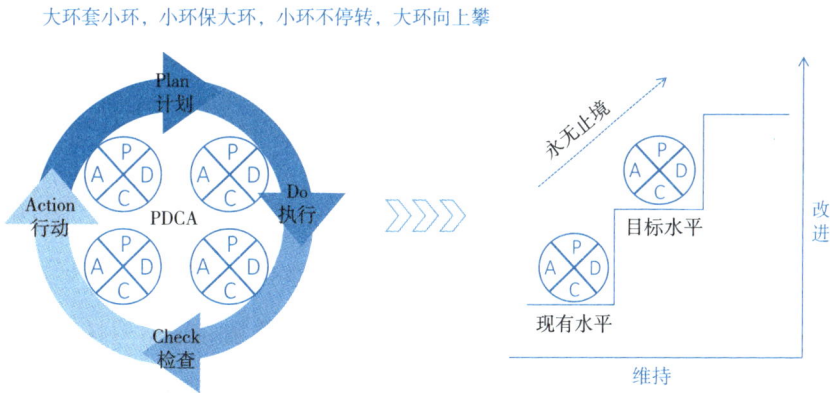

图 7-1 PDCA 循环法

因而要发挥PDCA的强大效力，在使用的时候需要做到三个"常态化"。

第一，保证"大环小环定时转"的常态化。大环是组织或团队的PDCA，小环是员工岗位的PDCA。公司层级的PDCA要通过经营分析会每月转一转；部门层级（或职能岗位层级）的PDCA要通过周例会每周转一转；营销岗位层级的PDCA要每天转一转。"转"的关键不是看工作进程，而是检索绩效障碍。让组织和个人不陷于"低质量勤奋"的陷阱，去尝试把每一步行动中的"虚耗"与"浪费"抽离出来，消灭掉。

第二，保证"知识技能更新"的常态化。德鲁克在《为成果而管理》中说"知识是一种易腐商品，它需要人们一再定义、一再学习、一再实践……每一种知识终将成为不合时宜的知识。它是会被淘汰的……"技能与知识一样，都是有保质期的，在数字化时代之下，它们变得更易腐。对于个体和组织来说，最大的挑战是"未知"远大于已知，过去的经验无法帮助我们走向未来。

第三，保证"小环升级迭代"的常态化。大环是小环的母体与依托，小环是大环的目标分解与落地保障，只有小环不断升级迭代才能换来大循环整体生产力水平迈上新台阶。

"大环小环定时转"可以通过组织例会制度与员工工作习惯养成去驱动常态化，"知识技能更新"与"小环升级迭代"的常态化可以通过"QC工作优化小组"的方式去打造。

QC是英文词组 quality control 的缩写，中文意思是质量管理。所谓 QC工作优化小组，即质量管理小组，是指在生产或工作岗位上从事各种劳动的职工围绕企业方针目标和现场存在的问题，以改进质量、降低消耗、提高经济效益和人员素质为目的组织起来，运用质量管理的理论和方法开展活动的小组。因为每个岗位都存在"工作质量"的要素，所以 QC工作优化小组的方式可适用于任何岗位。

QC小组具有"自主性""民主性""科学性"的特点。QC小组的成立本着员工自愿加入的原则，进行自主管理，采用自我教育的方式开展。任何个人都可以参加，小组内部平等互助、尊重友爱，提倡自我实现。小组以民主的方式进行自治，小组长自然产生，组内无训话。小组工作严格遵守PDCA程序，以数学统计方法为依托，本着以数据资料说话的宗旨，用逻辑思维模型进行问题解决。

QC 工作优化小组的类型多样，比如管理型小组、现场型小组、服务型小组、攻关型小组、创新型小组，类型不同，其项目、难度、周期、价值各不相同，具体不同见表 7-1。

表 7-1　QC 小组的类型

	内　　容	主要特点
管理型	以管理人员组成，解决管理问题	课题大小不一，难度不尽相同，效果差别较大
现场型	以现场操作为主体，保证质量产出水平	课题小，难度低，周期短，效益不确定
服务型	以提高服务质量为目的	课题小，难度低，周期短，品牌效益明显
攻关型	解决技术关键问题	课题难，周期长，投入多，经济效果显著
创新型	创造性研究，开发全新的课题（新产品、新工具、新方法）	追求优良度，追求新策略

QC 工作优化小组的完整活动可以分为四个阶段、十个步骤。

第一阶段的计划包括课题选择、现状调查、目标设定、原因分析、要因确定、对策制定六步。第二阶段的执行为整体的第七步——实施对策。第三阶段的检查对应整体流程的第八步——检查效果。第四阶段的行动中，第九步为巩固措施，第十步"下一步打算"可以再开启一个新的 PDCA 循环。

1. 课题选择

作为 PDCA 的开始尤为关键，也是决定成果有效性的根本源头。

选题时注意：

（1）课题宜小不宜大；

（2）名称应一目了然，不要抽象；

（3）选题理由应简明、扼要、充分、直截了当，讲清目的和必要性，可数据表达；

（4）选题中要避免课题名称抽象化，避免用"达标""升级"等词语去描述选题，例如创建名牌工程，力争上游等。

2. 现状调查

调查的目的是找出问题的症结，了解问题的严重程度，为确定目标值提供依据。

现状调查应做到：

（1）一定要用数据说话（客观性、可比性、时间性）；

（2）对调查的数据要分析整理，找到问题的症结；

（3）小组成员要到现场去调查，取得第一手资料。

3. 目标设定

确定问题要解决到什么程度，也是为检查效果提供依据。

设定目标时应注意的问题：

（1）目标必须要与课题相对应，且不宜过多，一个适宜；

（2）目标必须明确，用目标"值"表示；

（3）要说明设定的依据；

（4）目标既要有挑战性，也能通过小组努力实现。

4. 分析原因

通过分析问题产生的原因，找出关键所在，小组成员要开阔思路，集思广益，从能够设想的所有角度去想象可能产生问题的全部原因。

分析原因应做到：

（1）针对存在的问题，不脱离实际去分析原因；

（2）要展示问题的全貌；

（3）分析要彻底，要用提问"五个为什么"的思考方法，把原因一层层展开分析直到发现可以采取的对策；

（4）要正确、恰当地使用统计方法。

5. 要因确定

通过大量的事实和数据，把对问题影响大、小组又有能力解决的末端原因确定为主要原因。

确定主要原因的三个步骤：

（1）将末端因素全部收集；

（2）排除不可抗拒因素；

（3）对末端因素进行逐条确认，找出真正的主要原因。

注意：小组成员要到现场去实地调查，进行验证、测量。千万不要使用少数服从多数的方法去决定主要原因。

6. 对策制定

要对每个主要原因都制定对策。操作流程是提出对策，而后研究对策，最后制定对策。

应注意的问题：

（1）注意对策的有效性和实施性，防止对策的临时性和应急性；

（2）对策表应包括七个方面内容：要因、对策、目标、措施、地点、时间、负责人。

7. 实施对策

一定要按对策计划表将细节一一落地推进。

实施对策时应注意的问题：

（1）边实施、边检查效果；

（2）当实施过程无法继续进行时，必须对"对策"或"措施"进行调整；

（3）活动过程中，要做好活动记录。

8. 检查效果

进行效果检查，认真实施。

（1）把实施对策后的数据和小组的目标进行比较，确定改善程度；

（2）计算经济效益：直接经济效益 = 活动期内的效益 – 课题活动的耗费；

（3）课题效果要得到相应职能部门的认可。

9. 巩固措施

制定巩固措施，力求巩固。

（1）防止问题再发生，应制定巩固措施，也可争取纳入有关标准并将新的标准进行推广；

（2）巩固期内要做好记录，用数据说明成果的巩固状况，巩固期能看到稳定状态为止。

10. 下一步打算

对选择新的课题的确定，让工作成效再上新台阶。

如果 QC 工作优化小组能得到组织在物力、财力上更多支持的话，还可以增加三个工作项，分别是活动总结、整理成文、发表奖励。其中，总结小组解决了什么问题，活动程序和统计方法上有什么成功的经验和不成功的体会，获得的无形成果（精神、意识、信心、知识、能力、团结）有哪些，可以为整个组织工作优化提供宝贵的参考，同时也能在很大程度上让小组成员获得个人能力成长，获取价值感与成就感。

敲黑板

组织的大 PDCA 需要通过内部小 PDCA 的升级改造来实现系统整体效益最大化。小 PDCA 的升级迭代成功需要依靠"正确的人"和"正确的方法"与"自律的坚持"。QC 工作优化小组可以在一定程度上为组织筛选出"对的人"，但只有团队本身打造出匹配的成长"土壤"，才能真正令 PDCA 在不懈坚持的循环中帮助组织超越环节的复杂性，以变应变，百战百胜。

第二节 这五句话，为教练员工找到好方法

教练型管理者与传统管理者最根本的区别是什么呢？

答案是对员工的信念不同。教练型管理者认为每个人都是有潜能的，每个人的想法都有积极的、正向的一面，员工解决不了当下的困难，只是因为他受到了某些干扰，管理者只要帮助员工去除这些干扰的因素，员工本身的潜能就会释放出来，就会推动他达到目标。

成为教练型管理者应该坚定以下几条信念。

▶ 每位员工都是有潜能的，都想成长，都想做得更好。

▶ 每位员工都会做出当下他们认为最好的决定，所以改变他人决定的关键在于增加可选择的空间并帮之理性地进行择优比较。

▶ 相信员工每一个行为的背后，至少有一个积极的意图，没有达到想要的效果很可能是行为的方式不匹配。

▶ 每位员工都有获取成功与快乐所需要的资源，关键在于如何使其发现并应用。

▶ 相信员工一定是可以被改变的，改变也是必然的，不可避免。

教练型管理者就是通过一系列有方向性、有策略的沟通互动过程，洞察员工的心智模式，使其向内挖掘潜能，向外发现可能性，令员工采取自发行动，有效达到目标，并以此激发员工智慧，为之赋能。想做教练型的管理者需要学会一套完成的教练技术操作，通过"参与""思考""表达""探索""承诺"五个关键环节，让员工以"自己的智慧"完成精准目标，理清现状，寻

找关键价值链，确立行动目标，设计行动计划并对结果做出承诺一系列动作，详细步骤如图 7-2 所示。

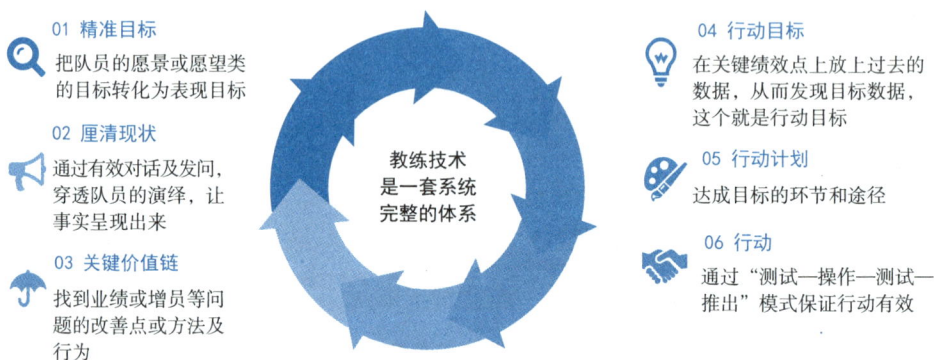

01 精准目标
把队员的愿景或愿望类的目标转化为表现目标

02 厘清现状
通过有效对话及发问，穿透队员的演绎，让事实呈现出来

03 关键价值链
找到业绩或增员等问题的改善点或方法及行为

教练技术是一套系统完整的体系

04 行动目标
在关键绩效点上放上过去的数据，从而发现目标数据，这个就是行动目标

05 行动计划
达成目标的环节和途径

06 行动
通过"测试—操作—测试—推出"模式保证行动有效

图 7-2　教练技术

教练型管理者的思维基于目标导向、面向未来，更关注员工想要的是什么、为什么想要、员工准备如何得到自己想要的，更多关注员工内心的渴望与优势，帮助员工厘清目标，激发员工实现。而传统型管理者的思维是基于问题导向，面向的是过去和现在，关注现在出了什么问题、问题的原因是什么、如何解决问题，这样的领导本质上对员工是不信任的，这种不信任会被员工感知，并影响员工的能力和积极性的发挥。

教练是一种以学习者为中心，具有计划性、针对性和持续性的启发式辅导行为。不过只要管理者在秉承教练的五大理念的基础之上，学会下面五句话，也能完成智慧的对话，激发目标，挖掘潜力，帮助员工找到解决问题的好方法。

第一句：敢于说"我也不知道"，启用员工的自我思考模式。

日常管理中不少情况是队员把难题抛给管理者："这件事太难办了，怎么办？"管理者立马扮演起顾问的角色，在自己的经验与能力范围内给予指导和答案。员工得到答案说："好的，我明天去试一下，有情况我再向您汇报。"如果要使用教练技术赋能员工，管理者就一定不能以"无所不知，无所不晓"的权威型角色出现。为团队赋能，激活组织的创造性和热情，管理者要学会示弱，适时展现出自己"无知"的一面，也是一个非常有效的技巧。管理者是统筹团队的指挥官，一个全能型的管理者反而会让团队成员产生惰性思维，失去自主学习、自主思考、独立解决问题的能力。但倘若管理者懂得说"我不知道"，给员工抛出问题，无形中会给员工加上一层压力，而这层压力会促发员工的思考意识，让他想办法去解决问题，这样一来会形成一种良性循环。不做答疑型管理者，是团队形成自主思考的氛围的开始，也是团队成员变得优秀的开始。

第二句：常用"是什么"代替"为什么"，聚焦目标，寻找原因。

有人曾问德鲁克，能够帮助企业管理者解决问题的秘诀是什么，他是这样回答的："没有什么秘诀，你只需要问正确的问题。"提问的方式，决定了管理的高度，擅长提问的管理者，不仅能够发挥团队成员的才能，还能让员工掌握独立思考的能力。同样是寻找问题产生的原因，管理者在管理工作自我思考或者带领团队成员一起头脑风暴的时候可以用"五个为什么"层层拨开迷雾，找到关键原因。但是管理者在教练员工自己去挖掘问题的时候，一定要在提问的过程中多用"是什么"，引导员工自己去发现问题。比如："你为什么总是这样？""这件事情到现在为什么还没有做好？"带着"为什么"的问题容易裹挟着怀疑和指责的态度，很容易使员工建立起防御机制，进行辩解。如果引发提问者和回答者之间的对抗关系，就不利于沟通的继续。"是什么"聚焦的是目标，引发的是员工内在对问题原因"为什么"的深度思考。

第三句：善用"可以"与"哪些"，问出多样的未来。

比如，将"你准备采取什么样的措施？"加上"可以"二字后，就变成了"你可以采取什么样的措施？"针对这样的问题，除了陈述客观事实，还表达出让员工"谈谈心中的构想"的鼓励感，不经意间给回答者打开了新的思路。而多用"哪些"二字，将单一结果变为了多个结果，如"你为下周的会议做了什么准备？"换成"你为下周的会议做了哪些准备？"这也是引导回答者展开多方面思考的方式。

第四句："如果回到最开始，你会做哪些，不做哪些？"让员工忘却过去，迭代升级。

俗话说"吃一堑，长一智"，成功与失败的经验再多，也只是客观事实的堆砌，只有通过回顾和反思，经验才得以沉淀，变成对未来有指导意义的知识。"如果回到开始……"是弱化员工因失败带来的颓丧与成功引发的骄傲，让员工精力聚焦在回顾目标、分析原因、提炼经验并将经验教训付诸实施的过程。

第五句：不忘一句"还有呢？"让员工养成深度思考与举一反三的好习惯。

当员工给出了回答，想要获得更多有价值的信息，更深入地了解员工的想法，管理者要再进一步深问。不妨多问几次"还有呢？"这三个字会让员工投入更深刻思考。通过不断追问，引导员工挖掘表象背后真正的原因，抓住问题背后的因素，才能高效地解决问题，也能挖掘更多方案的可能性，养成多维度、全面考虑的思维习惯。

我们发现以上五句话中，一句是"态度的表达"，四句话是"智慧的提问"。提问是思维的引导器，它能打开员工的心扉和思维，找到问题的解决之策，从而让对方感觉到一种支持，可以挖掘出更多不同的观点，创造出双赢的关系。通过提问，帮助对方产生新的觉察，看到自己的盲点，从内在生发出力量去解决问题。

管理者在提问的过程中要注意围绕着想解决的问题进行，同时关注对方的情绪，不激起对方的逆反与防御心理，真正有温度地帮助员工解决问题。当员工积极地思考并给出他的看法后，我们要及时给予反馈。如果员工的想法有较为明显的偏差，管理者在反馈的过程中，不要急于否定他的意见，可以通过进一步提问的方式，给出相应的提示，深化沟通，帮助员工自己发现问题。

敲黑板

提问是教练技术的核心操作，但想达到好的效果，管理者除了做到有效提问，还要做到有效倾听。管理者不可以用自己的认识、理解、情绪去评判对方的话，并急于下定结论，也不能从员工叙述的诸多信息中，选择性地听自己想听的。有效地聆听是管理者以忘我的、开放的、不评判的态度听取员工的所思所想。不仅听员工所表达的内容，还能够听到员工背后的情绪，对事件所怀有的信念和假设、渴望，了解员工背后的意图，从而最大限度地激发、支持员工，为员工赋能。

第三节　是或否：排检低效原因，注入高效动能

当发现有员工近来出现低绩效情况的时候，身为管理者的我们是不是要跟员工做一次深入的绩效面谈呢？为了保证面谈效果，我们提前通知了员工时间和地点，让他有充分的时间安排好其他事务，并调整好情绪。我们还特意准备好了员工近来表现的相关数据与事实，力争充分客观地跟员工进行分析探讨。甚至为了保证不被打扰，能与员工深度交流，管理者特意安排了安静的会议室，提前把电话静音，两人座位也摆成了可"促膝而谈"的九十度夹角。然而当我们带着员工回顾绩效计划，反馈阶段绩效完成的情况，找出表现优秀及需要改进的地方，设定下一阶段的工作目标，明确员工需要的支

持和资源是什么之后，发现绩效面谈后员工绩效提升并不明显。难道是我们的绩效面谈环节还有缺失遗漏吗？

如果问题没有被解决，那就说明在绩效面谈的时候我们没有找到阻碍绩效产出的"真正问题"。因为问题一定是伴着答案而来的，只要发现了根本问题，我们就可以找到解决的方法。当我们与员工进行绩效面谈，寻找低绩效原因的时候，可能员工本身都被自己的"快思"影响，下意识地对原因进行归纳，而非挖掘。比如，当我们与员工就上个月绩效产出过低进行分析的时候，很可能员工就把客户拜访量不足作为原因，与管理者达成的新一轮计划是加大拜访量，把上个月的业绩差额补齐。往往管理者也能接受这个原因，还觉得自己跟员工达成了一致性承诺。可最根本的原因很可能是员工不认可这个新产品或者不认同组织的营销方案，那么在"草草面谈"之后，低效原因将一直深埋在"拜访量不足"的表层之下，后期的产出也可想而知。

管理者想挖掘出员工低效的真实原因，不妨用九个问题，通过"是或否"的方式去排查，当找到真正原因的时候，就可以采取相应的措施为员工注入高效的动能，提升绩效产出了。

第一个问题是"是否存在低绩效"。

为什么会有这个问题存在呢？有的管理者在日常管理的过程中在"低绩效"与"不认同"之间画上了约等于号。比如员工准时下班，从不加班，又或者是员工个人衣着、家庭关系、情感生活、行为习惯等，凡是与管理者自己价值观不符的，都认定为"问题"，而又因这些"问题"影响了"低绩效"的标准与判断。首先要进行"是或否"的判断，如果是"是"，真实的低绩效，则进入第二个问题判断。如果是"否"，请管理者克制自己纠正的欲望，不要对员工个人的非绩效行为进行过多干涉。

第二个问题是"员工是否自知存在低绩效"。

对于营销工作很容易通过业绩数据进行判断，但很多职能型工作，绩效优劣的标准并不显而易见，所以很多时候员工个人的工作标准与管理者的工作标准存在差距而不被察觉。当管理者觉得员工绩效偏低的时候，员工很可能以为自己做得还不错。管理者需要先通过"你觉得现在的工作做到什么程度算是优秀"或者"你觉得你的岗位的工作质量如何衡量"等问题，先找出"优秀""合格"等标准的差距。如果这个问题的答案是"否"，那么管理者首先要做的是与员工进行标准反馈；如果这个问题的答案是"是"，那么将进入第三个问题。

第三个问题是"员工是否知道绩效不佳的后果"。

许多员工知道自己做错事，但他们并不知道那会是个问题，也不知道会对自己或者组织造成怎样的影响。如果答案是"否"，则管理者需要告诉员工问题存在的原因，让员工了解其错误或不当的行为对组织的影响或者让员工了解如果不改变行为，会为自己带来的影响。当员工知道自己的行为将造成一定的后果时，员工会修正自己的行为。如果这个问题的答案是"是"，则进入第四个问题。

第四个问题是"员工是否按照之前共商的计划实施"。

如果这个问题的答案是"是"，管理者要做的重点工作是帮助员工回顾计划实施的细节，查找是哪一类操作没有做到位，或者没有产生相应的效果。比如员工工作计划是每周一次拓展社会客户，就要检视其活动产出结果如何？选择的小区在地理位置、居住人群特征、入住数量上是否合适？站台宣传物品是否齐备？将每一个可能影响结果产出的细节与员工进行复盘分析，找出关键问题。如果这个问题的答案是"否"，就进入第五个问题。

第五个问题是"是否有障碍阻碍计划实施"。

如果得到的答案是"是"，管理者就要聚焦在员工实施计划的过程中其信息、资源、知识、技能有哪些缺失。根据员工的实际障碍，采用培训、演练、辅导、资源补给、信息补充等方式，为员工提供支持，跨过障碍，继续推进计划实施并获得绩效产出。如果员工给出的答案是"否"，则进入第六个问题。

第六个问题是"员工是否觉得自己有更好的想法"。

员工有更好的想法本来应该是值得管理者高兴的事情，但这里面存在两个隐含的问题。第一，员工认为更好的想法在实施过程中并没有产生高绩效价值，那就意味着这个想法可能需要更长的时间去等待效果，也意味着员工在思考问题的时候并不成熟，并非"更好"，员工分析问题和解决问题的能力需要提升。第二，员工未经与管理者沟通而自行实施自认为更好的方法，证明在推进目标管理行动计划时，沟通存在障碍。如果答案是"是"，则需要进入第九个问题进行排检。如果答案是"否"，则进入第七个问题排检。

第七个问题是"员工是否觉得原计划动作不重要"。

员工在实施行动计划的过程中没有按照原计划执行，可能是他也做了别的工作，只不过对于任务重要性的判断产生了偏差。如果这个问题的答案是"是"，则需要管理者就岗位工作任务与组织目标达成的内在逻辑的关联性进行说明与强调，帮助员工认知各个任务工作内在的逻辑与因果关系，学会把脉事务的轻重缓解，掌握重要紧急、重要不紧急、紧急不重要、不紧急不重要多样事务工作的处理技巧，更要通过任务清单的方法对自己进行精力管理。如果得到的答案是"否"，则进入第八个问题排检。

第八个问题是"是否个人事情影响计划执行"。

看似员工的个人事情与工作本身并不相关，但是因个人事情产生的情绪会蔓延到工作中，有可能阻碍绩效产出。这与第一个问题有一些类似，但是却并不相同。第一个问题是要求管理者不要对员工未影响到工作绩效的个人事件进行干涉。而这个问题是探寻员工的情绪状态，无论是安慰、开解还是给予假期休息调整，在这时候这是一种关爱，而不是干涉，会让员工觉得温暖感动，而不是厌恶抵触。如果这个问题的答案是"是"，则管理者可根据情况采取相应的情感抚慰或者工作调整的措施。如果这个问题的答案是"否"，管理者则需要将员工工作行为习惯养成作为关注重点和训练重点。当员工没有结果产出的时候，要让员工把持续过程中的行为动作做到位。当过程是"正确"的时候，随着时间的推移就能积累出"正确"的结果。

第九个问题是"员工认为的更好的方案是否在共商计划的时候就存在"。

这个问题承接第六个问题"员工是否觉得自己有更好的想法"得到的"是"答案而进行排检的。如果答案是"是"，那就意味着管理者在进行目标管理时动作不到位，与员工最开始的计划并没有真正达到"心理上的共识"，而只是"形式上的共识"。管理者要借此机会了解自我目标管理时存在哪些问题，以优化后期的管理工作，同时也利用这个时机真正与员工做好沟通，彼此深入探讨，交换意见，以实现真正的"心理上的共识"。如果这个问题的答案是"否"，则说明团队内部在沟通的流程机制上、时效性上存在一定问题。一方面要让员工养成及时汇报沟通的习惯，强调个人任务与组织目标协同的重要性；另一方面，说明管理者在与员工情感亲密程度上和对员工的关注度与关注频率上，都有可以提升的空间。

解决问题的公式是，人的表现 = 潜能 - 干扰，而解决问题的本质就是排除干扰，解决问题的过程就是排除干扰的过程。九个问题的"是或否"就是一个排除绩效干扰的过程，通过排检之后，我们就能清楚地看到是哪些问题阻碍了员工的绩效产出，逐个排除干扰，就能迅速地推动问题解决，带来组织绩效的快速增长。

敲黑板

管理者在对员工进行绩效辅导的时候要注意对员工进行思维、行为、情绪感受三个维度的反馈。反馈思维模式，让员工觉察自己思维模式的漏洞及认知缺失；反馈行为模式，帮助员工看清自己的动作细节是否变形；反馈情绪与感受，促进员工客观地看待问题，对哪些是"事实"，哪些是自己情绪感受的"演绎"，有新的觉察。

第四节　GROW 模型：令员工逢山开路，破除障碍

哈佛大学教育学家兼网球专家高威尔，在他开设的网球训练课程中意外地发现：一位临时借来的完全不懂网球的滑雪教练教出的网球学员，竟然比专业网球教练教出的学员进步更快。经过深入了解，高威尔发现专业网球教练对学员的动作要求非常严格，不断地示范和纠正，所以学员的注意力都在规范上，网球过来的时候就会手忙脚乱。而滑雪教练因为不会打球，所以没有任何指导和介入，他只是通过询问学员的感受，帮助其了解现状并做出调整。也正是在这种支持下，他帮助学员找到了自我，并且让队员自己承担起成长的责任，从而帮助其提高了水平。后来高威尔把这个觉察延伸到了商业领域，帮助管理者用教练技术来辅导下属，这也是教练技术应用于企业管理的由来。

教练关注未来的可能性，而不是过去的错误。做一个好的教练，最关键的不是去示范、纠错，而是去引导对方主动承担责任，从而最终有所提升。说到这里就不得不提 GROW 模型，它被视为教练领域最重要的模型，也是最广泛应用、最容易掌握的一种教练方法。

英文 grow 是"成长"的意思，GROW 模型的核心主旨也是要管理者帮助员工提高绩效，解决问题，做出更好的决策，化障碍为机会，突破成长。

GROW 模型是由 goal（目标）、reality（现状）、options（方案）、will（有

意愿的行动）四个单词的首字母组成。

goal：设定目标。对员工的教练，始于一个目标的设立，这个目标可以是关于绩效的，也可以是关于问题解决的，再或者是关于发展计划或决定的。不管是什么目标都可以，但一定是具体的、可测量、可达到、有相关性并有时限的。

reality：根据其现状找出与目标的差距，并确定关键原因。在这个环节，管理者提问的节奏与语气要和缓、松弛，切不可急迫紧张，让员工产生被"审问"的压力。这个环节是充分剖析，而不是去设计解决方案。

options：根据现状和目标的差距来选择方案。其实通过确定目标与现状分析两个阶段，就大致找到阻碍目标实现的问题了。这个时候管理者要让员工自己去设计解决方案，因为这是令其自我承担责任的开始。

will：找到切实可行的行动步骤。这是 GROW 模型的最后一步，在这一步中，管理者要与员工明确考量标准，帮助员工为下一步建立清晰的行动计划，并促使达成承诺。

虽然管理者在教练的时候并不是告诉员工该做什么，而是通过在正确的时间提出正确的问题，来帮助员工自己找到答案，但是，针对员工"成熟状态"的不同，在教练的过程中还是应该区分的。

如果将团队成员进行一个划分，横轴是能力轴，纵轴是动力轴，就会得出四种不同的成熟状态，如图 7-3 所示。如果员工非常有热情，但是没有具体方法或者相关经验，即高动力低能力，这时候管理者需要引导式教练，以开放式提问，让对方先分享想法，以一定的提问逻辑引导深度思考，层层剖析，训练其洞察问题、掌握根因的能力，给予更多思考和尝试机会，加速提升解决问题的能力。有一类员工，他们动力低，能力也比较差，我们这个时候要用教导的方式，以助力对方成功的姿态，提出要求，清晰沟通，确保行动的一致性；短间距跟进与支持，一有成效即时肯定及表扬，帮助其积累成功经验，逐步强化信心。对于低动力高能力的员工要循循善诱，教练的时候以最大的真诚融入其境，感同身受，尽最大努力争取信任；以中立的开放式提问，引导其自诉内心的障碍、需求、个人想法和期望，追溯阻碍动力的因素，探索内心多元需求。成熟度最高的员工状态是"高动力高能力"，管理者在对这类员工进行教练的时候要采取授权式，以高度的信任和尊重满足员工的自尊心，以开放式提问提出有挑战性的问题，开放性地由对方自主决策，给予更多发挥潜力的机会。

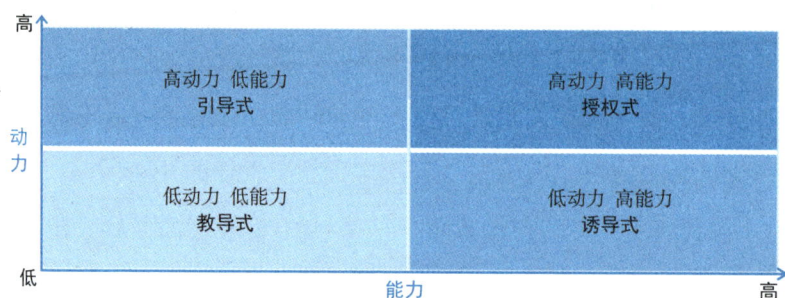

图 7-3　团队不同成熟度的员工分类

组织中的教练式管理就是帮助员工成长，面对挑战，有所成就，而不是在管理者个人经验与智力之下进行指挥、管控。

敲黑板

高效能团队打造的过程，也是管理者自我修炼教练技术的过程。在对员工进行教练的时候，虽然是以员工为核心对象，但也是在这个时候修炼了管理者的内心力量。缺乏力量和安全感的管理者，会更多关注"自我"，总是希望在每个时刻都能获得别人认可，而不会去花时间认可别人。当管理者内心具有一定安全感和力量感的时候，才能真正听到员工的所思所想，揭开遮盖在员工身上的幕布，令其大放光芒。卓越的管理者都是通过成就员工而成就了自己。

第八章

深度复盘，让成功经验复制并升级

　　复盘就是透过现象看本质的过程，高效深度的复盘能够让组织的工作形成一个正向循环，打造出一个不断获取知识、验证知识、创造和创新知识的"智慧系统"，帮助组织提升团队战斗力，提高团队效能。

　　复盘是用执行实践的过程和结果作参照比对，排除错误的认识和路径，找到更有效、更符合本质规律的做法。这也就决定了复盘是严谨的，需要遵循一定的流程。复盘的整个过程就三个核心动作：观察、行动、沉淀。实现深度复盘就需要将三个核心动作做到"一竿子插到底"的程度——观察上足够客观全面，行动上锁定关键动作，沉淀上将经验快速转化成能力并进行系统性复制。

第一节　五步排雷，让每次复盘都收获满满

所谓复盘，是指在回顾工作结果和过程的基础上，对过去进行总结和梳理，从而发现问题、分析问题，并从中获得经验以指导未来工作实践的过程。实际上，复盘就是透过现象看本质的过程，高效深度的复盘能够让组织的工作形成正向循环，打造出一个不断获取知识、验证知识、创造和创新知识的"智慧系统"，帮助组织提升团队战斗力，提高团队效能。那么，如何做好复盘工作呢？

想做好复盘就先要真正了解复盘。很多人在总结与复盘之间画上了等号，这是对组织经验最大的浪费。因为总结仅是复盘中的一部分，是以结果为导向，对既往发生的事情的一种回顾、罗列和复述，关注的是目标有没有达成，任务有没有完成。所以总结的形式和流程往往相对随意且并不固定。而复盘则是以学习为导向，用执行实践的过程和结果作参照比对，去探究规律，排除错误的认识和路径，找到更有效、更符合本质规律的做法，对未来的行动做出指导。这也就决定了复盘的结构是比较严谨的，需要遵循一定的流程和固定的环节。

复盘看似常听常做，但在实际操作的过程中，一不小心就会踩到"雷区"，浪费了组织宝贵的经验。任正非曾说："一个企业最大的浪费就是经验的浪费。"所以我们在复盘的时候要通过以下五个步骤，顺利走出复盘雷区，让组织在不断打磨的过程中，将每一次成功和失败赋予新的意义。

步骤一：回溯目标，找回方向感

目标，是组织在未来某个阶段希望达到的状态。复盘的前提，则是对照

目标，明确发展方向。明确目标的本质，是清晰地看到前行的路径。对这一过程不妨思考以下几点：最初行动的目的是什么、目标又是什么？预先拟定的计划是怎样的？在拟定这些行动时，希望达到的效果是什么？在行动前，对未来行动中可能发生的情况做出了怎样的预设？

在回顾目标的过程中，容易出现实际目标和预期目标不匹配的现象，这与前期目标传达和后期执行的过程都密不可分。首先是目标传达阶段，设定的目标并没有被员工充分接收，进而造成理解上的不一致，会让目标在源头上出现偏离。这便要求在目标设定和传达的过程中，尽量保持双方的充分参与和沟通，确保信息的对称。第二，目标在执行过程中出现偏离。这不得不提到管理学家约翰·卡那提出的"目标置换"效应，简单来说，目标置换就是将实现目标的手段和方法错当成了目标本身，从而导致目标变化。而研究发现，在影响目标达成的因素中，与目标置换相关的高达 67% 以上。因此，要通过回顾目标来进行纠偏，可以将目标罗列出来，放在显眼位置，最好借助"可视化"的方式，找回目标和方向感，让工作始终行走在正确的轨道上。

步骤二：比对结果，找到差距不足

明确目标后，需要将实际结果与目标进行对比分析，以此为依据来检验完成的效果。首先需要将实际完成的数据、取得的成效进行罗列和整理，通过回答以下几个问题来将结果与目标做对比：通过一系列动作，取得了怎样的结果？结果与目标相比目前处于何种状态？存在差距还是满足了预期？出现差距是什么举措导致的，具体的情况是怎么发生的？是否有预期之外的结果出现，出现这种结果时又发生了怎样的事情？

通过对比结果，帮助我们找到差距，进而发现自身存在的问题，以便后期采取措施解决问题、缩小差距。需要注意的是，在对比结果的过程中，除了关注设定的目标值以外，还需要关注行业平均水平。关注行业发展，能够让组织明确自己在行业中的位置，同时帮助组织更好地洞察未来，始终保持竞争力。

步骤三：重现过程，罗列具体动作

重现过程，顾名思义是回溯工作的全过程，罗列出每一时间节点的关键动作和举措，并分析产生了哪些结果和影响，同时深入思考期间遇到的问题及解决的方式等。回避问题会带来一个个未知的隐患，只有让问题暴露出来才能够逐一攻破，而回溯工作正是暴露问题的过程。

过程重现可以围绕以下几点展开：为了实现目标，进行了哪些准备工作，每一项工作是如何开展的？具体举措落实后，取得了哪些实际的效果，遇到了怎样的困难？困难是否得到了及时解决，是如何解决的？没有解决的困难，存在哪些阻力？在实际工作中，物资供应是否充足、人员安排是否合理、信息反馈渠道是否畅通？

在这一过程中，关键在于三个关键词：客观、真实、全面。既不为了结果进行主观的美化，也不因外在环境进行刻意的筛选，只需要完整、细致地陈述客观事实。只有过程得以真实全面展现，结果才是有意义的。另外，口头表示是远远不够的，用文字记录能够提高过程重现的效率，且不能忽略任何一个细节。

步骤四：剖析自我，找到关键因素

在向前追逐目标时，要记得常常"回头看"。我们的思维方式和工作能力是慢慢积累并逐渐提升的。因此，用当下的思维方式和更全面的视角去思考过去的做法，能够发现自己哪些地方不足、哪些地方在成长，便于更好地捕捉到对未来有用的信息。

剖析自我是为了对照目标、结果和过程，发现深层次的问题，并找到造成问题的根本原因。因此，要"动真格"，深刻地反思并追问，找到关键因素。自我剖析要按照一定的逻辑，对照每个阶段的具体工作，按照结果是否达到预期，可以将其分为成功或失败两种；按照自身对事情发展的掌控程度区分，可分为不可控、半可控和可控。逻辑清晰是基础，具体思考的角度包括：在这件事中，我们扮演什么样的角色？取得成功的关键是什么？哪些是外部条件促成的，我们的努力在其中又占据多大的比重？失败的原因包括哪些？我们是否做到了最好？我们哪些地方还有努力的空间，结果是否会因为某一举措而变得不同？在整个过程中，可控的部分是什么？不可控的部分是什么？针对不可控的部分，有什么好的解决方法？

客观原因和主观因素都至关重要，不可仅归功于客观因素而妄自菲薄，也不能一味地强调主观努力，而忽略了客观条件。要放平心态，客观地去分析和评价，才能从复杂的事件中总结出关键的因素。

步骤五：总结规律，系统沉淀

只是埋头干活是远远不够的，工作需要沉淀和总结，总结工作体会、工作心得、工作思路、工作技巧、改进措施等。在总结的基础上，推演规律，得出真正可以作为指导的成果。在总结规律的过程中，多思考以下几点：这一次的工作，对下一次的工作有什么样的指导意义？是否能够给到他人一些建议？在不同阶段，哪些地方是需要注意的？哪些失误是可以提前避免的？有哪些经验是可取的？接下来有什么工作是需要我们完成的？

要善于总结实践中的经验，才能把握其中蕴藏的底层逻辑和深层规律，并利用规律指导日后的实践，否则再丰富的工作经验也无法转化为智慧。当然，规律并不易得，可能多次复盘才能得出一条规律，但是勤于总结、善于复盘，发现规律的可能性就大。

以上五步可以让我们轻松走出操作雷区，实现有效复盘，萃取"经历"中的营养。而要倍数放大"经历"的价值就需要进行"深度"有效复盘。如前文撰述，复盘的整个过程就三个核心动作：观察、行动、沉淀。实现深度复盘就需要将三个核心动作做到"一竿子插到底"的程度——观察上足够客观全面，行动上锁定关键动作，沉淀上将经验快速转化成能力并进行系统性复制。将复盘贯穿到底并不难，我们可以尝试使用"效能仪表盘"这个视图工具，帮助在目标回顾及现状分析的时候做好客观而全面观察，纠正主观意念的偏差，让事实真相更清晰可见。也可以使用"项目表单"，锁定任务的所有关键动作，任何任务执行人按照表单操作都能实现高绩效产出。同时还可以应用"START-ASK 模型"，将成功经验进行场景化快速萃取，在组织内部实现成功的快速复制。最后我们可以采用"KASH"，将每一个碎片化的经验收获，放置到人才培养体系的专业性环节，积淀出一个实用完整的团队人才培养系统。这四个工具，我们将在后文分四个小节进行细致分享，在此就不赘述了。

敲黑板

决定复盘成败的还有一个关键角色——主持人。因为在复盘讨论的过程中难免会有一些敏感话题，比如"谁负责的某个环节有哪些缺失"等，所以复盘既是一场多人的高质量对话过程，也是一个微妙的团队对话过程。如果一味寻求和气，那么就没有人愿意指出问题；而如果气氛过于紧张，又可能升级为相互指责、归罪于外，这就要求主持人要有熟练的团队引导技巧，以提高对话和复盘的质量。

第二节　效能仪表盘：护航组织效能多维全面提升

人们往往从好的方面来看待自己，在取得成功时，常归结于自己的努力，但却把失败归咎于他人或是"运气不好""没有机遇"，这就是"自我服务偏差"。自我服务偏差是妨碍复盘成效的三大障碍之一，它会让人们产生有问题就归咎于外，不能自我审视的内在心理，不能正视自己的不足，也不愿意承认自己的不足。

除此之外，另外两个妨碍复盘效果的分别是"晕轮效应"和"近因效应"。晕轮效应指以点概面或以偏概全的主观印象。在复盘的过程中，晕轮效应意味着由于某一项任务绩效成果突出，或者存在明显差距就覆盖了其他任务绩效评价，造成"一好百好、一差百差"的主观印象。而近因效应则是指对末尾部分的记忆效果优于中间或初期部分的现象。近因效应使人们更看重新的信息，并以此为依据对问题做出判断，忽略了以往信息的参考价值，从而不能全面、客观、历史、公正地看待问题。这就是为什么有些员工喜欢在考评季"临阵磨枪、冲刺表现"。

无论是自我服务偏差还是近因效应或晕轮效应，主要妨碍复盘效果的关键都是"不客观"。能否用数据客观地量化描述业务工作是客观复盘的一个前提条件，也就是"业务数据化"。数据积累是组织获取成功的"撒手锏"。也许有管理者会说："数据我们有啊，团队经常开经营分析会的。"经营分析会确实也成为很多组织复盘的重要手段，但往往人们把财务分析当作了重头戏。财务分析只是经营分析的一个基础平台，它是一个结果值，反映的是财务指标和计划的完成情况。而真正有效的复盘会议不仅具有财务分析的内容，更应该有具体业务分析，以及对未来采取相关策略的分析判断。所以，需要在"业务数据化"的基础上再升级一步，做到"数据业务化"。数据业务化不能是简单数字分析，而是更关注存在问题及提出解决方案。我们来看一下表8-1，里面的数字不是孤立的，已经进行了多个维度的同业数据对比，可是在其中我们能直观地看出什么吗？

表 8-1 本组织地区同业总成交额与从业人数、分部数对比表

组织列表	分 部	成交额（元）	成交额占比	从业人数	从业人数占比
同业 A	4	6 233 641	26.59%	137	14.83%
同业 B	7	3 598 823	15.35%	132	14.29%
同业 C	3	2 351 109	10.03%	50	5.41%
同业 D	3	1 578 613	6.73%	78	8.44%
同业 E	4	1 356 699	5.79%	62	6.71%
同业 F	4	1 251 587	5.34%	14	1.52%
同业 G	2	1 222 941	5.22%	85	9.20%
同业 H	2	1 114 193	4.75%	30	3.25%
同业 I	1	972 084	4.15%	22	2.38%
同业 J	2	568 325	2.42%	12	1.30%
本组织	1	546 812	2.33%	46	4.98%
同业 K	1	462 226	1.97%	16	1.73%

以上的复盘分析虽然运用了很多的数字进行比较，但写出来的东西只是变换着文字表述技巧，而没有深究数字背后所存在的潜在规律和深藏着的问题。那么这些复盘分析就未能体现数字分析的初衷。如果我们能将业务数据化升级为"数据业务化"，通过视觉呈现便可很直观地看出案例的对比，如果以从业人员作为对比基数的话，样本组织的人力效能明显过低，人员产能与人员规模严重不匹配。

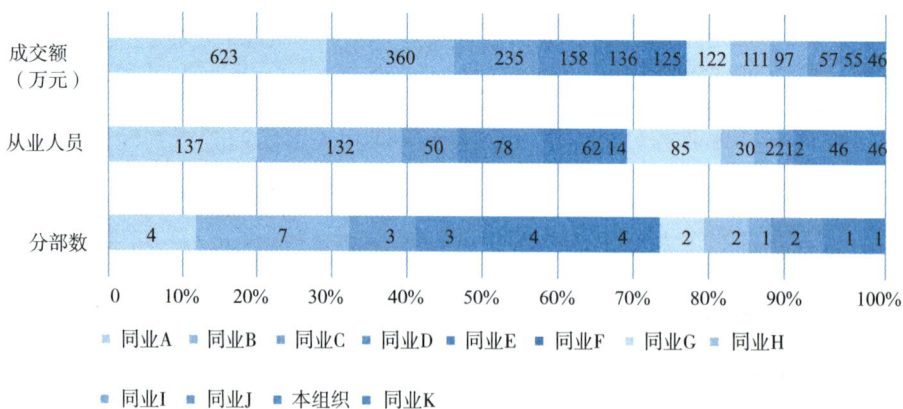

图 8-1 本组织地区同业总成交额与从业人数、分部数对比图

如果仅仅看数字表格，或者单纯的柱状图（图 8-1），很难让我们意识到问题的严重性。数据复盘分析不是为了分析而分析，而是为了更好地发现问题，更好地开展工作去分析。因此，局限于对既成报表的数字对比分析是远远不够的。数据复盘要以经营目标为方向，以组织效能为着眼点，才能做到既抓住了机会，又有效地执行。以可持续的投入产出比为核心，从成本效率、流程效率、产出效率三个维度考虑，在监测、诊断、识别分析三个功能开展复盘评估，提升组织效能，这些才是数据复盘的价值所在。

无论是公司型组织，还是营销型团队，或者职能型团队，都会涉及成本效率、产出效率与流程效率。成本效率可以基于团队规模（收入或员工规模），或者基于产出量来计算成本使用的效率，通常用比值表示。

产出效率往往与团队人员配置有关，即每位员工创造或者支持的收入或者产量规模。营销团队是利润中心角色，可以直接从创造的价值（如销售额）来衡量；如果职能型团队多是成本中心角色，可基于每位员工承担的成本支出规模、工作量规模，或支持的收入规模衡量，也可以从服务的人员规模来衡量。流程其实是众多任务的集合体，是组织实现绩效成果的具体活动过程，关键环节上的有效人员配置以及关键环节的时间使用都决定了绩效产出。

为了使组织效能数据挖掘与复盘分析能实现"从数据之中提取隐含的、先前未知的、潜在有用的信息的非凡过程"，我们可以使用"效能仪表盘"来以视觉短语构建知识和信息，将不同时间经历的信息片段联系起来，并为特定场景构建视觉语言，增进对所处复杂系统的理解。

仪表盘是商业智能仪表盘（business intelligence dashboard，BI dashboard）的简称，它是一般商业智能都拥有的实现数据可视化的模块，是一个向组织展示度量信息和关键绩效指标（KPI）现状的数据虚拟化工具。仪表盘是在一个简单屏幕上联合并整理数字、绩效记分卡等多种实时数据，为定制化的交互式界面。我们这里说的组织效能仪表盘并非以高科技的信息技术，将图像处理、计算机视觉及用户界面，通过建模以及动画的显示，完成对数据可视化解释的过程。

我们所说的组织效能仪表盘就是基于成本效率、产出效率及流程效率，在周期方面以关键要素构建的衡量体系，通过视觉化方式，快速抓住要点信息，呈现出一种可视化的信息地图，帮我们看到那些通过简单统计不能显现的结论。

效能仪表盘没有固定的模式，而是根据组织的实际情况，以关键过程指标、核心要素等构建的视觉化图景。它可以是多维度指标的，以雷达图复盘，如图 8-2 所示。我们可以直观看到哪些已经投入较多精力超额达成，还有哪些存在严重缺失，需要快速调整资源配置与精力投入。雷达仪表盘的指针设计既可以是内部关系协助过程、业绩度量、教育与开发、分布式学习网络、市场定位等因素，也可以是外部关系，包括产品、服务协作、领导才能、通信技术等因素。

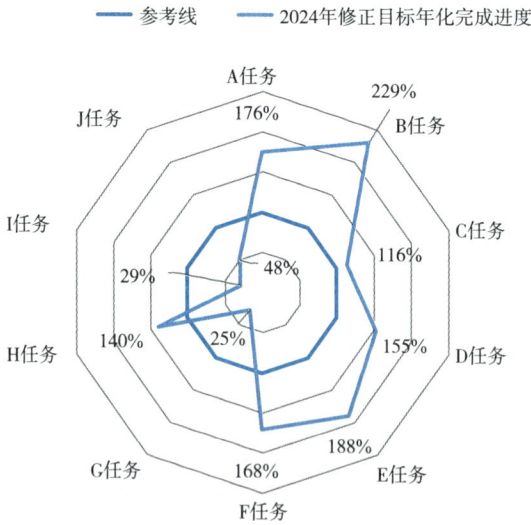

图 8-2　效能仪表盘之雷达仪表盘

效能仪表盘也可以是以投入产出比率衡量的条状仪表盘，如图8-3所示。比如从一个营销型团队成员的每万元收入构成，就可以看出哪些成员是根据营销激励方案的业务导向出发，做到"指哪儿打哪儿"；而哪些成员在某些产品营销上具备特长或者渠道资源；又有哪些成员绩效占比过低，营销动作效能较低。当发现了问题，管理者就可以针对性地去解决。

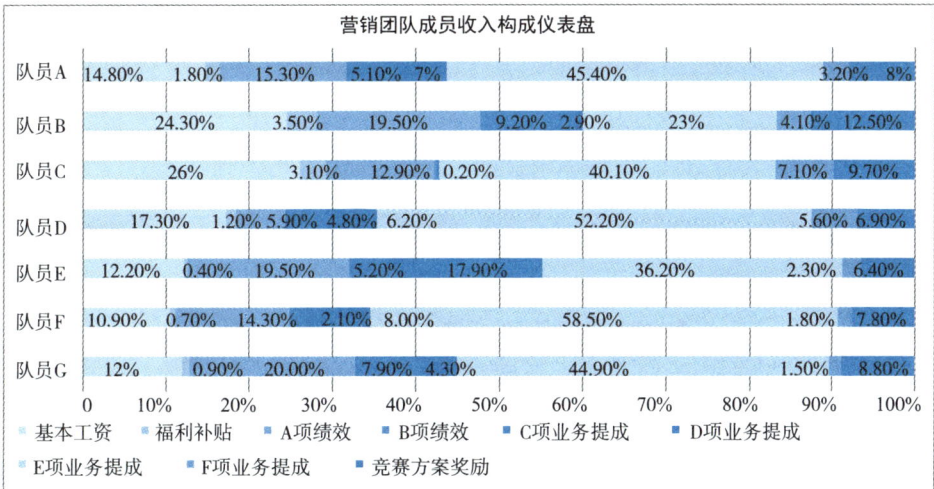

图 8-3　效能仪表盘之条状带仪表盘一

再比如，也可用条状带仪表盘（图8-4）进行视觉化产品销售整体情况，我们从中很容易看出谁对于重点工作作了更大的贡献。

职能型团队可能很难将单一任务进行量化，或者说此类型团队成员本身的工作就是多任务合集，在进行效能复盘的时候比较困难。所以就会更容易使管理者根据员工近期的表现给予评价，阐述的绩效事实也基本是以绩效周期后半程的表现为主。如果员工在前期工作质量不高，后期临阵磨枪，很可能会得到管理者"成长迅速、进步很大"的偏颇评价。职能型部门管理者可以按照月度节点或者周期节点，将员工工作目标、工作任务、工作结果进行记录，以节点基于任务数量、重要程度、业务支持程度、完成质量等要素进行效能评价，而后在一个完整的周期进行条线复盘就很容易发现哪些员工的任务负荷较大、哪些员工任务负荷较小，或者哪些员工完成任务质量持续高于平均水平，如此组织效能清晰可见，具体如图 8-5 所示。

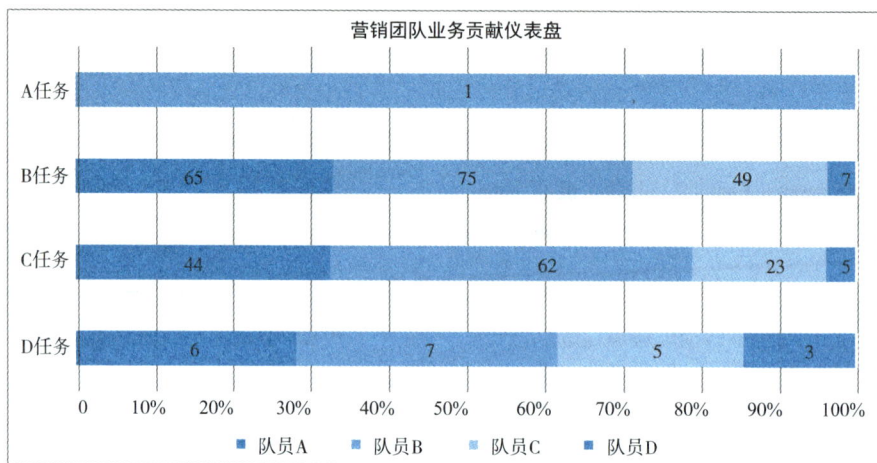

图 8-4　效能仪表盘之条状带仪表盘二

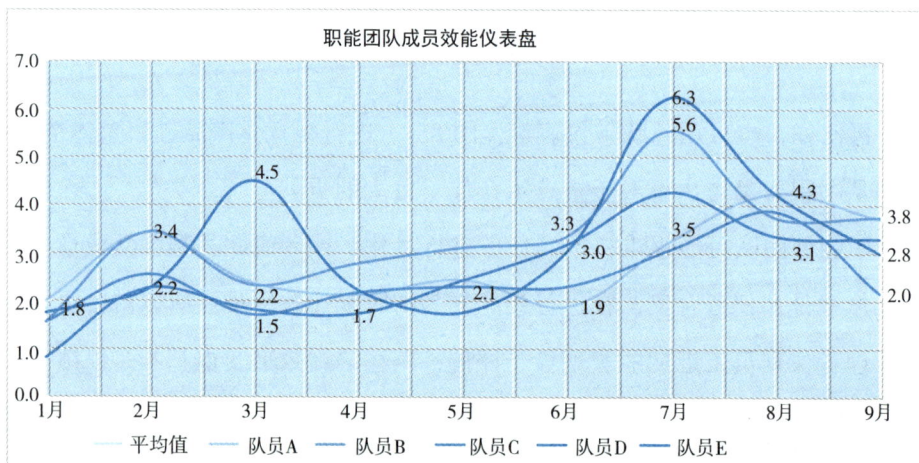

图 8-5　效能仪表盘之线条仪表盘

效能仪表盘就像汽车仪表盘一样，它通过数据化的方式能实时监测组织效能的情况并根据目标设置的超越值、正常值和警戒值，及时进行预警和针对性管理。同时效能仪表盘还能随着数据的长期积累，通过数据分析，对组织效能三个方面的内在关联关系进行建模，从而找到核心驱动因素，以针对性措施快速有效提升组织效能。

总体来说，成本、产出、流程层面上的组织效能复盘是团队进行深度复盘的重要内容之一。而效能仪表盘虽然制作简单（可在 Excel 图表中直接生成），但是它可以使复杂难读的数据变得简单易读，便于理解与记忆，同时精准反映当前业务（效能）情况及趋势变化。它既有战略目标的牵引，有预期量化结果，也有关键结果驱动要素，更有过程控制要素，因而管理者可以通过仪表盘迅速发现问题，追根溯源，及时介入调整。

敲黑板

数据可视化是将机遇变现的"翻译器"，也是风险控制的"刹车板"。组织效能的产生来自众多要素的共同作用，而所有关键因素都可以，而且应该被衡量。我们需要在组织管理中创建一个效能仪表盘，设定目标并衡量关键要素的成功。这个效能仪表盘不是空洞华丽的堆砌和罗列，而是挖掘数字背后的秘密，跨过深度复盘时容易产生的自我服务偏差、晕轮效应、近因效应等心理障碍，疏通脉络，激活组织动力，规划人力资本投入优先级，多维提升组织效能。

第三节　项目表单：锁定关键动作，保障高绩效产出

员工一箩筐的日常工作烦恼：

▶ 跟某某搭档办活动，还不如我自己做来得快。

▶ 琐事太多，忙活一天也没推动几个事情。

▶ 怎么上次出的问题这次又出现了，让人无奈。

▶ 今天在酒店举办会议，投影居然突然黑屏，找不到人修。

▶ 领导说我每次搞培训都千篇一律，那么多环节、那么多事情要确定，我哪有时间创新。

…………

管理者一箩筐的日常工作烦恼：

▶ 多个项目同时推动，忙得头晕眼花，还出了纰漏，头疼！

▶ 有一项工作疏漏了，大家竟然互相推脱，没有人主动补位。

▶ 项目分工之后，员工拿不准主意，事事都要跟我请示沟通，怎么办？

▶ 部门来了一个新人，又要从头到尾重新教一遍。

▶ 这次的项目成功完成，不知道下一次能不能做到这样好，心里没底。

…………

人员的管理可以分为三个维度，分别是人本维度、系统维度、智慧维度。人本维度聚焦的管理点是"员工愿不愿意做"和"员工是否主动做"。这个是相对复杂的维度，不单单是个体价值的崛起带来了全新管理范式的转换要

求。管理者需要依靠员工的智慧、心力、态度、意愿去推动很多东西，更需要重视员工的自我价值和内在效能的激发。还有人本身就是复杂的，管理不能够违背人性，有些时候管理者的语言、动作，甚至一个小小的指令都会影响最后结果的产出。对人性的了解和洞察，是追求卓有成效管理的一大基础和前提条件。系统维度相对人本维度会简单一些，人本维度讲求的是管理艺术，系统维度更多是管理科学，它聚焦的管理点是"谁来做""做成什么样子"以及"如何做"，这些可以通过思维模型或者战略工具、策略方法辅助我们进行系统管理。第三个维度——智慧维度是人本维度的管理艺术与系统维度的管理科学结合性地升级，它聚焦的管理点是"如何简化、易化、方便做""如何做得更好"和"如何将个体的智慧转化为组织的智慧"，让员工不依赖记忆与经验，避免出错与失误，以最少投入获得最高产出。智慧维度打造的是一个自进化、自驱动、自迭代的智慧生态系统。

总体来看，智慧系统管理的关键目的，一是实现可追溯，能从过程中的蛛丝马迹发现优势和劣势，为工作的持续改进提供信息和线索。二是如何使某项管理做到井井有条、高效产出。弄清楚了这两项目的性，也就可以知道在深度复盘中为什么要设定一步"重现过程，罗列具体动作"了。在规律中寻找创新与突破，在突破中结合现实创造新价值。

"重现过程，罗列具体动作"需要一个承接载体，在探讨、优化、沉淀、汇集整理之后不一定要做成一份 SOP（标准作业程序），而可以是一份项目表单。

SOP（标准作业程序），指将某一事件的标准操作步骤和要求，以统一的格式描述出来，用于指导和规范日常的工作。SOP 的精髓是将细节进行量化，它能够大大缩短新进人员面对不熟练且复杂的事务所花的学习时间，只要按照步骤指示就能避免失误与疏忽。但是由于 SOP 一般内容整理较完备，流程及要求文字记录较多，也产生了负面效应，使得 SOP 应变度差，更加烦琐，抗拒变化而延误时机。项目表单则不同，它既具备 SOP 的细化、量化的精髓，保证了关键性操作的准确性与高效性，同时它还将关键流程中的重要环节，以表单模式进行呈现，文字精练、要点突出，修改便捷能及时应对。

项目表单是以表格化的管理将一系列的过程串联，告诉我们如何一步步做并详细描述每个关键环节，保证每个人的理解是相同的，进而保证每个关键动作都是标准的，以达到期望的结果产出。

项目表单的制作本着三个原则，即简单化、专业化、标准化。所谓简单化就是要实现"执行的本质就是简单"。程序上要以"傻瓜式"呈现，不要将"对方应该懂""自己肯定想得到"又或者"一般经验下"的内容进行省略，一定要将关键环节与操作一一呈现。专业化讲求的是细节取胜。把工作的具体内容细化成可以操作的细节，原则突出，便于落实执行。标准化即需要做到可衡量，比如需要什么资源，需要多长时间，做到什么程度，做多少次等。整体表述少用形容词与副词呈现，多用行为化、数字化描述。

我们以会议举办为例，通过"会议任务项目表单"可以实现整个活动全流程无遗漏的细节督导，活动分工合作的无缝衔接，创意亮点的因需而设，最终通过全面复盘优化形成工作闭环。

项目表单一定是以"工作最优化"制作，这里的最优是品质最优、细节最优、级别最优、配置最优。比如在会前准备的过程中，从会议信息到后勤准备，再到文件准备和物资准备，事项拉列都是最高规格、最完备配置。如果会议不需要住宿则在后勤准备中进行对应删减。图 8-6 为会议任务表单中的会前准备。所以项目表单的宗旨是创造性开发、标准化执行、灵活性发挥、持续性优化。

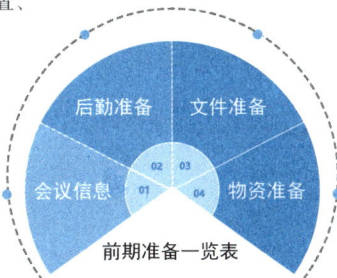

图 8-6　会议任务项目表单之会前准备

项目表单可以应用于各类工作场景与任务事项。比如对新员工的培训工作，里面很多烦琐细节及周期重复性工作，这些都可以用项目表单去建立，表 8-2 为示例。在对新员工进行培训通知时，是从新员工进入团队微信群就开始了。"新伙伴，你好！欢迎加入 ×× 的大家庭，为了帮助您尽快成长，我们特制定了《三个月孵育阶段指南》，助力您的职业力养成！即日起，我们已为您安排专人辅导员，他将参照《指南》辅导您的试用期，同时将为您安排新人培训及派发新员工手册，请添加我的微信，期待与您共事哦！"标准沟通方式中既有流程的讲述也有温度的关爱。

表 8-2　新员工培训标准化通知表单

发布时间	发布群	标准沟通技巧
拉新人进群时	全体员工群	新伙伴，你好！ 　　欢迎加入 ×× 的大家庭，为了帮助您尽快成长，我们特制定了《三个月孵育阶段指南》，助力您的职业力养成 　　即日起，我们已为您安排辅导员，他将参照《指南》辅导您的试用期，同时将为您安排新人培训及派发新员工手册，请添加我的微信，期待与您共事哦

发布时间	发布群	标准沟通技巧
初次培训通知	新员工群	新伙伴们，你们好 　"星星之火，可以燎原"，作为××团队第××批"星火"，承载了团队深深期许的"希望之光"，你们肩负着××崛起之重任，一举一动必然引人注目 　为使"星火"新成员更好地融入团队、适应企业文化、开启职业生涯，将于20××年××月××日（周×）-××日（周×）在××会议室召开"星火"新人孵育计划第××期培训 　现将会议具体安排通知如下
二次培训通知	新员工群	新伙伴们，你们好 　明天我们就要见面了！为了明天的活动能顺利展开，现将会议具体安排通知（部分细节有修改）再次发放给大家，请各位仔细阅读 　本次通知重点如下： 　1. 参会人员名单已更新，请各位检查自己的名字是否被遗漏 　2. 参会人员的住宿安排已更新，本次培训安排住宿周三至周五共3晚，住宿酒店"××"，请检查是否漏缺 　3. 请重视培训第一日"通关环节"活动，资料已提前下发，【全体通关完成的时间，就是放学的时间！】请务必提前背熟 　4. 关于培训的报销，请大家咨询各自主管关于报销要求及流程 　作为××的"星火"新星们，相信你们一定能在本次活动中展现最耀眼的风采！欢迎你们的到来
培训前1日	全体员工群	各位同事们，我们的新伙伴们已经到达，将在今明两天于××会议室开展"星火"新人孵育计划第×期课程，请大家在见到这些可爱脸庞的时刻，报以温暖的微笑 　新员工培训时段为：今日9:30-16:00，明日9:30-15:30，明日晨会时间请保持桌椅摆放形状，保持教室整洁 　感谢大家对新人孵育的支持和理解
培训前1日	新员工群	各位同事们，明天我们即将见面啦！再次进行温馨提示 　1. 提前发起费用预约申请，安排好次日出行日程 　2. 准备正装（参训需要）及身份证（入住需要） 　3. 请带好通知的材料 　4. 培训地址是××，具体定位见下文 　5. 准备好一份愉快的心情 　期待与你们相见
培训前1日	新员工群	新伙伴们，温馨提示如下 　1. 商务礼仪请注意：女士穿高跟鞋，男士佩戴领带 　2. 外出请携带身份证 　3. 明天9点开始签到，9:30开课，请务必提前15分钟到场

　　再看新员工即将参加培训之时，对于老员工的提示。"各位同事们，我们的新伙伴已经到达，将在今明两天于××会议室开展'星火'新人孵育计划课程，请大家在见到这些可爱脸庞的时刻，报以温暖的微笑！新员工培训时段为：今日9:30—16:00，明日9:30—15:30，明日晨会时间请保持桌椅

摆放形状，保持教室整洁。感谢大家对新人孵育的支持和理解！"

除了前面有对新员工生活需求、学习流程的温馨提示，还有对团队其他成员对于新员工的欢迎提醒与培训期间的会议室征用，每一处无不体现细致与温情。这样的表单建立，不但可以保障我们的工作从绩效产出到文化输出持续而稳定，同时避免因个人的原因（离职，休假等）而导致业务中断或出现差错。

项目表单不只是职能型团队稳定高绩效产出的好帮手，对营销型团队的高绩效同样可以起到促进作用。以营销人员进行社区开拓为例，在分析完关键影响因素之后，对于关键操作点可以做梳理，见表 8-3。

表 8-3　社区开拓标准化流程

步　骤	流　程	细化动作
第一步	筛选社区	凡是小区入住居民达到 500 户以上，地理位置佳，人流量大，能够取得物管同意，积极予以配合的社区均可入选活动社区
第二步	活动沟通	1. 选定一名活动责任人负责整体活动的推动和操作，一名宣传员宣传社区活动开展情况 2. 与备选社区物业管理部门联系，取得对活动开展以及相关配合事宜（如广告张贴、现场布置）一致性意见 3. 确定活动时间后上报团队审批，并申请相关活动工具、材料
第三步	提前造势	提前一天请物管配合将活动海报在小区公示栏进行张贴，并在活动当天早上完成场地布置
第四步	组织活动	1. 进驻社区。咨询台布置：应有至少三张统一规格的咨询台（或办公桌椅）排成一列；有条件的可以在咨询台上方立起专用遮阳伞，起到醒目的标识作用；现场摆放公司提供的统一的 X 展架，以展示公司的发展、活动内容等（所有工具、材料均通过正规流程申请，不得自行制作） 2. 所有现场人员统一着职业装，佩戴公司司徽参加现场活动

通过以上关键动作的锁定，就会在客户量筛选、物业协同、品牌造势等方面为获取客户信任与客户数量做到最优化准备。除此之外，在客户接触、邀约、面谈等众多环节都可以通过复盘优化形成相应项目表单，真正将组织隐性知识显性化，起到对组织知识的积累和提炼的作用。

项目表单可以在最短的时间里培养新员工达到熟练工的技能水平。也能让个人在其推动力下形成一种原动力，不断推进、不断落地标准动作，进而强化执行力。项目表单本身的建设是一个不断优化的过程，凡设立先求"有"，再求"优"，不要怕起点低。优化的渠道可以是"组织内的最优"，比如谁有最恰当的方法和程序，可以对自我进行优化。也可以来自"客户反馈"，无论是外部的客户，还是内部组织之间或者上下工序间的反馈。还可以来自"行业标杆"，看看标杆组织是怎样做的。无论是从哪个渠道进行优化，但凡发现需要优化的条目内容，尤其是类似会议这种周期短、频率较高的项目，每完成一个循环都要及时优化。如果放置一段时间再去修订表单，人的大脑在面对这个项目的时候就和面对新项目一样，需要重新建立架构，重新回忆当时的细节，重新思考需要考虑哪些因素和解决哪些问题。有一家公司专门研究过项目事后优化与即时优化的时间差异。结果表明：事后修复需要付出的时间和成本是立即修改的 24 倍。

敲黑板

拉制项目表单本身就比较麻烦，为什么我们要花时间做这么烦琐的事情？当下的烦琐是为了未来的便捷与高效，去解决团队成员与管理者一箩筐的日常烦恼。项目表单让成员无须消耗精力就能锁定关键动作，在保证高绩效产出的同时，能将更多精力用于新价值的创造！凡事从无到有，从有到优，都需要一个积累的过程，不是一蹴而就。我们每天做的事情就是为明天做准备，明天是在今天的基础上成长的，所以我们需要有一个稳定的、可积累的架构，帮助团队去沉淀智慧，构建自迭代的生态系统。

第四节　START-ASK 模型：萃取让成功快速复制

小张近三个月的个人业绩都做到了冠军，营销部经理让他好好总结一下经验，一周之后在营销总结会上为大家做个分享。小张认为及时总结经验也是为了让自己未来做得更好，所以，他欣然同意并在接到这个任务后就开始认真准备起来……

一周之后的总结会上，小张从自己的成长之路开始谈起，作为行业小白起步艰难可想而知，一个个案例故事中充满着辛酸，更充溢着激情与坚韧。最后他对如何做好营销工作给出了五点建议：

▶ 基础知识很重要。

▶ 老生常谈，细节决定成败。

▶ 长期接触客户打基础，不刻意，不可急功近利。

▶ 不断提升自己，相辅相成，客户希望与优秀成功的你合作。

▶ 结果导向，先有目标才能有方法。

在场的同事们都被小张的故事深深打动，也非常认同他对做好营销工作的五点总结。于是在全场热烈的掌声中，小张结束了自己的经验分享。

似曾相识的场景中，身为管理者的我们是否有思考过，这场分享除了对分享人荣誉感的激发与自我价值的激励，对听众情绪的感染与斗志的鼓励，好像再无其他。那些"永远正确的话"与令人动容的励志故事对于促进其他人员工作优化与技能提升并无裨益。多激情驱动，少操作互动；重个人经历，轻细节经过；有要点归纳，无工具方法，这也是为什么很多"牛人分享"，员工听听激动、想想心动、培训之后没有行动的症结所在。

在团队管理中我们渴望标杆的出现，但管理者要寻找的是优秀经验转变成能力复制的方法，而不是仅能激发团队情绪价值的英雄。我们需要找出"偶然的成功"的内核、关键动作与工具方法，去向"必然的成功"转化，更要从个人的成功经验生成出组织的成功能力。因而我们要学会做组织经验"萃取"，帮助组织实现"工具—标准—传承—机制—模式"的成功能力模型塑造，以此来打造学习型、知识管理型、进化型组织的文化，将"个人成功"转化为"组织成功"的常态化成果。

所谓组织经验，是指通过"组织系统"，来让这些经验更好地传递给个体，在群体内分享。组织经验是组织能力的体现。我们知道，经验通常属于个体，个体在工作中形成了优质的经验成果。因此，组织需要通过组织系统，对个体在工作上的经验进行萃取，结构化、显性化，在群体层分享和传播，从而批量获得高质量的岗位绩效结果，并通过组织系统，来实现传播机制，从而保证绩效可持续的高水平，最终形成"组织的共享经验"。

有些员工只是浅浅地叙述了他的一系列动作，摸不清关键动作是什么，更不知道自己成功的内核是什么，其实有可能他自己以为的成功要素，并不是真的成功关键，这就容易使经验分享毫无借鉴意义。但是如何更好地挖掘个体内在的成功点，去作为组织绩效的突破点，这需要相对专业的萃取技术。

组织经验的萃取是一个比较专业而系统性的工作，也是目前市面上很多培训咨询机构的专项服务内容。不过，只要使用好工具与思维模型，我们自己就能训练团队挖掘内部存量和增量知识，快速持续适应变化，解决真实的问题。依靠所有成员在实践中产出的知识，实现隐性和显性之间不断转换，并再次创造出新知识的过程，帮助组织达成个人智慧与组织智慧共同提升的目的。

在众多萃取工具中，本人特别推荐 START-ASK 模型。因为这个萃取模型既能实现个体经验萃取的灵动性，又能深度挖掘成功经验的内在逻辑，还能即时归入关键价值链，进行系统性沉淀。这个模型由三个模块组成，分别是"STAR""T"与"ASK"。

"STAR"是用来回答行为性问题和情境性问题的通用模型。代表了一个完整事件的四个要素，即 situation(情境)、target(目标)、action(行动)、result(结果)。在萃取模型中，S(情境)指的是萃取案例中的任务场景；T(目标)是指明确出该任务场景需要达成的目标；A(行动)是指完成该任务场景的行为模式和关键步骤；R(结果)是指能够确认任务已完成的结果或标准。总体来说，"STAR"在注重行为、应对情境中完整地表述了事件的整个过程。

"T"是 template（文件模板），指在完成任务场景的过程中，使用的历史文件或者参考模板。

"ASK"中的 A 即是 STAR 中的 action（行动），而 S 则是行动所需要的 skill（技能），做好每一步，都有哪些行为技巧；K 是因行动而需要的 knowledge（知识点），即为了完成每一步的行为模式，并把每一步的技巧发挥到位，需要掌握哪些知识。

下面以一位地区行业销冠的分享为例，拆解一下，利用 START-ASK 模型对成功经验的萃取使用。

分享人房女士作为地区行业销冠，她对自己销售业绩优异的原因进行了分析。房女士认为日常的微信营销服务是她实现大量获客及提升客户黏度的关键要素之一。虽然促使她取得傲人业绩的原因还有许多，比如对客户的用心服务，对专业的持续深耕，但本着一次分享只讲透一个关键的原则，她选取了微信营销服务作为分享的任务场景（S-situation）。对于微信营销服务，她的任务场景目标（T-target）是向客户确立自己的品牌定位——做客户品质生活的合伙人。

为了实现这个任务场景目标，她一般需要实施四个关键动作作为一个循环去推进。每个关键动作（A-action）中需要涉猎不同的操作技巧与知识储备。比如"构建内容讲究的朋友圈"中，需要在技能技巧（S-skill）上做到四个注意：

▶ 朋友圈经营以个人形象经营为主。

▶ 围绕个人形象，设立专业知识板块、个人成长感悟板块、客户服务板块。

▶ 每条内容都添加同一标注，提高标识度及个人标签。

▶ 选择固定时间发送，坚持发送，给客户制造潜意识"阅读习惯"。

同时在"构建内容讲究的朋友圈"这个动作中，制作或储备"旅行分享、读书分享、生活分享、荣誉分享、培训分享、祝福信息、公司品牌案例、客户案例、产品介绍、行业信息"相关的知识信息（K-knowledge）。

而在实施了一系列的微信营销服务动作之后，她可以通过服务口碑提升客户黏度，每次客户活动的邀约到场率达到70%以上，活动中或活动后期都会有客户进行复购或将朋友介绍给她。

最后她将自己在微信营销服务中的信息发送习惯及内容分类与大家进行了分享，见表8-4。

表8-4　START-ASK模型应用：微信营销服务表

场景 situation		微信营销服务	
目标 target		打造"做客户品质生活的合伙人"的个人品牌定位	
	行为模式 action	技巧 skill	知识点 knowledge
1	构建内容讲究的朋友圈	1. 朋友圈经营以个人形象经营为主 2. 围绕个人形象，设立专业知识板块、个人成长感悟板块、客户服务板块 3. 每条内容都添加同一标注，提高标识度及个人标签 4. 选择固定时间发送，坚持发送，给客户制造潜意识"阅读习惯"	旅行分享、读书分享、生活分享、荣誉分享、培训分享、祝福信息、公司品牌案例、客户案例、产品介绍、行业信息
2	"品质生活"文案	1. 文案出发点为：为客户创造价值，让人喜欢你，信任你，依赖你 2. 图片要进行加工，使得美食有味、景色更美 3. 以三宫格、四宫格、六宫格最佳，九宫格略拥挤 4. 注意如有重要客户的出镜需征得同意才可发圈，或对相关人物进行打码	考学政策、艺术培养、茶道、花艺、书法、公益活动、比赛、留学信息、企业家协会、商会等

3	客户兴趣及爱好分类	1. 对朋友圈留言客户一一回复 2. 关注客户留言信息, 感知其关注点与需求 3. 对常点赞客户进行关注, 在微信名片处进行备注	对客户发布的朋友圈时时关注并对涉猎的生活内容进行积累查询; 汇总各类资源、活动的相关信息及联络人
4	客户活动邀约	1. 针对不同客户关注点进行重点邀约 2. 发布活动信息海报与文案 3. 对活动点赞客户进行重点邀约 4. 如此次拒绝则预告下次活动, 提前铺垫	活动海报图片、邀约微信模板、活动亮点、特邀嘉宾
结果 result		服务树口碑, 提升客户黏性, 邀约到场率 70% 以上, 复购或进行客户转介绍	
文件模板 template		8:00–9:00 发布资讯类信息, 或发布正能量相关的图片及原创文字、生活感悟 11:30–12:30 发布市场相关资讯或产品 / 活动海报 15:00–16:00 发布市场相关资讯或客户服务案例 19:30–21:30 发布能够体现情怀、爱好、品位、生活的信息	

START-ASK 模型是以"情境"作为背景, 能够保证萃取的知识在对应场景中进行应用, 不会出现"水土不服"的现象。同时以关键动作中涉及的知识与技能分类归纳, 在明晰因果、了解逻辑、抓住要点、学会方法的同时便于在人才培养体系的构建中贡献出价值。而模板的梳理和操作细节的案例呈现, 更是快速实现成功复制的重要因素。管理者可以通过这个萃取工具, 将团队中的个人经验转变成组织经验, 由碎片化经验, 转变为价值链经验, 将阶段化成果变为常态化应用, 真正解决团队的绩效问题, 激活组织的学习实践, 催生组织的知识增量, 更为放大人才培养的效果, 为构建组织的知识体系做了坚实的铺垫。

这个模型可用于多类岗位工作, 包括但不限于客户投诉案例、客户异议处理问题、客户价格谈判。而且 START-ASK 模型不只适用于优秀经验与成功案例的萃取, 也适用于员工自身工作的深度复盘。《刻意练习》的作者安德斯认为: "一个人有可能在一个领域浸润数年而没有多大提升, 因为他只是在进行天真的练习。"所谓"天真的练习", 是指漫无目的、机械地练习, 很少看到练习中的问题, 也就很少能进行改进, 因此, 日积月累反而成了低水平的重复。想要超越低水平的重复, 就需要我们做深度复盘。

敲黑板

很多公司型团队已经意识到组织经验萃取的重要性，但往往声势浩大的工程换来的却是"形式上的隆重""案例上的臃肿"与"应用上的折中"。其实无论是公司、部门或是我们自己，关于经验萃取与智慧沉淀，只需要记住十二个字"有起点、有耐心、有持续、有收获"。我们需要有一颗耐心，这个耐心既是对我们自己的，也是对员工成长过程的。不要渴求一下子就实现系统化人才培养与技能输出，我们要以"点"成"线"，先萃取出 1.0 的版本，然后再升级到 2.0。而每一个案例、每一份经验都不要浪费，将它们一一镶嵌在 KASH 的关键价值链中，去发挥效力。打造学习型组织，要有一个不断迭代的过程和不断成长的心态。所以今天，我们不妨先用 START–ASK 模型撬动一个起点，去开启组织智慧打造的新里程。

第五节　KASH：结构化输出，高效搭建人才培养体系

有一次我去企业客户工作，刚进办公室，一位从事营销管理工作多年的赵经理便跑来跟我抱怨："管理者太不好当了！我的一名下属小周入职三个月，一点儿成绩没干出来就要离职。让我受不了的是，我手把手教新员工如何快速开展业务工作，可这名新员工在离职申请表中写的离职原因竟然是'培训不足，没能掌握关键技能'。且不说他一入职，公司就安排了很多培训内容。我天天那么忙，只要有时间就给他辅导，已经尽了最大努力，没想

到是这个结果，真是没地儿说理去！"

我安抚好赵经理的情绪，随后便找来准备离职的新员工小周了解情况。小周反馈，他一入职便被公司安排学习相关制度及岗位工作要求。基础培训结束之后，赵经理确实经常给他"说说"工作开展的相关技能，但是"东一榔头，西一棒槌"，让他感觉既不系统又琐碎繁杂，越学越乱，根本不知道该如何开展工作。

通过跟小周的沟通，我明白了赵经理的问题。其实，管理者之所以会出现这样的情况，是因为忽略了碎片化学习和系统性学习的关系，并且没有意识到员工虽然是组织能力提升的载体，但对员工能力、员工治理、员工思维落实在哪些具体能力上并没有认真思考梳理过。那如何帮赵经理解决问题呢？这就需要管理者系统、清晰、高效地培养出员工的岗位胜任能力，管理者在进行员工培养时要做到"四要"和"四不要"。

➤ 员工培养工作要由主管领导抓；不要过于依赖公司。

➤ 员工培养要结构化、系统化输出；不要碎片式、散点式传授。

➤ 员工培养要分阶段、持续开展；不要随机、间歇进行。

➤ 员工培养要聚焦绩效产出，打造岗位胜任能力；不要分散精力投入，堆砌岗位需求要素。

做到"四要"，避免"四不要"的出现，就需要对员工培养进行体系性建设，做到碎片化输入、结构化输出，训教结合多维互动，体现员工培养从无序到有序、从低阶到高阶的过程。可能有管理者会感叹，这一系列的操作是动用相当多人力、物力、时间成本的大工程啊！其实不然，还真有方法能让管理者在时间紧、事务多，哪怕培训技巧不足、辅导能力薄弱的情况下去简单高效地构建员工培养体系，这个工具就是 KASH。

什么是 KASH？

第一个字母"K"，是 knowledge（知识），对应的是职业内容中的所属领域的专业知识。

第二个字母"A"，是 attitude（态度），对应的是职业态度中的职业价值、职业意义以及对职业和所在行业的认识、看法。

第三个字母"S"，是 skill（技能），对应的是职业技能中的做好工作的方法、技巧、工具、流程等。

第四个字母"H"，是 habit（习惯），对应的是职业习惯中的专业动作的次数、正确方法的重复和技巧使用的循环。

为什么一个"KASH"就能构建培养体系了呢？

"KAS"三个模块来自教育心理学家布鲁姆所提出的教育者的教学目标分类。根据布鲁姆的理论，学习分成以下三个范畴：认知范畴即后来的knowledge（知识）、技能范畴即后来的 skill（技能）及态度范畴即后来的attitude（态度）。布鲁姆分类学的最终目标，是要鼓励教学者对教学的三个范畴都要有所聚焦，以达至整体全面(holistic)教育。他所领导的学习分类法的创建，提出的三个学习"领域"自此成为标准，几乎所有个人能力发展领域都将它们用作基准。

那为什么要在经典的三个学习领域上再加一个"H"呢？《高效能人士的七个习惯》一书中说：一个人一天的行为中，大约有 5% 是非习惯性的，而其他 95% 的行为源自习惯。这几乎等于说，是习惯，决定了我们的一生。那么也可以说职业习惯完成了专业行为的累积，进而造就了职业能力。

人才培养不是一次培训活动，而是借由一连串活动，把对人才的态度与技能的期望，有效地转移到个人身上，是一个从学到某些知识与技能，然后应用于工作，进而产生绩效提升的过程。如果对员工的培养内容东拼西凑，不仅无法产生累积的效果，还可能会产生内部观念与行动方式的冲突。因而，在人才培养的过程中 KASH 缺一不可，该工具通过传授知识、建立态度、培养及迭代技能、养成工作习惯，由易到难、循序渐进、阶段实施构建了一个完整的系统，实现员工胜任力的打造。

如何使用 KASH？

按照以下四个步骤即可构建团队的基础培养体系。

第一步：确定工作绩效的应用目标

没有目标的时候，学习很容易陷入"盲目学习"和"无边界学习"的状态。而没有绩效改变的学习，其实是一种"伪学习"。只有将学习和绩效融为一体，才能打造出一支高效能的团队，才能成为专业化时代的赢家。

以某营销部门为例，团队业绩构成公式为：

团队业绩 ＝ 团队活动数量 × 团队活动质量

　　　 ＝ 团队拜访量 × 团队平均成交率 × 户均成交额

　　　 ＝ 人力数量 × 人均产能

由此推导出个人业绩公式：

人员业绩 ＝ 营销人员活动数量 × 营销人员活动质量

　　　 ＝ 拜访客户数量 × 成交率 × 户均成交额

所以如果以提升团队内部个人的产能作为工作绩效的应用目标，需要聚焦于如何提升员工的客户拜访数量、提高客户见面成交率和提高每单的客户成交额度。

第二步：分解工作流程，梳理任务模块

确定工作绩效目标关联后，回顾工作场景，分解工作流程，将模块任务逐级细化，每个模块分解成小的关键点，把核心内容全面展示出来。继续沿用第一步中的案例：人员业绩 ＝ 拜访客户数量 × 成交率 × 户均成交额。

其中拜访客户数量取决于营销人员的态度（A）与习惯（H）；成交率

取决于营销人员的营销知识（K）与沟通技能（S）；户均成交额取决于营销人员的业务专业知识与业务专业技能。而在员工完成一个营销任务的过程中，按照循序动作可以分为：客户筛选、客户约见、销售面谈、异议处理、成交、后期服务若干模块。管理者需要分析此过程中涉及的重要技能（能力）具体体现的行为是什么，比如市场（客户）细分、价值链定位、渠道开发、大客户管理、定价策略、价值销售等项目作为核心技能。同时以提升不同能力维度，或员工在岗时间维度等构建整个团队的培养体系框架，通过体系化任务（技能）拆解，梳理出不同层级的员工胜任本岗位所必须具备的技能、知识、态度、习惯，并按照相应层级构建出系列的学习训练活动。

第三步：博采众长填充内容，设计学习行为完成学习转化

基于绩效目标确定的一系列关键点的学习内容的传授，既可以来自团队内部的萃取，也可以来自外部的标杆分享，也可以在互联网等新媒体中借鉴经验。谁来教不重要，最重要的是保证连贯完整的学习动作服务于绩效产出。同时作为管理者，还要设计团队成员的学习行为，不懂得让他们如何"学会学习"，灌输再多的好内容也没有用。只有将学习内容与实际工作场景联系起来，让"学"和"做"之间产生了联系，员工才会在工作场景中应用所学。学习行为的设计包括但不限于竞赛、模拟演练、典型案例分析、早会主讲、陪同拜访、教练辅导、绩效面谈等。

第四步：碎片化输入，体系性沉淀，迭代式完善

不怕起点低，就怕不累积。实现用碎片化的时间完成内容的输入，再用模块化的方式完成体系化输出。既需要有构建培养体系的主线，更需有应用中重复的机会。只有经过重复和运用，才能真正把培养体系落到实处。但知识和技能也是有边界的，有保质期的，在当今时代，组织能力面临的环境更加复杂，能力要求也是实时变化的，管理者需要不断对体系内容进行迭代完善。

如果管理者对于团队管理已经有了比较丰富的经验，在按照 KASH 进行

系统梳理后，还可以进行升级——绘制 CDP（ capability development plan，能力发展计划）图谱，实现人才培养的简单化、标准化、体系化。

员工从"知道"到"做到"的临界线就是由一系列的"临界点"组合而成的。这些"点"可以包括时间节点、关键点、衔接点、侧重点、支持点等，如果管理者能串联起这些"点"，就能便捷、高效、标准化打造出员工的胜任力。表 8-5 是新人三个月 CDP 图谱示例，供大家参考。

KASH 实现了人才培养的有序进行，培养过程便于记录，培养有效性利于评估，帮助管理者快速构建可评价、可跟踪、可衡量、可展示、可汇总的人才培养架构体系。

天才可能因为经验主义变成庸才，反之普通人也可以用体系化运作的方法成为天才。

敲黑板

彼得·圣吉在《第五项修炼》里说："在一个变化越来越快、越来越复杂的世界里，只有那些懂得如何激发组织内各个层次人员学习热情和学习能力的企业，才能傲视群雄。"永远不要指望公司的培训职能部门替我们解决所有的培训问题，我们需要站在公司给我们提供的培训体系上，根据自己团队的特点设计更有针对性、更能赋能业务的人才培养体系。

表 8-5　新人培养 CDP 图谱

新人培养（三个月关键期）CDP 图谱

项目 时间	K（知识）	A（态度）	S（技能）	H（习惯）	拜访	陪同拜访	鼓励语言	建议阅读书籍	备注
第一周	公司介绍、规章制度（考核、考勤）、合规；常规业务（基金账户、股票账户）开通条件	·行业了解；·公司了解；·从业信心	开户及软件使用、公司系统使用、办公通讯、沟通技巧/与他人接触话术、介绍自己的公司和行业	学会写工作日志、早夕会习惯	主管带领渠道拜访	·示范开展业务1次；·新人在营业部自我展示1次	·你学得真快；·对，是这样，你做得真好；·比我当年好多了；·我曾经也这样想	《能力陷阱》埃米尼亚·伊贝拉	不要心急，不要忽视最简单的基本知识，注重合规条款的养成和习惯，不要过于催促
第二周	能够用个人语言熟练介绍公司情况；开户流程及基础服务；了解公司产品	·对待拒绝的勇气；·行业信心；·公司了解	掌握基本接触技巧，与他人轻松谈话，学会找投资相关话题；渠道拓展；各类日常工作平台使用	工作日志详细填写，主管每日批阅；目标管理习惯	·每日3访；·渠道拜访	·陪同开展业务1次/周；·角色演练2次/周	·没事的，别人拒绝是很正常的，"大神"去营销也会有人拒绝，对你有信心，一切会会好的	《能力陷阱》埃米尼亚·伊贝拉	注意工作日志的批阅和其拜访情况，注意应对其出现的拒绝问题
第三周	基金定投熟练讲解；合规制度再学习	专业度：平台+服务+好人品+对公司信心	转托管业务训练；渠道沟通；客户异议处理	工作日志；潜在客户名单梳理	·每日3访；·渠道拜访	·示范促成1次或陪同促成1次；·角色演练2次/周	·你真不错，非常优秀。优秀人员的感觉了；·把"做财富管理"生活化，聊聊财天，轻轻松松谈理财，不要太大压力，对方不一定就换人聊聊，我对你有信心	《人生十二法则》乔丹·彼得森	观察其营销技能情况及在营销中暴露出的问题，及时给予指导和鼓励。如不能陪同拜访，那您以角色演练的方式了解其问题所在

新人培养（三个月关键期）CDP 图谱

项目\时间	K（知识）	A（态度）	S（技能）	H（习惯）	拜访	陪同拜访	鼓励语言	建议阅读书籍	备注
第四周	熟悉产品、行业相关知识，行业了解；了解业务重点介绍；了解投资理念模型介绍	·行业信心·公司了解	潜在客户电话服务；空中促有效	工作日志自我总结开展业动作（活动量管理）	·每日3访·渠道拜访	·陪同开展业务1次·角色演练2次/周	·这个月你很用心很努力，我真幸运有你·你肯定会比我做得好的，下个月我们比比看	《人生十二法则》乔丹·彼得森	注意总结一个月的情况，有鼓励，有指导；有激励，注意理念与实战时的结合，注意在月底时的心态，要帮助其树立信心
第二个月	掌握投资理财模型讲解；掌握公司各类营销支持工具；思考营销后的服务	·行业信心·不怕拒绝和挫折·积极乐观·公司了解	转介绍，电话约访的大量使用；随机拜访所有一定促成技巧	每日拜访；详细填写日志；随时寻找目标客户	·每日3访·渠道拜访·随机拜访陌生人	·陪同拜访1次·在营业部主持早会1次	·你做得不错·你一定有更好的应对技巧，明早咱们小组分享一下·你非常适合做营销·你还有很大潜力，继续努力	《聪明的投资者》本杰明·格雷厄姆；《思考致富》拿破仑·希尔	这个月新人经常容易放弃或者不能达成目标。注意其技能完善和信心建立；鼓励其尝试不同的开拓方法来拓展客户；多用演练方法来训练技能
第三个月	公募、两融、港股通、科创板等业务的全面学习	·长期发展的信心·积极乐观	拒绝借口；异议处理	每日拜访；详细填写日志；随时寻找目标客户；要求转介绍	·每日4访·渠道拜访·随机拜访陌生人·向转正发起冲刺	·陪同拜访1次·在营业部主持早会1次	·瞄向转正冲刺啦，让我们看看如何能更快达成目标·你真优秀，这三个月做得这么稳，又有自己的想法，非常适合这个行业·咱们先把把业绩提前达标和转正作为第一个小目标	《聪明的投资者》本杰明·格雷厄姆；《如何在人生中推销自己》拿破仑·希尔	一定要帮助其提前完成转正目标。观察技能变化和心理变化，多多鼓励和支持，注意其客户的积累情况

第九章

三大工具，铸就团队精神

如果说打造岗位胜任力的批量生产系统是使员工获得"能干事"的能力，那么我们还需要体系性地营造让员工"想干事"的文化氛围。

让员工"想干事"的文化塑造，除了需要前文讲到的管理赋能，还需要管理者构建组织本身独有的特质。要想让组织文化散发魅力，让浸润其中的成员都在其潜移默化的影响之下，实现从共识到共鸣，进而与之同行，在文化打造上需要三个要件：有仪式、有姿势、有故事。这种环境使得团队中的每个人都能发挥出自己的最大价值，从而在一次次"使命必达"的过程中养成了打胜仗的习惯。

第一节　5221 法则：岗位胜任力的批量生产系统

在职场中有一个著名的"721 学习法则"，该法则认为，成人的学习，70% 来自"工作中的学习"，即需要通过在工作中习得经验，完成任务，解决问题并获得成长；20% 来自"向他人学习"，即通过他人反馈或与榜样一起工作，在观察中学习该榜样；10% 来自"正式的培训"，即通过分享老师精心准备和设计的内容，帮助其在短时间内了解、掌握一定的专业知识和信息。

在管理学上还有一个"271 法则"，它是韦尔奇推崇的员工管理原则，他把 20% 的绩优员工定义为 A 类员工，把 70% 的业绩中等的员工定义为 B 类员工，把余下 10% 的业绩较差的员工定义为 C 类员工。韦尔奇认为，C 类员工是必须要转岗的，"271 法则"的目的就是保持组织活力，实现组织利益的最大化。

以上两个法则分别是从员工成长与员工分类管理的角度构建出的标准，而"5221 法则"则是以"721 学习法则"和"271 管理法则"为蓝本，基于员工培养方式与培养重点，对于建立岗位胜任力的批量生产系统所提出的参考模式。

说到岗位胜任力的批量生产，很容易让人想到一系列的工程型项目工作：岗位胜任力的建模、学习地图的设计开发、系列课程的设计开发、辅导训练体系的设计开发、导师筛选与培养、专项岗位绩效改进、人才培养系统的运营实施等。随便单拎出一个工作项目，都足以让人才培养岗的专业人士工作上数月。可是利用"5221 法则"，管理者可以用碎片化的人才培养时间积淀出系统性的专业力量，还可以在简单便捷的辅导操作中提炼出实效工具与方法，体系化地提升人员产能，并根据自身团队的实际情况，量身打造属于团队内部的人才发展学习地图，实现批量化的人才生产。

"5221 法则"作用于两个方面：一是人员培养的方式，一是人员培养的重点。首先在人员培养的方式上，"5221 法则"源自"721 学习法则"，但不同于该法则，"721 学习法则"的实施主体是员工自身，需要学员自己在成长的道路上明确学习目标，制订并落实学习计划，工作中多留心、多观察、多请教，善于总结经验并学以致用。可如果管理者真的把学习成长作为员工"自己的事情"而不进行相应干预的话，会让员工的自我学习变得低效而不可控，缺少前辈和他人的指引导致很多时间和精力浪费在不断重复自己的错误上，这是一种自生自灭的成长方式。所以管理者需要以"5221 法则"的方式将自己作为实施主体，对员工的学习内容与方式进行干预，把"721 学习法则"中的每个模块进行打磨，在模块之间的相互影响与作用之下实现员工的学习成长。

"721 学习法则"中的每个学习模式都很重要，它们相互促进、缺一不可。"5221 法则"是对"721 学习法则"的"7"进行了进一步拆解，将其中的"2"单独划拨出来，作为"工作优化"的内容。也就是说，"5221 法则"在学习内容上是 50% 的"工作中学习"，20% 的"对工作内容提出优化"，20% 的"向他人学习"，10% 的"正式的培训"。

"正式的培训"是运用内外部资源进行管理知识、技能类相关课程的集中学习与研修，正式规矩的学习，虽然直接成本更高，但是对于快速提升专业性知识却是非常有效的。

"向他人学习"是通过配置导师和教练，借助他人的力量，帮助目标群体快速、有效成长。员工辅导人员的配置可以分为三个类别。

业务导师：由专业性强的骨干人员担任，既可以是团队内部的，也可以是团队外成员。重点在于对员工专业技能或专业知识的日常辅导教练。

成长导师：由员工直接主管或团队最高管理人员担任，重点在于员工心态、习惯养成及多方面能力的综合提升与个人职业发展的辅导教练。

领带导师：由所在组织的高级管理者担任。一般而言，辅导对象为团队的重点培养人员。以高管人员的言传身教，对员工认知、格局、职业跃迁进行正向有力的引导。

管理者可以根据团队实际情况对不同员工做不同的导师安排。让员工在他人分享、反馈与教练中学习经验，进而事半功倍地开展工作。

"工作中学习"可以是发掘内外部资源、展开高层对话交流及业界优秀标杆学习以开拓思维、学习创新，也可以是通过读书活动、团队建设活动等选择相关主题组织研讨，进行经验交流与分享，还可以是对实际工作应用成果展示的案例发表，再或者是在本岗位工作熟练且游刃有余的基础上进行轮岗及兼职锻炼。其实让员工多做高效简洁的日报、周报、月度报告，在总结中发现规律，提取经验教训，也是非常好的训练方式。

"对工作内容提出优化"之所以可以被单独区隔出来进行工作训练，是因为无论是流程的优化、成本的集约还是产能的提升，都是塑造团队竞争力的关键要素，以工作优化和知识迭代带来组织效力提升已经成为团队应对多变环境、实现战略目标的制胜法宝。工作优化训练的方式也比较多，比如成立优化小组、举办合理化建议评比、定期开展专项工作提升活动等，无论是哪一种培养方式，其初衷都是使员工深入了解工作内容，认真观察、动脑思考，学会以事实为依据、用数据说话，去协调沟通，进行团队协作。

在根据"5221法则"设计员工培养方式的时候，需要以岗位胜任力画像作为设计的起点。岗位胜任力的画像并不需要借力人力资源部门采用专项，就行业岗位特质去开展，只要秉承以战略目标为依托的宗旨，就可以对岗位胜任力进行画像。比如，以营销岗位为例，如果组织战略业务重点为提升客户服务质量，以高质量服务赢得客户，那么营销岗位能力就需要把"客户关系能力"作为训练重点。以"建立联系能力、了解个人信息能力、获得认可能力、建立个人信任能力"的"建立客户管理能力维度"，"增值销售能力、引荐关系能力、建立圈子能力"的"使用客户管理能力维度"，以及"管理客户体验能力、客户高层日常沟通能力、建立长期关系能力"的"维护客户关系能力"维度去进行专项训练与提升。如果组织战略业务重点为聚焦大客户开发，推进产品市场占有率，那么营销岗位能力就需要把"大项目运作能力"作为训练重点，在"销售阶段把握能力""机会分析的能力""销售战略与策略的制定能力""招投标控制能力"维度进行专项训练与提升。

没有哪个岗位的胜任力是一成不变的，人力资源的配置与人才的培养一定是根据组织战略发展而定，以变应变，打造可实现组织战略目标的岗位胜任力。

图 9-1 为"721 法则"和"5221 法则"的对比。

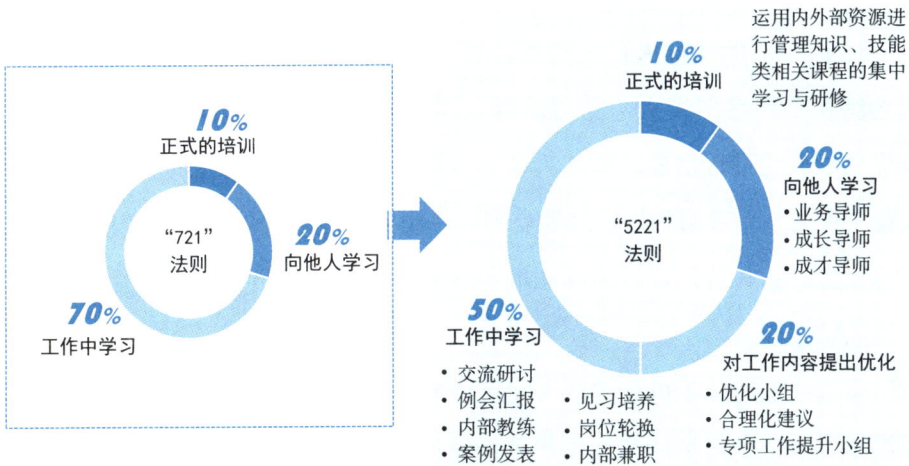

图 9-1　"721"和"5221"

"5221 法则"对于人才培养重点的建议，也是遵循"271 管理法则"的核心思想，只不过是将其中的"7"（70%）合格员工，区隔出"2"（20%）合格员工和"5"（50%）良好员工。因为管理者不可能对每位员工都采取相同的辅导训练方式，这对员工成长并无裨益，但时间和精力也使得管理者无法实施对员工进行量身定制的独立辅导计划。在批量化生产的效率与定制化激励的效能之间取得平衡，实现组织效能最大化提升，管理者需要关注的重点是让 50% 的"良好"人员迈向"优秀"。

　　"271 管理法则"的目的是保持组织活力，实现组织的利益最大化。在韦尔奇看来，20% 的绩优人员为组织创造了 80% 的价值，韦尔奇说："C 类员工是指那些不能胜任自己工作的人。他们更多的是打击别人，而不是激励；是使目标落空，而不是使目标实现。你不能在他们身上浪费时间，尽管我们要花费资源把他们安置到其他地方去。"

　　对于 10% 的绩差人员，管理者可以采用绩效面谈＋技能辅导＋考核要求的方式进行辅导。在一到两个循环之后，如果绩差人员还没有改善，管理者就需要对其进行转岗安排。

　　对于 20% 的绩优人员，管理者可以采取外派交流学习＋专项精修＋内部教练＋工作案例发表＋见习培养＋岗位轮换＋内部兼职＋主持工作＋工作优化的方式进行培养。绩优人员，一般都是自我效能较高的人，对于他们来说"优秀是一种习惯"。以麦克利兰"成就需要理论"为依据，给予授权、目标设置、担任管理或者教练职能等激励，会使这类员工乐于接受挑战并产出更高绩效。

　　同时这里的员工也是团队人才培养的"模板"和"高绩效画像"，管理者需要对这个群体里的相关技能进行细致萃取与系统沉淀，以作为训练内容对其他员工进行辅导训练。

　　对于 20% 的合格员工，管理者可以采用课堂培训学习＋交流研讨＋技

能训练 + 工作复盘的方式进行训练辅导。追踪员工的执行动作的标准性，关注员工工作复盘过程中的行为偏差与技术不足。

对于 50% 的良好员工，管理者可以采用课堂培训学习 + 交流研讨 + 技能训练 + 工作案例发表 + 专项辅导 + 工作历练 + 工作优化的方式进行培养。他们是决定组织绩效平均水平的"大多数"，是需要管理者重点关注的对象。对于这一群体而言，如果知识储备不足，就需要以自学、网课、专项培训等方式实现提升；如果业务技能不足，就通过导师帮带、教练指导、专项训练获得提升；如果实战经验不足，需要通过专项任务、有计划轮岗等措施，辅以时间的沉淀，便可获得改进。

敲黑板

对于现有团队的培训，管理者可以将岗位的通用技能作为培训的核心内容之一。但当成员的通用能力足以匹配岗位工作的时候，管理者需要将组织所需的特有的知识或技能作为训练重点。因为当团队能力成熟时，通用技能必须在招聘环节进行识别和筛选，否则当不具备岗位通用技能的人进入团队后，会拉低整体效能，而管理者的培养投入会变得低效，也会影响团队整个人才批量化生产的生态系统。

第二节　仪式表单：检索契机，以小胜激大胜

1970 年，格雷博士提出了两个控制所有行为的系统：行为抑制系统（BIS）与行为激活系统（BAS）。行为抑制系统是抑制当前活动，在消极

回避及消除强化行为方面，它的目的是压制可能导致的惩罚行为。比如当我们感知到某些风险或威胁时，我们的行为抑制系统会阻止自身采取行动。行为激活系统也称行为促进系统，促使个体实施有目的活动并且对奖励与非惩罚性刺激有较高的觉醒状态。当我们感知到某些奖励时，我们的行为激活系统会鼓励自身采取行动去获得奖励。

这两个系统之间的张力是恒定的。在任何情况下，这两个系统中的一个总是凌驾于另一个之上。要么"趋近目标"，要么"回避目标"。如果说打造岗位胜任力的批量生产系统是使员工获得"能干事"的能力，那么我们还需要体系性地营造让员工"想干事"的文化氛围。

让员工"想干事"的文化塑造，除了需要前文讲到的让员工有目标感、支持感、认同感、参与感与获得感的管理赋能，还需要管理者构建组织本身的独有特质。无论我们想构建的价值观、使命、愿景是怎样不同，但要想让组织文化散发魅力，让浸润其中的成员都在其潜移默化的影响之下，实现从共识到共鸣，进而与之同行，在文化打造上需要三个要件：有仪式、有姿势、有故事。这三个落地组织文化的要件，将通过三个小节来阐述。本节主要来分享"让员工想干事"的组织文化中不可缺少的"仪式感"。

仪式感在员工"想干事"到"干成事"再到"想干更大事"的循环建立中不可或缺、作用巨大的奥秘，可以由"卢比孔模型"和"峰终定律"为我们来揭示。

卢比孔模型包括四个阶段（决策前、行动前、行动和行动后）、三种意向（目标、执行和评价）及调控机制，旨在推动愿望转换为具体行动。该模型将我们的目标从设定到实现分成四个步骤，具体内容如图 9-2 所示。

决策前阶段：选择和设定目标；

行动前阶段：规划目标实现的过程和路径；

行动阶段：按照计划，采取行动；

行动后阶段：复盘和评估，确认实现情况和价值。

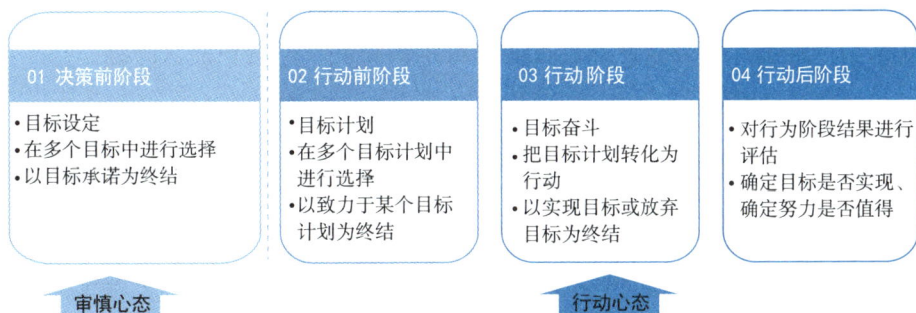

01 决策前阶段	02 行动前阶段	03 行动阶段	04 行动后阶段
•目标设定 •在多个目标中进行选择 •以目标承诺为终结	•目标计划 •在多个目标计划中进行选择 •以致力于某个目标计划为终结	•目标奋斗 •把目标计划转化为行动 •以实现目标或放弃目标为终结	•对行为阶段结果进行评估 •确定目标是否实现、确定努力是否值得

审慎心态　　　　　　　　　行动心态

图 9-2　四个动机阶段（卢比孔模型）

决策前阶段，我们通过"共享目标"，用愿景去驱动员工，在与组织目标一致的情况下设立个人工作目标。行动前阶段，我们通过"共谋方略"和"共启行动"，在多种思维工具的助力之下绘就个人行动地图。行动阶段，我们通过情绪、能力、效率的赋能去帮助并引领员工按照计划采取行动。而在行动后阶段，如果我们只通过深度复盘让员工进行能力进化是不够的。管理者还需要在他们对行动的价值评估上下足功夫，让员工产生"这一切值得"的感受，进而在"值得"的评估心理作用下，使其向更高目标挑战。

如何才能让员工产生"行动值得"的感受？心理学家卡纳曼经过深入研究，发现我们对体验的记忆由两个因素决定：高峰时与结束时的感觉，这就是峰终定律。也就是说一项任务完成之后，所能记住的就只是在峰时与终时的体验，那两个时段的感觉是好的，记忆就会形成"好的"的印象，产生"值得"的感觉，反之亦然。其过程中的好与不好，对记忆形成的影响微乎其微。而当结束一项任务，有能够调动我们激情与满足感的情节时，当我们再从事相关性活动的时候就会想起美好的记忆，产生美妙的感觉，在这样的感觉刺激之下，也会激发出更多的行动力。所以"峰"与"终"就是制造出"值得"感觉与评估的关键时刻。

而仪式感，恰恰是最直接强化"峰终定律"的方式。仪式感让员工感觉到成绩得到了认可，有被重视和被尊重的感觉，进而构建个体与组织间的信任感和信赖感，增强彼此黏合度，让员工对团队产生真正的认同感。

仪式化的动作，可以作为独立任务终结时的升华。比如，员工完成一个大客户签单，团队为他举办庆功宴。仪式化的动作也可以成为员工整体工作历程中各个环节的里程碑。比如入职的周年纪念、担任团队新员工的导师、被评为业务伙伴的最佳服务人等。这些动作让作出贡献的人得到尊重和认可，感受到光荣与骄傲，这种回忆是独一无二的体验。它们就像一张张"标签"，一旦被贴上，当事人就会作出自我印象管理，使自己的行为与所贴的标签内容相一致。

同时仪式化的动作也可以作为情绪状态切换的按钮，让员工快速进入特定的情境中。比如年初的"开门红"会议、假期后的收心会甚至是每日的早例会，都可以通过场景营造为员工的工作状态与情绪设立"切换按钮"。心理学中有一个概念叫"心锚效应"，是说人的某种情绪与行为和外界的某个事物产生连接，会产生条件反射。仪式化的动作就是在这样的条件反射之下完成员工激昂情绪与积极行动的激发。

要打造好仪式感就需要组织设置的内容足够丰富、细致、及时，以及有趣、有料、有势。管理者需要全面找寻、及时捕捉可适用于员工价值感创造的要素；对员工产出的每一个小小的胜利都快速响应且及时传播。设置环节形式上要有趣，内容上要有料，力度上要有气势，真正在细微之中积聚能量。

管理者要检索团队工作中的每一个仪式创造的机会，一种在特定空间、时间、情绪、情感等因素综合作用下催生出的员工自我满足感，这是超脱于流程机制与制度要求等管理科学之外的。

团队文化是在仪式感中融入多维度、多元化的情感触点，来提升内在的价值和内涵，为员工营造一种情境，产生情感上的共鸣。管理仪式感的打造没有固定的形式与要求，它可能是一个场景、一个时间节点、一个动作、一句口号，或者仅仅是一个主题。但是我们可以拉列一份团队管理仪式表单去全面检索，捕捉契机，见表 9-1。

表 9-1　团队管理仪式表单

团队管理仪式表单		
序号　维度		项目
一　例会类	周例会	早、夕会
	月度会	业务督导会
	年会	假日收心会
	专题会	经验分享会
二　成交类	首单仪式	件数王仪式
	成交仪式	完成挑战仪式
	大单仪式	×× 产品出单仪式
	创纪录仪式	大单仪式
三　生涯类	破茧仪式	欢送仪式
	飞跃仪式	明星仪式
	转正仪式	功勋仪式
	晋升仪式	任命仪式
	考证仪式	五年长青仪式
	迎新仪式	十年长青仪式
四　冠军类	业绩冠军	新人冠军
	增长冠军	创收冠军
	创新冠军	毅力冠军
	新户冠军	渠道冠军
	全能冠军	速度冠军
	大单冠军	人气冠军
五　服务类	好评王	协同王
	复购王	渠道王
	扩容王	转介绍王
	覆盖王	产品配置王
	电话王	创新服务王
六　启动类	周、月、季启动	开门红启动
	年末冲刺启动	
	专项业务启动	

团队管理仪式表单			
序　号	维　度	项　　目	
七	活动类	团建活动	头脑风暴活动
		服务活动	节日专项活动
		义工活动	减压释放活动
		家访活动	分享交流活动
八	竞赛类	一对一竞赛	知识竞赛
		辩论赛	新人业务竞赛
		对赌竞赛	创意展业竞赛
		挑战竞赛	突破自我竞赛
		技能竞赛	演讲竞赛
		跨公司/团队对标赛	

隆重不代表奢华，简约不意味简单，仪式感的背后需要管理者对团队文化打造的深刻理解和实践，是用心的细节和全然的尊重。不知不觉中，团队成员都会在这种仪式感中逐渐形成对组织的认同感。

以小胜激大胜，就是让员工在每一次挑战中获取更多的成就感与行动力，将组织目标化整为零、步步为营，通过小胜利的积累，实现从量变到质变。

敲黑板

团队文化的塑造就像用"仪式感"在员工心中种树一样，那些树可以是各种工作的习惯，可以是美好的回忆片段，可以是温馨友爱的情感……虽然栽种的时候它很渺小，但是随着时间的累积，当我们再回头凝望的时候，那一株株小苗都长成了参天大树，将员工与团队牢牢地连在了一起。种下一棵树，最好的时间是十年前，其次是现在。

第三节　TOPIC 模型：让打胜仗成为团队习惯

古希腊哲学家亚里士多德说："人的行为总是一再重复。因此，卓越的不是单一的举动，而是习惯，人是被习惯所塑造的，优异的结果来自良好的习惯，而非一时的行动。"

高效能团队超越正常团队的通常边界而致力于追求彼此进步和成功。高效能团队的执行力远超其他团队，它的成功不仅取决于成员个人的能力水平，更重要的是成员们共同拥有高效的行为习惯。

在这个团队中，每个成员都很清楚自己的工作职责，明确目标，制订可行的计划，合理地分配工作并且保持高专注度和目标导向性。他们敏锐地发现和解决问题，认真地执行计划并及时调整，确保工作按时、高质量地完成。足够开放和信任存在于定期检查工作中，并且团队允许多种独特的个人工作方式和方法存在，从而创造循序渐进改进团队工作风格的方法。这种环境可以让每个成员都得到充分发挥，使得团队中的每个人都能发挥出自己的最大价值，从而在一次次"使命必达"的过程中养成了打胜仗的习惯。

如果需要团队成员养成以上打胜仗的习惯，管理者就需要以有效的"姿势"去构建团队文化。一种好的团队文化的形成需要有仪式、有"姿势"、有故事。在这其中，"姿势"是至关重要的一部分，因为它是一种行为习惯及工作习惯的养成。管理者频繁做出既定的管理"姿势"，就是在形成团队文化的"肌肉记忆"。肌肉记忆是指肌肉具有记忆效应，同一个动作重复多次之后，肌肉就会形成条件反射。

这个概念由心理学家希里格所提出。他认为，人的身体是经过训练，调整到某种运动姿势的，一旦这种姿势达到了自动化程度，再做这种动作时，身体就不需要再通过大脑控制肌肉，而是直接完成这个动作，这是因为肌肉已经形成了条件反射，达到了"自动化"的状态。同样的道理，团队文化的形成也需要长期反复，不断地摆出既定的管理"姿势"，然后在长期反复之下形成"文化记忆"。

管理者可以利用 TOPIC 模型，建立信任（trust）、目标导向（objective）、管理流程（process）、共同承诺（commitment）、高效沟通（communication）五个管理"姿势"，在团队建设、赋能员工、沟通协作等日常管理工作上，逐步将良好的行为习惯和工作习惯刻入团队成员的基因，最终养成团队打胜仗的行为习惯与工作习惯。

那么管理者该如何摆出五个管理"姿势"呢？

管理姿势一：建立信任

建立信任是开展有效沟通的基础。对于一个团队来说，相互之间建立信任显得尤为重要。如何才能在短时间内建立信任呢？可以采用以下方法。

▶ 建立坦诚而开放的关系。管理者首先应该在品行上做好榜样，同时应该鼓励团队内部成员彼此交换意见和反馈，以便更好地了解彼此。

▶ 持续性沟通。为了清楚了解团队成员所面临的挑战以及他们需要的支持，管理者应该经常与他们保持沟通。

▶ 沟通平等。团队合作是建立在平等基础上的。管理者需要给予成员平等的机会，鼓励他们分享想法和知识。

管理姿势二：目标导向

一个高效能的团队必须具有清晰的使命和目标。在实践中，领导中心化和缺乏对目标的明确定义往往会打击团队的积极性。在这种情况下，目标导向的管理姿势非常重要，有助于确保团队朝着共同的方向前进。以下是实践这种姿势的方法。

▶有效的指导。管理者应该提供清晰和简明的指导，让团队成员明确任务要求和期望结果。

▶鼓励创新。不断挑战自己的思维方式，然后改进并调整策略，这是团队成员可以做到的最好的事情。因此，管理者应该鼓励团队成员创新。

▶为成员设定可量化的目标：团队成员应该对达到目标的位置和过程清楚掌握，以便评估其绩效。

▶奖励制度。管理者应该制定奖励制度，根据员工的表现给予奖励，以激发员工积极性。

管理姿势三：管理流程

管理流程是帮助团队实现目标的一种组织方法，这也是一个成功的组织所必需的。管理者应该确保流程具有高度的有效性和透明度，以提高团队的工作效率。以下是一些可行的管理流程。

▶建立清晰的规则与制度。团队活动需要遵守明确的制度和规则，如此才能帮助团队成员之间更好地进行协作，并减少错误。

▶确保资源的利用。团队需要有稳定而可靠的资金、人力和技术支持，以便在实践中实现其目标。

▶持续的效果评估。管理者可采用 PDCA 的工作流程方式，及时对团队的成果进行评估，确保在团队的目标方向上没有出现偏差或是误解。

管理姿势四：共同承诺

共同承诺是将个人意愿与团队意愿结合起来的一种方法，使每个团队成员都能感受到自己是团队的重要组成部分。以下一些方法可用于实践共同承诺。

▶建立共同的目标。在制定目标时，团队成员应该明确地了解自己的角色，同时也应该了解彼此的角色以及所扮演的角色如何相互补充。

▷ 创造高参与度的团队精神。管理者应该鼓励团队成员参与到集体活动中来，例如社交聚会、旅游等。

▷ 建立一种"我们"的文化。在工作中，组织应该强调团队合作，协调工作流程并充分尊重彼此意见。

管理姿势五：高效沟通

高效沟通是建立相互之间信任和理解并保持团队和睦的基础。无论面对何种情况，优秀的团队需要保持紧密联系和相互支持。以下是实现高效沟通的方法。

▷ 提供正式和非正式的沟通途径。提供多种途径以便团队成员选择，包括聚餐、茶话会、会议、头脑风暴等。

▷ 将沟通途径与工作流程结合起来。将沟通协调与任务指派相结合，通过沟通促进流程的深入推进。

▷ 鼓励反馈。管理者需要鼓励成员积极地提供意见和建议，以便团队成员之间更好地了解彼此以及互相支持。

以上五个管理姿势，既可以作为团队管理出现问题时检索障碍和破除困难的单一要素去使用，也可以采用组合的方式对组织文化进行升级或变革。比如一个完整的组织升级可以通过破碎、重塑、凝固三个阶段来操作。

第一阶段：破碎

步骤一：了解详情，明确现状

（1）与绩优人员面谈制定发展路线。明确他们对组织的价值和作用，制定针对性的发展路线，让他们更好地服务于组织的发展。

（2）与影响力中心人员面谈。了解他们对组织的认知和看法，以便我们能够更好、更具针对性地制订发展计划。

（3）与员工谈心。了解他们对工作的认知和感受，以进一步了解组织内部的真实情况，同时也可以让员工感受到组织的关心和尊重。

（4）成立功能小组或教练小组。帮助员工提高业务素质，通过多角度的专业培训，提升员工的能力和素质，为组织的发展提供有力的支持。

（5）组织数据了解。分析产生问题的根源，以便更有针对性地解决问题。

（6）关键人员述职。了解他们的工作情况和工作成果，评估他们所作的贡献，并为他们制订更具针对性的发展计划。

步骤二：建立强有力的变革领导小组

（1）确立升级／变革小组工作职能。

（2）剖析现状发现问题。

（3）充分调研提议方案。

第二阶段：重塑

步骤三：共识、愿景与使命

（1）召开战略共识会。进一步清晰组织及各业务模块的战略定位和经营发展规划，将所有团队的力量凝聚到一个共同的目标中。

（2）基于组织战略的组织架构和管控模式设计，进一步清晰责权，确保各部门间的良好合作。

（3）组织治理架构搭建及运行，设立经营管理委员会，建立核心团队绩效考核机制。

步骤四：沟通和传播愿景

（1）全员宣导会／表彰大会。将组织的愿景和使命传达给所有人，凝聚起全体员工的共识和情感，为组织的发展注入新的动力。

（2）核心人员再次沟通及工作重点确认，确保组织战略目标得以顺利实现。

（3）发现阻力，消弭阻力。通过 FIRE 模型解决团队情绪和纷争，确保组织能够平稳地推进。

（4）典范引导，理念故事化，故事理念化。优秀员工的评选和宣传要以理念为核心，注重从理念方面对先进的人物和事迹进行提炼，对符合组织文化的人物和事迹进行宣传推广。

步骤五：授权下属采取行动实现愿景

（1）完善核心团队的责权体系。让管理团队更为务实、高效，让员工更具活力，更有干劲。

（2）采用"三讲"，即"讲公司、讲部门、讲自己"的方式进行学习。可以使团队成员更好地理解组织的战略规划、部门的工作计划以及自己的工作职责，从而更好地展开工作。

（3）开通管理者邮箱，推行"我为组织献计策"的合理化建议收集活动，集思广益谋求团队发展良策。帮助管理层了解员工的想法和需求，从而更好地改善组织运营和管理。

（4）各团队 / 小组工作年度规划 OKR、第一季度 OKR。帮助团队明确目标、制订计划、跟踪进展并进行评估。

第三阶段：凝固

步骤六：系统地规划并取得阶段性成绩

（1）现行绩效管理体系评估，考核体系优化建议。

（2）利用鲇鱼效应，树立优秀标杆。包装"鲇鱼"，实现从个体指导模式向群体指导模式的进阶。

步骤七：巩固成效并发起更多升级或变革

（1）绩效激励复盘与优化。对团队的工作进展和绩效进行监督和评估，及时调整工作计划和目标，确保团队的工作能够顺利推进。

（2）文化建设上塑造全员榜样（故事化）并以仪式检索，实现小胜激大胜。

（3）半年度评优。通过文化建设、评优等方式对表现优异的团队成员进行奖励和激励。

（4）二、三季度OKR。在实现目标的过程中形成合作机制，提升团队的工作效率和业绩。

步骤八：将新方法制度化

（1）对现有绩效管理体系进行升级，以便能够与中长期激励机制无缝对接。

（2）确定文化行为标准，确立每个文化理念因素的理想等级，管理人员判断什么样的等级对组织及其任务是最佳的，形成行为标准后推广全员学习。

（3）营造培训氛围，提升培训重视度。出台相关制度，管理者需参加相关培训，采用学分制进行档案记录与考核，以此作为评优、晋级及奖金奖励的依据。

（4）比较员工实际行为等级与目标等级之间的差距，采用主管领导点评及员工自评的方式，强化标准行为的贯彻与落实。

管理者可根据团队实际情况，将不同的管理姿势组合使用，以创造一种高效管理模式，刺激培养出一个高效能的团队。总之，正确的管理姿势可以帮助团队建立一个积极、开放和合作的文化，而正确的行为习惯则可以帮助团队更有效地达成目标。

敲黑板

研究表明，团队文化的建立需要较长的时间，有的甚至是长达几年的时间。管理者需要认识到，我们的行为会影响到整个团队。如果我们希望团队有一个积极、奋斗的文化，我们就需要开创一个良好的管理风格，坚持采用正确的管理姿势，帮助员工建立良好的工作习惯和信念。这个过程是需要耐心、恒心，以及不断反思和改进。